A LIBRARY OF DOCTORAL DISSERTATIONS IN SOCIAL SCIENCES IN CHINA

生生之道与圣人气象：
北宋五子万物一体论研究

Ceaseless *Tao* and Sages' Style

A Study on *Wuzi*'s Theory of One Body in the Northern *Song* Dynasty

张美宏 著

导师 杨国荣

中国社会科学出版社

图书在版编目(CIP)数据

生生之道与圣人气象：北宋五子万物一体论研究／张美宏著．—北京：中国社会科学出版社，2015.12

（中国社会科学博士论文文库）

ISBN 978－7－5161－6810－3

Ⅰ．①生… Ⅱ．①张… Ⅲ．①古代哲学—研究—中国—宋代 Ⅳ．①B244

中国版本图书馆 CIP 数据核字(2015)第 193888 号

出 版 人 赵剑英
责任编辑 田 文
特约编辑 关素华
责任校对 张爱华
责任印制 王 超

出 版 中国社会科学出版社
社 址 北京鼓楼西大街甲 158 号
邮 编 100720
网 址 http://www.csspw.cn
发 行 部 010－84083685
门 市 部 010－84029450
经 销 新华书店及其他书店

印 刷 北京君升印刷有限公司
装 订 廊坊市广阳区广增装订厂
版 次 2015 年 12 月第 1 版
印 次 2015 年 12 月第 1 次印刷

开 本 710×1000 1/16
印 张 15.5
插 页 2
字 数 262 千字
定 价 58.00 元

凡购买中国社会科学出版社图书，如有质量问题请与本社营销中心联系调换
电话：010－84083683

《中国社会科学博士论文文库》
编辑委员会

总　序

在胡绳同志倡导和主持下，中国社会科学院组成编委会，从全国每年毕业并通过答辩的社会科学博士论文中遴选优秀者纳入《中国社会科学博士论文文库》，由中国社会科学出版社正式出版，这项工作已持续了12年。这12年所出版的论文，代表了这一时期中国社会科学各学科博士学位论文水平，较好地实现了本文库编辑出版的初衷。

编辑出版博士文库，既是培养社会科学各学科学术带头人的有效举措，又是一种重要的文化积累，很有意义。在到中国社会科学院之前，我就曾饶有兴趣地看过文库中的部分论文，到社科院以后，也一直关注和支持文库的出版。新旧世纪之交，原编委会主任胡绳同志仙逝，社科院希望我主持文库编委会的工作，我同意了。社会科学博士都是青年社会科学研究人员，青年是国家的未来，青年社科学者是我们社会科学的未来，我们有责任支持他们更快地成长。

每一个时代总有属于它们自己的问题，“问题就是时代的声音”(马克思语)。坚持理论联系实际，注意研究带全局性的战略问题，是我们党的优良传统。我希望包括博士在内的青年社会科学工作者继承和发扬这一优良传统，密切关注、深入研究21世纪初中国面临的重大时代问题。离开了时代性，脱离了社会潮流，社会科学研究的价值就要受到影响。我是鼓励青年人成名成家的，这是党的需要、国家的需要、人民的需要。但问题在于，什么是名呢？名，就是他的价值得到了社会的承认。如果没有得到社会、人民的承认，他的价值又表现在哪里呢？所以说，价值就在于对社会重大问题的回答和解决。一旦回答了时代性的重大问题，就必然会对社会产生巨大而深刻的影响，你也因此而实现了你的价值。在这方面年轻的博士有很大的优势：精力旺盛，思想敏捷，勤于学习，勇于创新。但青年学者要多向老一辈学者学习，博士尤其要很好地向导师学习，在导师的指导下，发挥自己的优势，研究重大问题，就有可能出好的成果，实现自己的价值。过去12年入选文库的论文，也说明了这一点。

什么是当前时代的重大问题呢？纵观当今世界，无外乎两种社会制度，一种是资本主义制度，一种是社会主义制度。所有的世界观问题、政治问题、理论问题都离不开对这两大制度的基本看法。对于社会主义，马克思主义者和资本主义世界的学者都有很多的研究和论述；对于资本主义，马克思主义者和资本主义世界的学者也有过很多研究和论述。面对这些众说纷纭的思潮和学说，我们应该如何认识？从基本倾向看，资本主义国家的学者、政治家论证的是资本主义的合理性和长期存在的“必然性”；中国的马克思主义者，中国的社会科学工作者，当然要向世界、向社会讲清楚，中国坚持走自己的路一定能实现现代化，中华民族一定能通过社会主义来实现全面的振兴。中国的问题只能由中国人用自己的理论来解决，让外国人来解决中国的问题，是行不通的。也许有的同志会说，马克思主义也是外来的。但是，要知道，马克思主义只是在中国化了以后才解决中国的问题的。如果没有马克思主义的普遍原理与中国革命和建设的实际相结合而形成的毛泽东思想、邓小平理论，马克思主义同样不能解决中国的问题。教条主义是不行的，东教条不行，西教条也不行，什么教条都不行。把学问、理论当教条，本身就是反科学的。

在21世纪，人类所面对的最重大的问题仍然是两大制度问题：这两大制度的前途、命运如何？资本主义会如何变化？社会主义怎么发展？中国特色的社会主义怎么发展？中国学者无论是研究资本主义，还是研究社会主义，最终总是要落脚到解决中国的现实与未来问题。我看中国的未来就是如何保持长期的稳定和发展。只要能长期稳定，就能长期发展；只要能长期发展，中国的社会主义现代化就能实现。

什么是21世纪的重大理论问题？我看还是马克思主义的发展问

题。我们的理论是为中国的发展服务的，决不是相反。解决中国问题的关键，取决于我们能否更好地坚持和发展马克思主义，特别是发展马克思主义。不能发展马克思主义也就不能坚持马克思主义。一切不发展的、僵化的东西都是坚持不住的，也不可能坚持住。坚持马克思主义，就是要随着实践，随着社会、经济各方面的发展，不断地发展马克思主义。马克思主义没有穷尽真理，也没有包揽一切答案。它所提供给我们的，更多的是认识世界、改造世界的世界观、方法论、价值观，是立场，是方法。我们必须学会运用科学的世界观来认识社会的发展，在实践中不断地丰富和发展马克思主义，只有发展马克思主义才能真正坚持马克思主义。我们年轻的社会科学博士们要以坚持和发展马克思主义为己任，在这方面多出精品力作。我们将优先出版这种成果。

李铁映

2001 年 8 月 8 日于北戴河

序

杨国荣

宋明时期，万物一体的观念得到较多关注。从哲学的层面看，万物一体之说既包含天道观的内涵，也体现了人道观的取向。在天道观上，万物一体的观念可以追溯到早期儒学“万物并育而不相害”（《中庸》）的思想，其侧重之点在于肯定万物在本体论意义上的和谐、统一。就人道观的层面而言，万物一体观念的核心则是天人关系，其中包含着多重意蕴。相对于天道观上的形上思辨，人道观意义上万物一体说无疑更值得关注。

早期儒家曾提出“赞天地之化育”、“制天命而用之”。“赞天地之化育”的前提是区分人之外的本然世界与人生活于其间的现实世界，其直接涵义，则是肯定现实世界的形成过程包含人的参与。也就是说，人生活于其间的这一世界并不是本然世界，而是人参与其形成的现实世界：人通过作用于自然、作用于外部对象的过程，使本然的对象成为我们今天生活于其中的具体存在。“制天命而用之”更进一步肯定了人对自然的作用，即人可以基于对存在法则的把握，变革世界。天与人的这种互动，从现实世界的生成这一方面，体现了万物一体的观念，其中固然包含天道之维，但在更实质的意义上，它所渗入的是人道的视域。

在人与万物的关系方面，早期儒家的另一重要主张是“仁民而爱物”。按其内涵，“仁民而爱物”包括相互关联的两个方面。首先是以仁道的原则对待所有人类共同体中的成员，这也就是所谓“仁民”；与之相关的“爱物”则意味着赋予仁道原则以更普遍的内涵，将其进一步引用于外部自然或外部对象，由此展现对自然的爱护、珍惜。从“仁民而爱物”的观念出发，儒家确实多方面地表现出对外部对象或外部自然的保护意识。如所周知，《礼记》中已提出了“树木以时伐”的观念，孟子也主张“斧斤以时入山林”，即砍伐树木要按照其自然生成的法则，而不是一味地从人的目的出发。以上观念背后更深层的意识，是人道观意义上的万物一体：人对自然的珍爱，其内在前提即人与万物为一体。

“赞天地之化育”、“制天命而用之”与“仁民爱物”从人道观上分别突出了人与万物关系的不同方面。所谓“赞天地之化育”、“制天命而用之”，可以视为基于天人区分的天人互动：人通过对自然的作用以及对外部世界的变革，以形成人生活于其间的现实世界，这种作用过程本身以肯定人与自然的区分为前提，唯有承认天人之分，才谈得上人对天（自然）的作用问题。同时，经过“赞天地之化育”、“制天命而用之”而形成的现实世界，也已不同于本然的对象，而体现人作用的现实世界。比较而言，“仁民而爱物”则首先基于天人之间的统一：对人之外的对象的爱护、珍惜，从一个方面体现了人和对象之间的相互关联、相互统一。

不难注意到，在人道观层面，宋儒强调“仁者浑然与物同体”、“民胞物与”，着重阐发的是万物一体中与仁民爱物相关的观念，对于“赞天地之化育”、“制天命而用之”这一基于天人区分的万物一体观念，宋儒则似乎未能给予充分的关注。对万物一体的如上理解，一方面体现了肯定天人统一的价值取向，另一方面也蕴含着对天人关系或人与万物关系的思辨看法。

历史地看，天和人、人与万物之间曾在天人互动没有充分发展的背景之下呈现“合一”的形态，这种“合一”是一种原初或原始意义上的合一。与之相异的是天人之间经过分化、天人互动经过充分发展之后重建的统一，后者乃是在更高历史阶段之下所达到的统一。从历史主义的视域考察天人关系或人与万物的关系，首先便需要对天人合一的以上二重形态作一区分。离开了“赞天地之化育”、“制天命而用之”的过程，天人之间往往容易流于思辨意义上的原始合一，这种思辨合一，显然缺乏现实的历史内涵。质言之，天人之间或人与万物之间的统一具有过程性，需要从动态的角度去理解。如何在历史的发展进程中、在天和人互动的过程中不断地重建天人的统一，是考察人与万物关系时无法回避的问题。对万物一体论的理解，也需要基于以上的历史视域。

从以上角度看张美宏博士的《生生之道与圣人气象：北宋五子万物一体论研究》一书，便不难注意到其意义。作为作者的博士论文，本书以北宋五位哲学家为主要研究对象，对万物一体说作了具体的考察。作为北宋哲学家的重要思想，万物一体说包含多方面的内涵，作者从天道与人道二个层面对此作了较为深入的分析，就天道层面而言，作者指出了万物一体说对事物之间统一性的把握，后者同时又与生生不息的观念相联系，展开为一种过程论的思想；从人道观方面说，万物一体说则展开为民胞物与等观念。本书同时对二者的相关性作了分析，指出天道观上的万物一体在理论上构成了人道观上民胞物与、仁者与天地万物为一体说的本体论前提，人道观上的万物一体说则表现为天道观上的相近观念在社会领域的展开，由此体现了天道与人道的统一。本书关于北宋五子万物一体说的如上分析，表现了较为独特的理论视域，具有内在的学术价值。尽管本书在理论分析的深度、对相关论点的逻辑辨析等方面，还存在可以进一步完善的余地，但作为青年学人的探索性著作，它的出版无疑有助于推进对相关问题的研究。

2015 年 9 月 29 日

中文摘要

“万物一体”是北宋五子哲学的一个主题，它既指示天地万物在天道观向度上的某种统一，又承载着他们所企及的“仁民爱物”之人道观理想。从理论渊源上讲，北宋五子“万物一体”论，是先秦儒家“天人合一”说的延续。在先秦儒家那里，“天人合一”说的提出尽管以天人的相关性思考为前提，但由于问题偏向的不同，所以“天人合一”又可分为天道观意义上的“合一”与人道观意义上的“合一”。就这两种不同意义的“天人合一”说而论，天道观意义上的“合一”以天道现象的过程性表述为基点，思考天地万物生生不已的必然性和统一性；人道观意义上的“合一”则以天道现象的泛道德思辨为前提，旨在明示人道观理想在内容上应具有关爱他人与关爱他物的一面。受“天人合一”说的二重性影响，“万物一体”论在北宋五子那里表现为天道观与人道观两个向度。

“万物一体”的天道观向度展示了天地万物之间的本然相关和相联，在北宋五子的表述中，这种相关和相联则被引申为一种过程性的统一。也就是说，对于北宋五子而言，“万物一体”的天道观向度之所以可能，建基于他们对天地万物生生不已现象的普遍洞察，以此为视域，天地万物普遍必然的生生不已在本体论层面被还原为一个具有动态基质的“生生之道”。在“生生之道”成为本体的意义上，北宋五子对天地万物的生生不已展开了统一性寻思。从现代哲学的立场看，北宋五子基于天地万物生生不已的现象探求“生生之道”的本然存在，仅仅是对自然法则所持的某种抽象偏好而已，即由天地万物具体的生生不已出发，以思辨的方式揭示了这些现象背后的过程统一性，其在理论上并不能表征涵纳万事万物的整个存在。

虽然从天地万物的生生不已出发构设“生生之道”在理论上是有限

的，但是，北宋五子借此关注“万物一体”的天道观向度也不乏其现实意义。一方面，在佛、老并盛的境遇下，“万物一体”的天道观向度在本体论层面回应了佛教和道教对“再生”与“不死”的渲染，由此在理论基础上确保了儒家积极追寻人生意义的正当性；另一方面，基于万物在天道观向度上生生不已的普遍性和必然性，北宋五子展开了他们对人道观理想的普遍之思。由“太极”而立“人极”，由“天理”而明“人理”，由“气化之道”引出“存没关切”，以及邵雍对一多关系的多维辨正，即是依此而敞开的。

“万物一体”的人道观向度在北宋五子那里首先表现为一种成就他者的仁爱关怀。在如此关怀中，自我以普遍的道德之心关爱或包容着他人与他物，贯彻于其中的则是儒家“亲亲”—“仁民”—“爱物”的价值原则。按照北宋五子的观点，“万物一体”的仁爱关怀既表现为抽象的价值观念，亦浓缩于圣人现实的道德品格中。作为抽象的价值观念，关爱他人和关爱他物来自于普遍的价值设定，而作为圣人现实的道德品格，关爱他人和关爱他物又见之于圣人具体的一言一行。在“圣人之道”成为“人之极则”的意义上，体认圣人替他者说了什么和为他者做了什么，是北宋五子领悟儒家人道观理想的一部分。

除了成就他者的仁爱关怀外，“万物一体”的人道观向度还指向一种理想的人生境界。相应于“万物一体”在人道观向度上的拓展，领悟儒家人道观理想不再局限于关爱他者的层面。由于境界论的介入，在价值关怀上兼及自我，继而实现满足自我和关爱他者的统一也成为其题中之意，北宋五子玩味“圣人气象”正是因此而引发。在“万物一体”成为人生理想的前提下，北宋五子认为，践行“仁民爱物”的价值原则对圣人而言具有满足自我精神需求的意蕴，随着践行活动的展开，圣人在精神上呈现出一种泰然自足、怡然自乐的气象。通过对圣人精神气质的深度体察，北宋五子放大了他们自己的精神世界，在自我人生使命的认识上发生了变化，即由原初的独善其身最终变更为兼济天下。这样，躬行“仁民爱物”的价值原则随之也成为他们满足自我精神需求之必须。

对于北宋五子而言，“万物一体”的以上两个向度都非常重要，且缺一不可。由“万物一体”的人道观向度出发，北宋五子不仅为人们确立了一种博施济众、厚德载物的价值理想，同时还在境界论意义上赋予这种价值理想本身以满足自我精神需求的意蕴。基于“万物一体”的天道观向度，北宋五子又把儒家“仁民爱物”的价值原则在形式上推向普遍之维，并使之在现实中成为自我省思人生意义的必然抉择。

关键词： 万物一体　生生不已　圣人气象　北宋五子　仁民爱物

Abstract

Theory of one body (*Wanwuyiti* 万物一体), which not only indicates a unity of heaven, earth and myriad things (*Tiandiwanwu* 天地万物) in dimension of nature (*Tiantao* 天道), but also implies one sort of value ideal of love for human beings and all things (*Renminaiwu* 仁民爱物) in dimension of morality (*Rentao* 人道), is a key subject in the philosophy of *Wuzi* (five great thinkers 五子) who lived in the Northern *Song* dynasty (*Beisong* 北宋). Theoretically speaking, *Wuzi's* theory of one body can be considered as a continuation of *Pre – Qin* (*Xianqin* 先秦) Confucian doctrine of unity of heaven and man (*Tianrenheyi* 天人合一). The doctrine is based on a correlated meditation on heave and man, but on account of different interest in theory, it can be divided into the unity in dimension of nature and the harmony in dimension of morality. As far as the two different dimensions are concerned, the former is founded on a process description of natural phenomena, in order to reveal the necessity and the unity of ceaselessness (*Shengshengbuyi* 生生不已) of heaven, earth and myriad things, and the later is on the premise of a pan – moral speculation on natural phenomena, to express the aspect of love for him or it. Influenced by the above dual character, *Wuzi's* theory of one body can be divided into dimension of nature and dimension of morality.

Theory of one body in dimension of nature manifests a natural combination among heaven, earth and myriad things, but the combination was described as a unification of progress in *Wuzi's* opinion. In other word, it is *Wuzi's* meditation on the ceaseless phenomena of heaven, earth and myriad things that made understanding of theory of one body in dimension of nature possible, and in this dimension, the universal and necessary ceaselessness of heaven, earth and myriad things is reduced to a ceaseless *Tao* (*Shengshengzhidao* 生生之道) in theory of *Benti* (本体论). In the sense of ceaseless *Tao* serving as *Benti*, *Wuzi* began their thinking on the unity of ceaselessness of heaven, earth and myriad things. From the view of modern philosophy, we can find that it is only an abstract inclination to law of nature for *Wuzi* to demonstrate the connatural existence of ceaseless *Tao*, which was thought to be the root cause of the ceaseless phenomena of heaven, earth and myriad things, and in theory it can't represent a great whole which contains all things, except for disclosing a unity of the progress among them in a speculative way.

Although it is limited in theory that *Wuzi* proposed a concept of ceaseless *Tao* based on ceaseless phenomena of heaven, earth and myriad things, that is not to say, their attention to theory of one body have nothing to do with the realities. On the one hand, under the situation that Buddhism and Taoism are widely acclaimed, *Wuzi* refuted Buddhist and Taoist excessively exaggerating the idea of rebirth (*Zaisheng* 再生) and immortality (*Busi* 不死) in theory of *Benti*, and thereby they ensured the legitimacy of Confucian active life style on the foundation; on the other hand, by considering the universality and the necessity model based on views of nature, *Wuzi* shown the possibility of constructing the universality of moral law. It is just in this sense that they put forward the doctrine of *Taiji* (太极) – *Renji* (人极), the doctrine of the combination between the one and the many (*Yiduoguanxi* 一多关系), the doctrine of transformative Tao (*Qihuazhidao* 气化之道) – life concern (*Cunmoguanqie* 存没关切) and the doctrine of *Tianli* (天理) – *Renli* (人理).

Wuzi's theory of one body in dimension of morality firstly implies a value concern of love for the other, in which oneself acquires a virtue of love for the other by his moral heart, and it is Confucian value principles of love for close relatives, human beings and things (*Qinqin – Renmin – Aiwu* 亲亲—仁民—爱物) that impenetrate in that concern. According to *Wuzi's* viewpoint, the concern of love for the other was both an abstract value idea and a sort of sages' moral character in reality. As an abstract value idea, it was from value programming, and as a sort of sages' moral character in reality, it was thought to be embodied in sages' concrete words and deeds. in the sense of sages' *Tao* (*Shengre-*

nzhidao 圣人之道) serving as the highest standard to all the people (*Renzhijize* 人之极则), realizing what sages had said or done for the other became one part for *Wuzi* to understand Confucian moral ideal.

Apart from the concern of love for the other, theory of one body in dimension of morality also denotes one sort of ideal realm of life (*Renshengjingjie* 人生境界). Corresponding to the expansion of theory of one body in dimension of morality, understanding Confucian moral ideal is no longer limited to the level of love for the other. Because of the intervention of the realm (*Jingjielun* 境界论), how to unify love for the other and satisfying self became another part for *Wuzi* to understand Confucian moral ideal, too, and that is the only reason why *Wuzi* were interested in chewing over sages' style (*Shengrenqixiang* 圣人气象). On the premise of theory of one body serving as life ideal, *Wuzi* thought that practising the value idea of love for human beings and all things could met spiritual need for sages, and with such a practice done, they also thought that sages themselves had achieved a realm in which they were very satisfied as well as very happy. By the means of pondering over sages' style, *Wuzi* enlarged their own spiritual world, and namely they eventually developed their life mission into a love for all in the world (*Jianjitianxia* 兼济天下) from a love only for themselves (*Dushanqishen* 独善其身). In this sense, practising the value ideal of love for human beings and all things became necessary for *Wuzi* to meet their own spiritual demand.

For *Wuzi*, the above two dimensions of theory of one body were both very important and very indispensable. By deeply thinking on theory of one body in dimension of morality, *Wuzi* not only constructed a sort of value ideal of relieving the people with liberal aids (*Boshijizhong* 博施济众) and holding all things with great virtue (*Houdezaiwu* 厚德载物) for man in the field of moral philosophy, but also endowed this sort of value ideal with an implication of meeting the demand of self - spirit in the sense of realm. On the basis of theory of one body in natural dimension, *Wuzi* also endowed Confucian value ideal of love for human beings and all things with universality in form, and what' more, they made it become a necessary choice to think over the meaning of their own life in reality.

Key words: theory of one body; ceaseless *Tao*; sages' style; *Wuzi* in the Northern *Song* dynasty; love for human beings and all things

目　录

Contents

导　论

一　问题脉络与研究现状

“万物一体”是中国古代哲学的一个主题，它既指示天人之辨中天地人的本然统一，又蕴含着古代先哲们所神往的理想人生境界。从历史脉络上看，“万物一体”的提出虽可溯源于先秦，但真正使其成为系统的哲学理论则是有宋以来的事情。在先秦文献中，《庄子·天下》记载了惠施对“万物一体”的初步构设：“泛爱万物，天地一体也。”另外，《庄子·齐物论》也讲到了庄子本人的“万物一体”观：“天地与我并生，万物与我为一。”当然，理解“万物一体”不宜局限于本初的字面表达，从理论内涵上讲，先秦儒家热衷的天人之辨也是“万物一体”的一个重要方面。无论是在儒学的开创者孔子、孟子的言谈中，或者在宋儒所崇奉的其他先秦典籍（如《大学》、《中庸》、《易传》，等等）里，① 都程度不同地可以看到他们重视“万物一体”的思想痕迹。这一切恰好是宋儒再造“万物一体”的理论基石。

哲学史的发展即便有其内在的逻辑，但它毕竟不同于纯粹的逻辑推演。汉儒的“天人感应”说过多地渲染了谶纬迷信的成分，以致缺失了先秦儒学原有的理性智慧，这或恐是汉魏以来佛、老盛行的主要原因之一。中唐以来，儒学复兴的势头随“古文运动”之浪潮曾一度高涨，但由于理论支撑的空乏无力，使得这一切也只能停留在对先秦儒家仁义思想的字面考究层面，故而

① 本书涉及对北宋五子与《大学》、《中庸》及《易传》等之间的关系研究，为方便研究，本书沿用了宋儒之成说，把它们均理解为先秦儒家著作。当然，关于《大学》与《中庸》的成书时间，以及《易传》的学派归属问题，或可另作探讨。

不足以和系统的佛、老思想相抗衡。基于此，由先秦典籍出发重构系统的天人理论显得十分必要，“万物一体”随之成为宋儒关注的重要议题。

和先秦儒家相比，“万物一体”在宋儒那里被构造得更为精致而系统。尤其值得一提的是北宋五子（周敦颐、邵雍、张载、二程），通过向《论语》、《孟子》、《大学》、《中庸》及《易传》等典籍的回溯，他们在形而上的层面构造出寓人道于天道的“万物一体”论，继而使儒学以一种崭新的形态（理学或道学）展现于世。这不仅补充了中唐以来思想界（韩愈和李翱等）在“天人”理论上所表现出的不足，同时，也为人们展望美好的人间生活提供了一定的理论担保。所以，北宋五子关于“万物一体”的系统构思具有深远的理论意义。他们不但在思想脉络上接续了中唐以来韩愈、李翱复兴儒学的星星之火，而且还在哲学端绪上以燎原之势打开了整个宋明儒学的理论格局。

“万物一体”成为北宋五子乃至整个宋明儒学的核心问题，是中外学界普遍认同的事实。如张岱年在较早时期从天人相通的视角对此做过分析：“天人相通的观念，至宋代道学，乃有更进的发挥，成为道学之一根本观念。”① 英国汉学家葛瑞汉（A. C. Graham）也直言，“一体说”在“新儒家（宋明儒学——引者注）中一直存在着”②。北美学者陈荣捷则更强调“万物一体之理论，为宋明理学之中心”③。这样，就宋明儒学的研究而论，“万物一体”已然是一个不可回避的问题。

20世纪以来，随着有关宋明儒学研究成果的大量面世，“万物一体”论由此也引起了学界不同程度的重视。如冯友兰的《新原道》、吕思勉的《理学纲要》、钱穆的《阳明学述要》、潘富恩等的《程颢程颐思想研究》、蒙培元的《理学范畴系统》、陈来的《宋明理学》、牟宗三的《心体与性体》、唐明邦的《邵雍评传》、杨柱才的《道学宗主》、温伟耀的《内圣之道》、丁为祥的《虚气相即》，等等，这些成果对“万物一体”都有初步阐发。另外，也有成果辟有专门章节讨论“万物一体”论，如杨国荣的《心学之思》、陈来的《有无之境》、朱承的《治心与治世》，等等。新世纪之初，陈立胜的《王阳明“万物一体”论》，算是一部专论“万物一体”的

① 张岱年：《中国哲学大纲》，中国社会科学出版社1982年版，第175页。

② 葛瑞汉：《中国的两位哲学家：二程兄弟的新儒学》，程德祥等译，大象出版社2000年版，第280页。

③ 陈荣捷：《王阳明与禅》，台湾学生书局1984年版，第12页。

著作。就总体格局而论，这一时期对宋明儒家“万物一体”论的研究主要集中于张载、程颢、王阳明三位哲学家（尤其集中于王阳明）。当然，形成这种研究格局并非偶然，和二程、王阳明著作中明确提到“万物一体”的命题相关，也和学界长期以来对“万物一体”论的哲学定位密不可分。

关于宋明儒家“万物一体”论的哲学定位，历来学界颇有争议。冯友兰曾经把“万物一体”理解为一种理想的人生境界，依据“接着讲”的原则，这一思想资源被他纳入天地境界：在这种“仁者的境界中，人与己，内与外，我与万物，不复是相对待底”，而是整体合一的“大全”①。与冯友兰不同，钱穆则趋向于本体论的理路：“宋代学者所热烈讨论的问题，不外两部：一部是属于本体论的，一部是属于修养论的。他们虽说是意见分歧，不相统一；但是到底有他们全体一致的见解。他们有全体一致的见解，所以称其为一时代的学风；他们的意见分歧，不相统一，便在共同的学风下面保存着他们各人的精神和面貌。他们对于本体论共同的见解是‘万物一体’，他们对于修养论共同的见解是‘变化气质’，许多问题便从这上面发生。”② 虽然冯友兰与钱穆在具体立场上不尽相同，但只要对他们的观点作进一步分析，不难发现，“万物一体”在他们各自的理解中有着内在的一致性。作为理想的人生境界，“万物一体”恰好是宋儒修养论的归依之所，而这一人生诉求之所以可能，在宋儒那里还被理解为是反思“天地之道”的必然结果，这或许是钱穆强调本体论路向的一个主要原因。

此外，牟宗三从道德形上学的角度对“万物一体”作了阐发。按照牟宗三的定位，“万物一体”是“宋儒”用来“说明吾人之自觉的道德实践所以可能之超越的根据。此超越根据直接地是吾人之性体，同时即通‘於穆不已’之实体而为一”③。牟宗三的理解确乎有其可取之处，它不仅为“道德实践何以可能”给出了形上学的根据，而且在一定程度上能够契合先秦儒家的“天人一体”理论。然而，牟宗三的诠释过多地偏向于抽象思辨，甚至他把作为道德根据的“性体”在普遍之维和“天命实体通而为一”，并由此认为“宇宙秩序即是道德秩序，道德秩序即是宇宙秩序”④。当然，从宇宙秩序的沉思中获取一种普遍的立法形式，不仅在

---

① 冯友兰：《三松堂全集》第4册，河南人民出版社2001年版，第570页。

② 钱穆：《阳明学述要》，正中书局1955年版，第1—2页。

③ 牟宗三：《心体与性体》上册，上海古籍出版社1999年版，第32页。

④ 同上书，第32页。

理论上是可理解的，同时也在实践中是可行的。近代以来，康德的道德形上学正是由此而展开的。[①] 但是，如果就此认定客观宇宙本身具有道德秉性，那么，这种说法本身就不能解释日常生活中那些来自外部世界的灾害现象，如雷劈、地震、霜冻、台风，等等。所以，从客观宇宙本身去挖掘“性体”的道德根据，无疑会使整个道德学说在根据上陷入善恶共在的二律背反困境。毋庸讳言，牟宗三在“万物一体”的视域下把宇宙秩序道德化的同时，的确没有考虑到其道德形上学在理论根据上必须要面对的此种困窘。

沿循境界论、本体论与道德形上学的理解路向，陈来和杨国荣对“万物一体”作了更加细致的阐发。在论及程颢“万物一体”思想时，陈来认为存在“两种不同的万物一体思想”，即“作为‘博施济众’的人道主义关怀的内在基础”的“万物一体”思想和作为“培养和追求一种精神境界”的“万物一体”思想，而且，在这两种“万物一体”思想中，前者“是要落实到社会关怀和忧患之上”；后者则“是要落实到内心生活中”。[②] 不仅如此，陈来还认为，“万物一体”在王阳明哲学中也表现为类似情形，“‘一体’不仅在境界上应然如此，在心体上本然如此，在存有的状态说是实然如此”[③]。杨国荣则结合宋初的天人之辨指出，程颢“更多地把与物同体理解为一种本然的状态”，“天人所以一体，是因为二者皆出于理”，而这种“由理到物（人）的本体论—宇宙论向度”，同时也“构成了天人一体的逻辑前提”[④]。关于宋明儒家“万物一体”思想的历史衍化，杨国荣认为，以程颢、张载为代表的宋儒“万物一体”思想“首先表现为一种本然的存在形式，而在王阳明那里，‘万物一体’则作为圣人之心而取得了应然的形式”[⑤]。与冯友兰、钱穆对“万物一体”的哲学定位相比，陈来与杨国荣基于本然、应然之维的理论尝试表现出更强的逻辑性，无论是诠释方法或诠释面向，他们均有所推进。

---

① 康德认为，在客观的宇宙秩序中，存在着普遍必然的自然法则，在实践理性的立法中，自然法则的普遍必然性对道德法则在形式上具有“模型”意义。（参见康德《实践理性批判》，邓晓芒译，人民出版社2003年版，第92—97页）。

② 陈来：《有无之境：王阳明哲学的精神》，人民出版社1991年版，第258页。

③ 同上书，第266页。

④ 杨国荣：《心学之思：王阳明哲学的阐释》，生活·读书·新知三联书店1997年版，第109页。

⑤ 同上书，第149页。

继陈来与杨国荣之后，陈立胜把整个宋明儒家“讨论万物一体与仁说时所营造的‘话语空间’”概括为四个方面：“第一，‘一体’的观念是与易之‘生生’的观念联系在一起，从而奠定了仁说的宇宙论向度。第二，‘一体’的观念是与孟子‘尽心’的观念、‘万物皆备于我，反身而诚乐莫大焉’的观念联系在一起，此可以说是仁说的心性论向度。第三，‘一体’观念的表达是与佛老的区别观联系在一起，从而奠定了宋儒仁说的‘儒家’品格。第四，‘一体’观念与践履的观念联系在一起，带有强烈的体知色彩，从而奠定了仁说的功夫论向度。”① 就问题本身而论，以上四方面的内容确乎是“万物一体”的具体内涵，且契合宋明儒家对“仁说”的界定。与以往研究相比，陈立胜以更广的视域充分展示了“万物一体”在“话语空间”方面的不同所指，这是值得肯定的。然而，陈立胜关注“万物一体”，只限于澄清不同所指与“仁说”之间的关系，而没有进一步深入到不同所指之间的内在联系。

基于前人对“万物一体”的已有研究，本书特将视角锁定于北宋五子，考察他们思考“万物一体”的哲学与哲学史依据，以及其中所摄入的哲学问题之间的内在联系。当然，选择北宋五子作为考察对象，不单是因为他们在整个宋明儒学中的“前驱”（“奠基者”）地位②，还取决于“万物一体”这一哲学论题在他们各自思想体系中的复杂性和多面性。在具体取径上，首先回答“万物一体”如何成为一个哲学问题，且何以引起北宋五子乃至先秦儒家的关注，以此为视域，然后展开“万物一体”的主要所指，希图澄清不同所指之间的内在联系。

二 万物一体的哲学阐释

（一）万物一体与天人合一

由于北宋五子“万物一体”论与先秦儒家天人之辨的渊源关系，所以，思考北宋五子“万物一体”论的哲学所指，不能离开对先秦儒家天

---

① 陈立胜：《王阳明“万物一体”论：从“身—体”的立场看》，华东师范大学出版社2008年版，第39页。

② 如冯友兰在其晚期出版的《中国哲学史新编》中，把周敦颐和邵雍称为“道学的前驱”，把张载与二程则称为“道学的奠基者”。（参见冯友兰《三松堂全集》第10卷，河南人民出版社2001年版，第51页、第87页、第120页）

人关系的哲学澄清。在先秦儒家阵营里，天人关系首先表现为两种不同的形态，一为以荀子为代表的“天人相分”说①，一为以孔、孟、《中庸》、《易传》等为代表的“天人合一”说，“万物一体”显然归属于后者。如所周知，“天人合一”说的提出以天人的相关性思考为前提，但是，由于问题偏向的不同，这种“合一”又可分为“天人本来合一”与“天人应归合一”两种形态②。就“本来合一”而言，它包含着天道观意义上的“合一”，即以天道现象的事实性表述为基点，思考天地万物（包括人）固有的某些必然性或统一性；“应归合一”则更趋向于一种人道观的立场，在对“应归合一”的表达中，通常所给出的是对人道观理想（人应当成为什么）的某种预设，只是在一般情况下，这种预设往往是通过对天道现象的泛道德思辨而展开的。

关于天道观意义上的“天人合一”，先秦儒家自孔子始就讲得比较透彻：“天何言哉？四时行焉，百物生焉，天何言哉?”（《论语·阳货》）“四时行焉”表述了春、夏、秋、冬四季的自然更续，“百物生焉”则指示万物生生不已的普遍现象，贯穿于它们之间的是不同过程的类比与敞开。③ 孔子在表述这两过程时，把“四时行焉”置于“百物生焉”之先是有其用意的，即把“四时行焉”视为根本性的存在，然后由回答“天何言哉”的追问出发，继而把“百物生焉”的事实在理论上归结为“四时行焉”使然的结果。以这种特别的理解为前提，孔子在统一性层面展开了他对天地万物的哲学沉思：“逝者如斯夫！不舍昼夜。”（《论语·子罕》）就“逝者如斯夫”的命题来说，孔子考察的重点是“逝者”，而不

---

① 关于“天人相分”的观点，荀子在论天时明确指出：“天行有常，不为尧存，不为桀亡。应之以治则吉，应之以乱则凶。强本而节用，则天不能贫，养备而动时，则天不能病；修道而不贰，则天不能祸。……故明于天人之分，则可谓至人矣。”（《荀子·天论》）

② 张岱年：《中国哲学大纲》，中国社会科学出版社 1982 年版，第 181 页。

③ 直观地说，“四时行焉，百物生焉”都是孔子对天道现象的一种过程性说明，尽管这一说明中已经蕴含着孔子对时间观念的初步理解，但是，依然看不出孔子把时间作为实体对待的思想痕迹。因为在孔子的言说中，“四时”还不能算是一个纯粹的时间概念，而仅仅是指春、夏、秋、冬四季，所以，由“四时行焉，百物生焉”等命题所揭示的，也只能是四季更续和万物生长两个独立发生的过程，以及它们之间的某种间接相关性。关于时间与过程之关系的哲学阐释，维特根斯坦的分析显得比较精到：“我们不能把某个过程和‘时间之流’相比较——没有那样的东西，而只能把它和另一过程（如计时器的走动）进行比较。”（Ludwig Wittgenstein, *Tractatus Logico - Philosophicus*, Translated by D. F. Pears and B. F. McGuiness, Oxon and New York: Routledge, 2001, p. 83）可以看到，维特根斯坦反对把“时间之流”在理解上实体化，而更认同于对时间概念的过程化表述。

是“川流”现象，出于形象表达的需要，孔子以“川流”不息的过程比示了“逝者”的无限敞开或延续。何谓“逝者”？《论语》中除了一句“不舍昼夜”外，别无其他表达。不过，有了形象的“川流”过程做比示，再加上“不舍昼夜”的确切表达，初步可以为“逝者”下一定义，即“逝者”指示天地万物普遍必然的生生不已，或天地万物生生不已的过程统一性。

思考天地万物生生不已的过程统一性，不能回避万物是其所是的多样性或杂多性问题。事实上，就“四时行焉，百物生焉”的过程来说，它们之间不仅表现出某种多样性，而且，它们各自本身也都蕴含着一定的复杂性。① 然而，在孔子对天道现象的理解中，无论万物具体的生生不已何等的复杂，它们最终都被统一在“四时”更续的过程性理解中。这样，通过对“四时行焉，百物生焉”的言说，孔子把两类本来独立的事件在天道观向度上统一了起来。孔子之后，《易传》“生生之谓易”（《系辞上》）和《中庸》“至诚无息”（第二十六章）的命题，对万物在天道观向度上的生生不已似乎都有所发挥。不过，《易传》对此的发挥显得更系统、更全面：“先天而天弗违，后天而奉天时。天且弗违，而况于人乎？”（《乾·文言》）在“先天”、“后天”的区分中，“先天”是对生生不已作为一种永恒过程的形式化抽象，基于“先天而天弗违”的言说，可以把“生生之谓易”的命题理解为《易传》对天道本身的抽象概括。较之前者，“后天而奉天时”，则把万物具体的生生不已纳入以“天时”更续为统一参照的过程性理解中。这样，以“天时”的更续作为最基本的参照，《易传》试图由此获取解释天下万物生生不已的形而上根据。作为普遍必然的生生不已，“生生之谓易”对人而言也同样有意义，因为从根本上讲，人毕竟是万物之一分子。就这一点而论，《易传》讲“原始反终，故知死生之说”（《系辞上》）与《论语》“不知老之将至”（《述而》）的观点一样，都是先秦儒家对人自身生生不已的一种惊叹。所以，天道生生，

① 柏格森在讨论“时间绵延”时，也注意到了统一性和杂多性之间的多重关系。在他看来，作为直觉的对象，“绵延”的统一性完全不同于那些“为纯粹的统一性概念所限定的抽象的、无运动的和空洞的统一性”，毋宁说，它是一种“运动的、变化的、丰富多彩的、活生生的统一性”，基于此，柏格森认为“绵延”的统一性亦是一种杂多性，只是这种杂多性“与我们所知道的任何别的杂多性都不相似”而已。（参见柏格森《形而上学导言》，刘放桐译，商务印书馆1963年版，第10页）虽然在统一性和杂多性概念的分析上，柏格森试图和传统的抽象化理解划清界限，但是，把时间概念本身直觉化，使其哲学最终陷入另一种形式的抽象之中。

人与万物亦变转不息，天道观论域下的“天人合一”反映的恰恰是天地、人、物生生不已的普遍必然性或统一性。

然而，从“善言天者必有征于人”（《荀子·性恶》）的立场看，孔子以“四时行焉，百物生焉”表述天，也不乏对人道观理想的关切。从一定意义上讲，“百物生焉”是孔子对天的另一种表达，系指天对万物的普遍成就和化育。由思慕天对万物的普遍成就所展开的是孔子对人道观理想的殷殷关切：“唯天为大，唯尧则之。”（《论语·泰伯》）“则天”在这里之所以成为必要，主要由于孔子认为天具有普遍成就万物的广博胸怀。就“则天”作为价值理想来说，与其说它溯源于孔子对天道现象的常识性观察，不如说它是孔子对“百物生焉”现象在天道观背景下所作的一种泛道德化理解。其实，类似理解在先秦儒家那里几乎随处可见。如孟子引《诗》“天生烝民，有物有则”（《孟子·告子上》）、《中庸》明示“知天地之化育”（第三十二章），以及《易传》言说“天地之大德曰生”（《系辞下》）等，似乎都在强调天道对人和万物的生成与化育。不过相比而言，《易传》无疑把这种泛道德化理解发挥到了极致。

与儒家形成强烈反差的是道家对天道的理性化阐释，按照道家宗主老子的观点：“天地不仁，以万物为刍狗。”（《老子》第五章）即天地本身并没有“仁”与“不仁”的问题，所以，万物在天地之间的生长，仅只是一个自然的过程而已，而不是所谓的天地之“仁”有意而为的结果。不可否认，天道本身的确没有任何道德属性可言，如果就此试图要建立起关于天道本身的道德学说，那么在理论上必将会陷入抽象思辨的困境。

尽管对天道的泛道德化理解在根本上是思辨的，但是，这并不意味着“则天”对思考人道观理想而言毫无意义。随着“百物生焉”成为自我对天道现象的一种德化自觉，“则天”在价值层面意味着自我在人伦日用中应当以一种博施济众的态度包容或成就他人。用孔子的话讲，就是要树立起那种“老者安之，朋友信之，少者怀之”（《论语·公冶长》）的天地胸怀。受此天地胸怀之启发，“亲亲而仁民，仁民而爱物”（《孟子·尽心上》）作为普遍的价值原则，被孟子设定在了自我现实的日用常行中，而《易传》“与天地合其德”（《乾·文言》）的命题，无疑是对“则天”观念在人道观理想层面所给出的进一步解读。所以，在先秦儒家那里，人道观意义上的“天人合一”，在某种程度上蕴含着他们对“仁民爱物”之价值理想的普遍预设。

本书立足于对先秦儒家“天人合一”观念的不同阐发（天道观与人道观），初步把北宋五子“万物一体”论细分为天道观与人道观两个向度，即天道观向度的“万物一体”和人道观向度的“万物一体”。以此为纲，就其中所关涉的一些哲学问题，如本体论、死生之说、仁爱关怀，以及境界论等问题，展开系统的理论分析和说明。

（二）“万物一体”的天道观向度

就人对世界的认识和理解而论，“万物一体”的天道观向度展示了天地万物之间的本然相关和相联。① 以这种相关和相联为指向，天地万物在人的视域中因此不再是杂乱无序的存在，而恰恰呈现出某种内在的一致性。在北宋五子的表述中，这种一致性则被引申为一种过程性的统一。换言之，对于北宋五子来说，“万物一体”的天道观向度之所以可能，建基于他们对天地万物生生不已现象的普遍洞察，以此为条件，天地万物具体的生生不已在本体论层面被还原为一个具有动态基质的“生生之道”。② 在“生生之道”成为本体的意义上，北宋五子对天地万物的本然存在展开了具有过程论意蕴的普遍之思。通过这种方式，他们把各自独立的天地万物在本体论层面统一了起来，并由此在理解上赋予天地万物之间的相关相联以本然性特征。

首先，周敦颐对“万物一体”在天道观向度上的阐释，是以思考“生生之道”对天地万物的普遍统摄为基点的。这一理论构想尤其体现在《太极图说》开篇对“太极”概念的过程性限定上：“无极而太极。太极动而生阳，动极而静，静而生阴。静极复动。一动一静，互为其根。”

---

① 此所谓“本然相关和相联”，是指一种已经进入人的认识领域，且被定性为不为人力所改变的关系。

② “本体”或“体”范畴，在北宋五子那里有明确的论述，如邵雍讲“体无定用，惟变是用。用无定体，惟化是体。体用交而人物之道于是乎备矣”（《观物篇五十二》，《皇极经世书》，第489页），张载讲“太虚无形，气之本体，其聚其散，变化之客形尔”（《正蒙·太和篇》，《张载集》，第7页），程颐讲“体用一源，显微无间”（《易传序》，《周易程氏传》，《二程集》，第689页），等等。虽然他们讲“本体”或“体”的语境不尽相同，但是他们对“本体”或“体”范畴的理解，几乎都蕴含着宇宙（包括天地、人、物）大化的究竟根据，本书对“本体论”（theory of *Benti*）的使用正是籍此而来的。另外，本书使用的重要文献资料（如周敦颐的《周敦颐集》、邵雍的《皇极经世书》和《伊川击壤集》、张载的《张载集》及二程的《二程集》等）的版本信息在参考文献部分有详细说明，正文部分只标记书名、页码及篇章出处，其他信息从略。

(《太极图说》,《周敦颐集》，第3—4页）就“太极”与万物之“极”的纵向关系而言，“太极”是“极中之极”或“众极之极”，所以，它超越于一切有限之“极”的对待而成为“无极”，即成为天地万物面向的共通根据。尽管“太极”概念在内涵上指向玄之又玄的根据，但其在内在结构上并非静止不动，相反，它反转于阳动和阴静之间，进而成为变转不息的“生生之道”，即“阴阳，一太极也”（同上书，第5页）。基于对“太极”概念的动态设定，周敦颐以思辨的方式描绘出一幅“太极”之体“化生万物”（同上）的世界图式。为了确保这一图式的可理解性，《太极图说》还列举了一些和“生生之道”相关的经验常识，无论是援引“四时行焉”（同上书，第4页）语录，抑或揭示“万物生生”（同上书，第5页）现象，都是周敦颐用以附释其世界图式的现实素材。纵使天地万物在存在方式上表现出无限丰富的样态，但是在“太极”之体“化生万物”的情境下，它们和“生生之道”之间都无不表现出“各一其性”（同上）的统一关系。凭借这重机缘，周敦颐把天地万物之间的相关相联释说成一种本然关系。《太极图说》篇末的“大哉易也，斯其至矣”（同上，第8页），无疑是周敦颐基于“生生之道”的论域对那种相关相联所作的本体论阐发。

其次，在邵雍的先天学架构下，以“太极”之体“化生万物”为基点的那种相关相联，被释解为“生生之理”在“人心”与“天地之心”之间的先天纵贯，由这种纵贯进而达成一种“天地与人同一体”（《首尾吟》,《伊川击壤集》，第276页）的天道观构想。由思考天地人“三才”之间的分殊和统一开始，邵雍在理论上阐释了“万物一体”的形而上、形而下意蕴：“人心先天天弗违，人身后天奉天时。”（《推诚吟》,《伊川击壤集》，第231页）在形而上的层面，邵雍指出，不管是“人心”或“天地之心”，它们都以抽象的“生生之理”为一以贯之的根据。这无疑是“天地与人同一体”命题所表达的基本内涵，正是应了这重机缘，探究天地、人、物普遍必然的“生生之理”也就成为邵雍先天学的旨趣。从形而下的层面讲，邵雍已然注意到“人身”自然的生老病死与“天时”更续过程之间的某种相关性，甚至，在理解上，他还把前一现象的发生归结为后一过程使然的结果：“天由道而生，地由道而成，物由道而行。天地人物则异也，其于道一也。夫道也者，道也。道无形，行之则见于事矣。”（《观物篇五十九》,《皇极经世书》，第501页）和先秦儒家一样，邵雍在理解天地万物本然的生生不已时也强调天道的第一性。有鉴于“道”对“万物生生”的先天宰制，邵雍把“道”与天地、人、物的现实存在理解成一种具体的“合一衍万”关系。在这种“数”的运衍中，邵雍消解了万物之“多”和“太极”之“一”在理解上的内在张力，从而把千差万别的天地、人、物统一在其对“生生之道”的抽象言说中。

再次，张载论述天地万物本然的相关相联，是通过在理论上说明“气化之道”的真实存在来完成的。借助于对“太和所谓道”的先行设定，张载在内在结构上赋予“道”以“浮沉、升降、动静、相感”（《正蒙·太和篇》,《张载集》，第7页）等本性，并在本原上把“道”界说成阴阳之气的流行不已，“由气化，有道之名”（同上，第9页）。由于阴阳之气本身的流行不已，继而生发出气在有形之“物”和无形之“虚”之间的聚散不息。“聚”意味着气由无形之“虚”向有形之“物”的变集，“散”则指示气由有形之“物”向无形之“虚”的还原。在聚散成为阴阳之气常态的情境下，张载认为聚散活动本身呈现为“聚且散”（《正蒙·大易篇》,《张载集》第54页）的必然关系，即气在存在方式上要么呈有聚必有散的趋向，要么呈有散必有聚的态势。由于“气化之道”的建立，张载在思考问题的路径上克服了周敦颐和邵雍疏论“万物一体”的抽象性和笼统性。依据“气不能不聚而为万物，万物不能不散而为太虚”（《正蒙·太和篇》，《张载集》，第7页）的理论构想，张载把天地万物具体的生生不已还原为阴阳之气本然的聚散不息，“聚亦吾体，散亦吾体”（同上）。这样，以气化流行的过程为理解路径，张载在本体论层面澄清了天地万物之间的内在一致性，并以此在内涵上拓展了“万物一体”的天道观向度。

最后，如果说，周敦颐、邵雍和张载的努力，只是在思想内涵上展示出一种“万物一体”的倾向，那么，二程的思考无疑是切中了“万物一体”的论题本身。就确切的字面表达而言，北宋五子中，基于天道观向度的“生生之道”而明示“万物一体”者，当推二程兄弟：“所以谓万物一体者，皆有此理，只为从那里来。‘生生之谓易’，生则一时生，皆完此理。”（《河南程氏遗书》卷二上，《二程集》，第33页）从更为本原的意义上讲，二程明示“万物一体”，以信赖“一本天理”的客观存在为前提。通过对《易传》“生生之谓易”的本体论阐释，他们不仅思辨地预设了“一本天理”对天地万物的先天宰制，同时，还结合万物生生的后天信验印证了“一本天理”的真实存在和现实发生，用二程自己的话说，“若不一本，则安得‘先天而天不违，后天而奉天时’”（《河南程氏遗书》卷二上，《二程集》，第43页）。这样，在“万物一体”的论域下，“天理”获得了“生生之道”的那种本体位格，成为策动天地万物生生不已的总根源。也就是说，作为天地万物生生不已的至极根据，“天理”不但本然地蕴蓄于天地万物之间，更和它们现实的存在一体无间，“不要将易又是一个事，即事尽天理，便是易也”（《河南程氏遗书》卷二上，《二程集》，第31页）。二程之所以用“一本天理”来阐释“万物一体”，显然是注意到了“生生之道”作为本体的存在，由此本体出发，他们在天道观向度上澄清了天地万物生生不已的可能性和必然性。

可以看到，在北宋五子对“万物一体”的本体论证明中，以“太极”、“生生之理”、“气化之道”、“天理”等范畴为表征的“生生之道”具有非常重要的意义，如果没有“生生之道”在理论上做铺垫，那么，天地万物之间本然的相关相联至少在他们的表述中是无法理解的。不过，从现代哲学的立场看，北宋五子基于天地万物生生不已的现象探求“生生之道”的先天存在，仅仅是对自然法则所持的一种抽象偏好而已，即由天地万物具体的生生不已出发，以思辨的方式揭示了这些现象背后的过程统一性，其间并未建立起任何深邃的知识系统。在这个思辨的话语世界中，他们把“生生之道”想当然地视为裁成天地万物生生不已的总根源，且为这一自然法则规划出了复杂的内在结构。然而，无论“生生之道”在内在结构方面被构造得何等的细密，这一切在理论上都无法确保它（“生生之道”）与“万物生生”之间的直接相关性。也就是说，对于北宋五子而言，当经验之域的思考不足以解开什么是促发天地万物生生不已的总根源这一谜团时，他们会很自然地联想到某种超自然的神圣法则，以便对这些不同的自然现象作出统一的判断和解释。所以，和其他思辨的哲学一样，北宋五子对“万物一体”的本体论证明，依然以相信普遍必然的神圣法则的真实存在为前提，尽管这一法则在缘起上有“万物生生”的经验现象做支撑，但是，仅此还是难以改变其本身所固有的思辨性特质。

按照分析哲学巨擘维特根斯坦的观点，真正必然的东西只存在于逻辑世界之中，而并非取决于自我的感官经验，归纳程序的问题恰恰在于片面地趋附于后者而无视前者，由此，人们往往会“把和我们的感官经验相一致的至简法则视为真实的存在”，但事实上，这种判断“除了具有心理上的支撑之外，没有任何逻辑上的理据”。[①] 显然，维特根斯坦只承认逻辑世界的普遍必然性。在他看来，只有在逻辑律的推绎中，前提和结论之间的相联才呈现出一种普遍必然的关系，至于以感官经验为条件的自然法则，其普遍有效性只是人们依据归纳原则所作的心理附加而已。借用休谟举过的例子，维特根斯坦指出，“太阳在明天会升起，是一个假设：它意味着我们不知道太阳是否会升起”[②]。易言之，太阳每天升起尽管是人们的经验常识，但是从严格的逻辑视域看，太阳在过去的升起并不能确保其在明天必然会继续升起，所以，“太阳在明天会升起”依然是一个心理假设，它不具有任何逻辑的普遍必然性。从这个意义上讲，北宋五子把“万物生生”的现象在形上之维还原为动态的“生生之道”，只是出于心理上构造某种普遍根据的需要，它不仅在逻辑上是非常有限的，而且在理论上，它同样也不能表征涵纳天地万物的整个存在。[③]

虽然从天地万物具体的生生不已出发构设动态的“生生之道”在逻辑上是有限的，但是，北宋五子藉此关注“万物一体”的天道观向度也不乏其现实意义。综合地说，在以“生生之道”为基点的“万物一体”的天道观向度，生生不已不但被北宋五子先天地理解为天地万物普遍必然的态势，而且在常识世界中，它（生生不已）的确也完全迎合归纳程序的诸多规定。作为一般的常识，生生不已的析出不仅使天地万物之间的相关相联“具有恒定的性质”，同时也有助于对它们“作有序的安顿，由此扬弃世界（天地万物——引者注）对于人的不可捉摸性或异己性，从而使生活实践的常规形式成为可能”[④]。正是依凭“生生之道”在常识世界中的这种现实品格，北宋五子以不同的方式敞开了他们对儒家价值理想的普遍性重建。

周敦颐由“太极”而立“人极”的设想，是有见于“太极”之体

① Ludwig Wittgenstein, *Tractatus Logico－Philosophicus*, Translated by D. F. Pears and B. F. McGuiness, Oxon and New York: Routledge, 2001, p. 84.

② Ibid.

③ 根据德国哲学家雅斯贝斯的观点，“任何被认识了的存在，都不是存在本身”，当人在“思维存在”时，习惯于“把出现于整个存在之内的某一有规定的存在方式绝对化了，使之成为存在本身”，这样，人对存在的理解经常会出现以局部代替整体，以个别代替一般的乱象。（雅斯贝斯：《生存哲学》，王玖兴译，上海译文出版社2005年版，第3页）。

④ 杨国荣：《成己与成物：意义世界的生成》，人民出版社2010年版，第160页。

"化生万物"的普遍性，通过在形式上借鉴"太极"之体所展现的这种普遍性，周敦颐在价值层面建立起了用以规范日用常行的普遍准则——"人极"（"中正仁义"）。邵雍论"万物一体"的天道观向度，重在揭示"生生之理"与天地万物之间的一多统一。以阐释本然的一多关系为前提，邵雍把圣人和"万民"之间的关联在人道观向度上确定为一种应然的一多关系，借此，邵雍在理论上确立了以"仁"、"义"为核心的"圣人之道"对于天下之人的普遍范导意义。接续周敦颐与邵雍而来的是二程兄弟。基于"即事尽天理便是易"的天道观立场，二程对天地、人、物在物理层面展开了普遍性寻思，然后经由"物理"之思向"人理"之思的转化，他们把儒家的"仁"、"义"、"礼"、"知"、"信"等价值观念在理解上定性为"人之为人"的普遍规定。

另外，就北宋五子凸显儒家人道观理想的正当性而言，"万物一体"的天道观向度也具有一定的积极意义。在儒、释、道鼎立的境遇下，由于对"死生之说"的不同理解，使得他们在人道观理想的选择和认定方面表现出差异。佛教视生死为苦本，信赖"般若"思想和"罪福报应"的教义①。前者以人生为"幻化"，主张超脱生死轮回，继而达致"不生不灭"的"无生"境界；后者通过鼓吹"因果报应"说，宣传罪与福轮回再生的思想，进而认为人生在世应当尽量减少罪过，以期换回来生的福报。无论是前者还是后者，它们都否定了人生在世的真实性，所以，在人道观上最终都堕入虚无主义的泥潭。至于以老子为宗的道教和道家，情况则比较复杂。道教不承认人固有一死的必然性，奉从"我命在我不在天"（《抱朴子·黄白》，《抱朴子内篇校释》，第 287 页）的"仙道"理念；而以文本《庄子》为代表的道家尽管承认"物有死生"（《秋水》）的事实，但是他们并不认为死是对生的一种即刻终结，而是把死看成一个和生共时并进的延续性过程："方生方死，方死方生。"（《齐物论》）面对这种命运之流的必然宰制，道家倡导放弃对于"仁"、"义"等人文价值的追求，主张以消极无为的态度来应对有限的人生，进而试图在精神层面超越穷达生死的困扰，实现彻底的逍遥自足。相形之下，儒家对"死生之说"的理解显得更具有说服力，他们坚信"死生有命"的必然性，并把生存和死亡截然二分。在生死二分的论域下，生存就是生活，是一个不断

---

① 任继愈主编：《中国佛教史》第二卷，中国社会科学出版社 1985 年版，第 654 页。

展开的延续进程，而死亡则正好相反，是一瞬息即逝的点，[①] 在生死之间，生存或生活意味着死亡的尚未发生，随着死亡的临降，生存或生活同时也走向终结。不难看出，儒家讨论“死生之说”，主要致力于对此岸之“生”的关切，而无意于对彼岸世界的超验性思辨，“未知生，焉知死”（《论语·先进》）无疑彰显了生存的绝对优先性。与凸显生存问题相应的，是儒家既没有把有限的人生虚无化，更没有放弃对人生意义的积极追求，而是赋予有限的人生以无限的价值意义，并主张通过积极践行当然之则在意义世界中达成自我道德生命的永存。

儒家对待“死生之说”的这种理性主义态度，在北宋五子那里得到进一步的发展，他们不仅由“万物一体”的天道观向度出发阐述了“死生有命”的必然性，而且，也在生存论意义上说明了儒家追求人文价值的正当性。北宋五子中，基于“万物一体”的天道观向度分疏儒家“死生之说”，继而推扬其人道观理想者，莫过于张载。[②] 以“气化之道”的动态陈述为契机，张载把万物的存在在根本上还原为一个气化流行的过程，随着“聚”和“散”成为气化流行的常态，“始”和“终”因此而成了有形之“物”向无形之“虚”归反的必然命运。在“万物一体”的天道观向度上，人作为天地万物之一分子也不能脱免这种有“始”必有“终”的本体论命运，只是对于具体的人来说，这种“返终”则表现为死亡的必然临降。有感于对“知死必矣”（《正蒙·乾称篇》，《张载集》，第65页）的洞见，张载主张以儒家鞠躬尽瘁、死而后已的态度积极担当自我本己的人生使命，以期在价值领域实现自我“道德性命”的不朽和长存。用张载本人的话说：“道德性命是长在不死之物也，己身则死，此

① 在英语世界中，Die（死亡）也是一个瞬间动词，不具有延续性，尽管在语法上有 be dying 这样的用法，但其在意思上表示“将要死去”，而不是“正在死去”。

② 须要说明，基于“万物一体”的天道观向度推扬儒家的理性主义生死观，是北宋五子的共识。关于这一点，本书在主体章节部分都有论述，总体来说，邵雍、张载与二程在人生态度方面都表现出明显的排佛辟老倾向，而在周敦颐那里，这一意味不像其他“四子”那样明显。不过，在佛、老渲染“不生不灭”或“长生不死”的境遇下，《太极图说》援引《易传》“原始反终，故知死生之说”（《太极图说》，《周敦颐集》，第7页）的观点，本身就意味着周敦颐对佛、老“死生之说”的一种否定。从这个意义上讲，北宋五子批评佛、老“死生之说”、弘扬儒家“圣人之道”的态度是一致的。当然，北宋五子对佛、老的批评，在很大程度上也主要集中于“死生之说”这一个向度，因为在其他问题上，他们甚至还表现出积极借鉴佛、老（尤其是老）的一面。如周敦颐《太极图说》中讲到的“主静无欲”、邵雍倡导的“以物观物”，以及张载提出的“气聚气散”等观念或方法，在先秦道家文献（《老子》和《庄子》）中都有论述，而且，其中的许多论断在意思上颇为相似，这一点本书在相关章节中有所分析。

则常在。”（《经学理窟·义理》，《张载集》，第273页）这样，通过在“气化之道”的本原处澄清天地、人、物之间的内在一致性（本然的相关相联），张载在本体论上回应了佛、道对“不生不灭”和“长生不死”的“妄断”，由此批评了他们虚无主义的人道观，进而在理论基础上确保了人们践行儒家人道观理想的正当性。

（三）万物一体的人道观向度

从物我关系和人我关系来看，“万物一体”的人道观向度在北宋五子那里首先表现为一种成就他者的仁爱关怀。在如此意向中，自我以无所不及的道德之心包容和成就着天地万物，具体来说，这种包容和成就表现为自我对他人和他物的关爱，贯彻其中的则是儒家“亲亲”—“仁民”—“爱物”的价值原则。按照北宋五子的观点，“万物一体”的仁爱关怀既表现为抽象的价值理念，亦浓缩于圣人现实的道德品格中。作为抽象的价值理念，关爱他人和他物是北宋五子对儒家“仁民爱物”的价值原则的再诠释，通过这种价值重塑，物我关系和人我关系突破了以损他利我为特征的原初对立，继而在人道观向度上成为一个对等共在的整体。而作为圣人现实的道德品格，关爱他人和他物又见之于圣人具体的一言一行，通过对圣人相关言行的理想化阐发，北宋五子赋予“圣人之道”以“仁民爱物”的价值意蕴。由于“圣人之道”和“仁民爱物”之间的这重特别关系，从具体层面出发体认圣人为他者说了什么、做了什么，便成为北宋五子领悟儒家人道观理想的一部分。

周敦颐的“人极”概念，在关爱他者的层面恰恰内蕴了以上两重含义。一方面，作为“人之极则”，“人极”承载着人之为人的价值规定，在具体内容上，它以儒家的“仁”、“义”等价值观念为标识；另一方面，就人的现实存在而论，“人极”不同于一般的个体之人，而是特指那些可以“与天地合其德”的“人之极者”——圣人。① 在圣人成为“人之极者”的意义上，周敦颐认为“中正仁义”等价值观念，就是圣人在现实中为天下人所订立的“立人之道”。邵雍虽然也把“万物一体”在关爱他者的层面二重划分，但有所不同的是，邵雍的思考重在克服因“以我观

① “与天地合其德”是《易传》对“大人”品格的形象描述，在周敦颐对此的援引中，则明确改成“圣人与天地合其德”（《太极图说》，《周敦颐集》，第6页）。

物”（《观物外篇下》，《皇极经世书》，第529页）而引起的主体性蔽障，进而代之以“何物不我，何我不物”（《渔樵问对》，《伊川击壤集·附》，第297页）的平等视域。在超越主体性蔽障的构想中，由于每一具体的“物”都是一个独立的“我”，每一个独立的“我”又都是万物之多中一分子，所以，物我关系被邵雍在观念层面理解成对等的“我”—“我”关系和“物”—“物”关系。须要说明，在由“以物观物”而达成的这种“物”—“物”关系中，尽管自我以“物”的方式与他物相遇，但这种相遇不是被动地接受，而是出于自我对对等关系的自觉营建，其本旨在于唤起自我对他物的充分尊重和体谅。按照邵雍的诠释，“以物观物”不是他自己的发明，而是来自于圣人的精心创造，是“圣人之所以能一万物之情”（《观物篇六十二》，《皇极经世书》，第506页）的理论依据。依凭这一“观物”之法，圣人在物我关系上超越了拘囿于“我”的一己之偏，继而以“至广至远至高至大”（同上）的道德之心包容着天下万物的多样化存在。

张载的“民胞物与”思想，不但主张自我对他者的“爱”，而且还强调自我对他者的“亲”。以对“乾称父，坤称母”（《正蒙·乾称篇》，《张载集》，第62页）的规范性设定为前提，张载在理解和认识上弱化了儒家“亲亲”—“仁民”—“爱物”的价值原则固有的内在等差。与之相应，物我关系和人我关系也由最初的“爱之而弗仁”（《孟子·尽心上》）、“仁之而弗亲”（同上），转化为一种既“仁”且“爱”、既“亲”且“仁”的关系，由此张载在关爱他者的层面抹去了原始儒家爱有等差的思想痕迹。当然，张载对儒家价值体系的重建不止于此，通过对圣人既往言行的应然阐释和发挥，他还赋予圣人以“爱必兼爱，成不独成”（《正蒙·诚明篇》，《张载集》，第21页）的道德品格。尽管以“爱必兼爱，成不独成”疏解圣人现实的道德品格在理论归属上有固守墨家成规之嫌，但是也须要看到，张载所讲的“爱必兼爱，成不独成”，和墨子提倡的“兼相爱”（《墨子·兼爱中》）在理论基础上完全是异趣的：前者是对儒家“仁民爱物”之价值原则的进一步扩充和发展，体现了圣人“心忧天下”的道德胸怀，后者则以利益的交换（“交相利”）为法式，带有浓厚的功利主义色彩。

二程对物我关系和人我关系的疏通，是通过反思“仁”对“人理”的全面限定而完成的。在对“人理”的反省和察识中，程颢首先把“仁”

自觉为一种“以天地万物为一体”（《河南程氏遗书》卷二上，《二程集》，第15页）的道德胸怀，受此认识影响，程颢主张“仁”应当成为天下之人普遍存养的德性品质；程颐认识和自觉“仁”则注重于分析的态度，由分析“仁民爱物”的等差原则入手，程颐赋予“仁”以更加广阔的思想内涵，把“仁”置于比“爱”更为根本的位置，即不可“专以爱为仁”（《河南程氏遗书》卷十八，《二程集》，第182页），而是“仁者固博爱”（同上）。基于对“人理”的反省和察识，二程指出，“仁”作为关爱他人和他物的德性品质，同时演绎于圣人具体的一言一行中。关于“仁”在圣人日用常行中的彰显，程颢概括为“‘博施济众’，乃圣之功用”（《河南程氏遗书》卷二上，《二程集》，第15页）。不可否认，“博施济众”只是圣人躬行“仁”的一个具体方面，要想了解“仁道”原则的完整内涵，还得从圣人对“仁”的多重限定中去把握。出于对“仁道”原则的全面考量，程颐明确主张“将圣贤所言仁处，类聚观之，体认出来”（《河南程氏遗书》卷十八，《二程集》，第182页）。

除了成就他者的仁爱关怀外，“万物一体”的人道观向度还展现为一种理想的人生境界。就宋明儒学所讲的境界论来说，它无疑蕴含着“宽泛意义上的精神世界”,① 在现实的日用常行中，这种精神世界的达致则必须以具体的人生体验为前提。而讲人生体验又不能回避人生理想问题，在“万物一体”成为人生理想的前提下，践行“仁民爱物”的价值原则同时也具有满足自我精神需求的意蕴。随着这一践行活动的展开，自我在精神上可以达致一种泰然自足、怡然自乐的境界。就具体的人来说，北宋五子认为，只有圣人在精神上才能达到满足自我和关爱他者相统一的这种理想之境。相应于“万物一体”在人道观向度上的拓展，领悟儒家的人道观理想不再局限于关爱他人和关爱他物的层面。由于境界论的介入，在价值关怀上兼及自我，继而实现满足自我和关爱他者的统一，同时也成为其题中之意。北宋五子玩味“圣人气象”正是因此而引发。借用程颐的话说，“须熟玩味圣人之气象，不可只于名上理会”（《河南程氏遗书》卷十五，《二程集》，第158页），如果不能进入圣人精神世界的深层，而仅仅是一般性地关注圣人表面上说了什么和做了什么，那无疑“只是讲论文字”（同上）而已。以玩味“圣人气象”为意向，如何理解满足自我和

① 杨国荣：《成己与成物：意义世界的生成》，人民出版社2010年版，第181页。

关爱他者的统一，既关乎圣人如何评价自我生活境况的问题，也涉及对于圣人本人精神世界的理解问题。

关于圣人如何评价自我生活境况的问题，周敦颐和二程在“寻颜子、仲尼乐处”（《河南程氏遗书》卷二上，《二程集》第 16 页）的课题中显然有所触及。“孔颜之乐”是宋明儒学的一个热门话题，面对“箪食”、“瓢饮”、“陋巷”等这些令常人烦忧的困境，颜渊不仅能处之泰然，而且，还可以长久地“不改其乐”，故而孔子对之大加表彰。就自我生活境况的评价而论，“孔颜之乐”突出了精神需求的优先性：对于自我而言，一旦实现了既定的理想目标，那么可以说，自我在精神生活方面是富足的，在现实中，这种富足则表现为自我在精神上的长久愉悦和快乐；另外，在追求精神满足的过程中，即便自我在物质生活方面遭受了挫折，甚至是重创，但这一切依然不能改变自我在精神上是愉悦和快乐的这一事实。[①] 不可否认，周敦颐和二程对“孔颜之乐”的重申，同时也隐含着他们自己对待生活境况的态度。在精神和物质之间，他们更趋向于追求精神需要的满足，出于对精神需求的关照，他们超越了对于物质生活的过分依赖，由此在精神上达致一种“心泰则无不足”（《通书·颜子》，《周敦颐集》，第 33 页）的境界。这样，在周敦颐和二程的认识中，完美的生活境况主要取决于自我精神生活的长久满足，至于物质生活方面的安逸和富足，则是退居其次的因素。因为只有超越了对于物质生活的过分依赖，满足自我和关爱他者的统一在现实中才会成为可能，倘若陷入“物欲”而不能自拔，那么，讲满足自我和关爱他者的统一则只是一句空话。

精神上的长久满足固然难能可贵，但是这种满足必须以自我人生使命的现实担当为基础。如果脱离了具体的“知行过程”，使其“仅仅停留于观念性的层面，则容易使精神世界流于抽象、玄虚、空泛的精神受用或精神承诺”[②]。佛、道通过看破红尘或超越人文而获致的精神安顿，无疑表现出上述特征。相比来说，北宋五子追求自我精神生活的长久满足，则以

① 关于自我生活境况评价中所展现出的这种多重性，赖特作过比较细致的分析：“某些事情没有使人感到振奋，却使人有愉悦的感觉；某些事情没有使人幸福，却又使人振奋。某些事情对一个人可以是沉重的打击，使他感到悲伤；但这些事情是否使他感到不幸福，这却是另外一个问题。”（参见赖特《知识之树》，陈波等译，生活·读书·新知三联书店 2003 年版，第 225 页）当然，从物质和精神相区分的角度讲，赖特对生活境况的分析依然显得有些笼统。

② 杨国荣：《成己与成物：意义世界的生成》，人民出版社 2010 年版，第 190 页。

一个非常现实的基础性目标为担保。张载对“存，吾顺事，没，吾宁也”（《正蒙·乾称篇》，《张载集》，第63页）的声张，诚然展现了这一倾向。在这种“存没关切”中，内心的安宁（“吾宁也”）作为一个终极目标，并不是抽象的“精神受用或精神承诺”，相反，它恰恰建基于自我对“民胞物与”之人生使命的现实担当。这样，在“存，吾顺事”和“没，吾宁也”二者之间，尽管后者构成了人生在世的终极关切，但是，以“民胞物与”为关切的前者作为基础性目标在程序上更具有优先性：只有对它有了完美的实现，才能使后者在当下成为可能。

从某种意义上说，关爱他人和他物能够成为一个基础性目标，离不开北宋五子对自我人生使命的先行理解和认识。就这一点而论，邵雍和张载对自我精神世界的无限放大在理论上具有一定的建设性。以“凡圣之别”的析理为进路，邵雍、张载分别提出了圣人“用天下之心为己之心”（《观物篇六十二》，《皇极经世书》，第506页）、“视天下无一物非我”（《正蒙·大心篇》，《张载集》，第24页）的观点。在这两个描述圣人精神世界的命题中，无论是邵雍讲到的“己”或张载提及的“我”，其在内涵上都不再表示单个的“小我”，而正好指涉一个无所不包的“大我”。随着自我由“小我”向“大我”的转化，践行“仁民爱物”的价值原则，对圣人而言因此不再成为外在的负重，相反，它正好是圣人实现自我的一种基本方式。① 通过对圣人精神气质的深度体察，邵雍和张载同时也放大了他们自己的精神世界，从而使他们对于自我人生使命的定位发生了变化，即由原初的独善其身变更为当下的兼济天下。在以兼济天下为己任的境况下，由于关爱他人和他物是自我本己的人生使命，所以它又成了自我追求精神满足的一个基础性目标，而作为基础性目标，其在理解上和满足自我是完全统一的。

当然，以关爱他者为指向的“万物一体”并不是北宋五子的专论，甚至也不能说是中国哲学独有的生命智慧，在一些宗教哲学家的著作中，也可以看到类似的意向。如犹太哲学家马丁·布伯的《我与你》，无疑是

① 在前文所论及的寻“孔颜乐处”的课题中，程颢尤其重视“回也不改其乐”（《论语·颜渊》）一句中的“其”字：“箪瓢陋巷非可乐，盖自有其乐耳。‘其’字当玩味，自有深意。”（《河南程氏遗书》卷十二，《二程集》，第135页）程颢虽然没有明确讲到“大我”、“小我”之分，但从他对“其”字的阐发中，似乎不难发现，他已经注意到“大我”和“小我”在颜渊气象中的完全统一。

一部探讨“万物一体”的经典之作。借助于对“我—你”关系和“我—它”关系的分别，布伯指出，在物我之间和人我之间，人们应当跳出以对立感为标志的“我—它”纠结，继而在他们之间建立起一种亲密无间的“我—你”关系。有必要指出，布伯的“万物一体”在广度上尽管和北宋五子表现出某些相似之处，但是，只要从更深层的原因上剖析则不难发现，它们之间还是存在着根本不同：北宋五子对“仁民爱物”之价值原则的践行，是他们省察和反思自我人生使命的结果，其在根本上是出于对人性（人之为人）善的信赖；而布伯的“万物一体”，是以承认“人性的一切方面均有种种局限”为前提，所以，它“并非为人际生活所固有，它本是一种神赐，人必得时时蕲望它，虔心等待”。① 这样，在布伯那里，由于人道观理想本身不能构成人的终极关切，故而“万物一体”对人而言只是一种他律性的价值原则，于是其在现实的践行中也不具有境界论的意蕴。

所以，对于北宋五子而言，“万物一体”的人道观向度和天道观向度都非常重要，且缺一不可。由“万物一体”的人道观向度出发，他们为人们确立了一种博施济众、厚德载物的价值理想，且在境界论意义上赋予这种价值理想本身以满足自我精神需求的意蕴。基于“万物一体”的天道观向度，他们又把儒家“仁民爱物”的价值原则在形式上推向普遍之维，并使之在现实中成为自我省思人生意义的必然抉择。尤可提及者，在张载论述“存没关切”的过程中，“万物一体”之所以能够被自觉为一种人生使命，取决于此命题在天道观向度上的本体论意蕴：立足于万物在天道观向度上的同根同源，张载认为，人作为万物之大家庭中的一员，应当以“民胞物与”的“大我”胸怀去关爱这个大家庭中的其他存在。

三　研究方法及相关说明

本书的研究，首先凸出整体性与系统性原则，在坚持整体性与系统性原则的前提下强调哲学与哲学史的统一，同时也注重哲学诠释的现代性

① ［德］布伯：《我与你》，陈维纲译，生活·读书·新知三联书店2002年版，第113—114页。

视域。

在对北宋五子哲学的研究中，坚持整体性与系统性原则非常必要，这样不仅可以完整地摆显他们对同一问题给出的不同思考，还可在一定程度上避免以往“分系研究”对他们思想的肆意割裂。长期以来，学界对北宋五子哲学的研究，大多采取“分系研究”的方法，与此同时，“二系说”和“三系说”先后成了析理北宋五子哲学，乃至整个宋明儒学的基本方法。① “二系说”尽管总体上承认北宋五子哲学对宋明儒学的奠基作用，但更趋向于突显二程哲学的开山作用。受这种观念之影响，整个宋明儒学于是被简化为以程颐为先驱的“理学”阵营和以程颢为先驱的“心学”阵营。稍晚出现的“三系说”，是对“二系说”的一种修正。在承认北宋五子哲学奠基作用的同时，“三系说”不仅肯定二程哲学对“心学”和“理学”的积淀，还强调张载哲学对“气学”的开创意义。由此，整个宋明儒学又被归约为“心学”、“理学”和“气学”三系格局。② 不可否认，“分系研究”有其可取之处，它们使本来芜杂的宋明儒学有了明晰的条例可循，然而，“分系研究”毕竟以体系的分门别类为指向，过分依赖于“分系研究”，不仅不利于揭示整个宋明儒学的共性，而且，在具体操作层面往往会把一个本来完整的哲学问题肢解成几个相关，甚至是相对的部分。

有见于“分系研究”之不足，“一系说”在研究思路方面明确主张应当“视宋明儒学为一整体”，在整体性视域下展开对“各家各派立说之殊异”的研究。③ 较之于“二系说”和“三系说”来说，“一系说”尽管在时间上相对晚出，但是它颇受海内外学界的关注。与此同时，也可以看到

① 关于“分系研究”，温伟耀在《成圣之道：北宋二程修养工夫论之研究》一书中已有论述。（参见温伟耀《成圣之道：北宋二程修养工夫论之研究》，河南人民出版社 2004 年版，第 8—9 页）。不过，温著更偏向于关注二程哲学在“分系研究”中的意义，且在格局定位方面，尤其是“三系说”，他仅举证了牟宗三给出的区划，而没有关注到大陆哲学界的划分。

② 此处的“三系”格局，是就大陆哲学界而言的，以冯友兰、张岱年 20 世纪 40 年代撰写的《中国哲学简史》、《中国哲学大纲》等著作为标志。另外，牟宗三在其研究宋代儒学的专论《心体与性体》中，也提出了“三系”构想，但其立定“三系”格局的标准是“心”、“性”、“理”范畴，而不是大陆哲学界惯用的“理”、“气”、“心”范畴。相比而言，牟宗三的“三系说”低估了张（张载）王（王夫之）气学所具有的哲学价值，且在研究取向上表现出强烈的原教论色彩，故而缺乏现代学术研究应有的平等理念。如他大肆贬损程颐与朱熹的哲学观，甚至，还把邵雍哲学从宋明儒学中剔除掉。

③ 劳思光：《新编中国哲学史》三卷上，广西师范大学出版社 2005 年版，第 35 页。

对它（“一系说”）的批评之声，这一点尤其反映在“四系说”中。① 从某种意义上讲，“四系说”的提出，不仅是出于对“一系说”的批评与回应，更是对“三系说”在理论上的综合创新。鉴于大陆“三系说”长期以来对“湖湘性学”的无视，以及牟宗三“三系说”对“张（张载）王（王夫之）气学”哲学价值的低估，“四系说”在分系方式上主张逆转传统格局，继而创立了以“理”、“气”、“性”、“心”范畴为核心的“道学”（程朱理学）、“气学”、“性学”和“心学”四系。② 和“二系说”、“三系说”一样，“四系说”以分割的方法过分凸显了“理”、“气”、“性”、“心”四大范畴的核心地位，所以，它似乎不利于研究者以一以贯之的立场去揭示隐含在这些范畴背后的主要哲学问题。

本书虽无意于考察整个宋明儒学的发展系统，但却重视北宋五子构思“万物一体”的哲学史根据，出于这重考量，特此把北宋五子“万物一体”论搁置于多维的哲学史境遇中。当然，任何哲学思想的形成，绝不是一件孤立的事情，而与哲学家所处的历史境遇息息相关，这种历史境遇既包括大的哲学史传统，又涵盖哲学家在当下所面对的一些具体哲学问题。对于北宋五子而言，构思“万物一体”同样也不是出于偶然。从大的哲学史传统上看，北宋五子“万物一体”论的提出，是对先秦儒家天人之辨的某种延续，所以，关于“万物一体”的哲学阐释，本书首先以澄清先秦儒家天人之辨的议题为导引。就哲学家面对的具体哲学问题而论，北宋五子“万物一体”论的提出，亦是中唐以来思想界复兴儒学的理论延续。当然，复兴儒学，是相对于儒学的衰退而言的，所以本书也涉及一些外缘因素的考察，如唐以来佛、老的并盛，以及韩愈、李翱重建儒学的理论困境，等等。或许，在佛、老思想既成体系的前提下，构建系统的哲学理论以期为人生意义的积极追寻作出承诺，是北宋五子构思“万物一体”论的外在诱因，这一点本书将在主体部分有所展示。

此外，关于诠释向度的问题也有必要说明。诠释向度涉及如何理解中国哲学的问题。20 世纪以来，随着现代学科建制的完成，“中国哲学”以一种羞涩的姿态跻身“哲学门”之下，与之相关的是学界对中国哲学的

① 有关“四系说”对“一系说”的批评，详见向世陵《理气心性之间：宋明理学的分系与四系》，湖南大学出版社 2006 年版，第 283—294 页。

② 同上书，第 295 页。

诠释向度不断地提出质疑。如早期的“中国哲学的史”与“中国的哲学史”之辨①、新世纪之初的合法性论争等，都是围绕诠释向度的问题而展开的。就凸显中国哲学的个性而言，这些争论固然非常必要，然而，由此试图把西方哲学完全从其中剔除出去，以期实现对中国哲学的净化，这不仅与现实相抵牾，而且也颇失公道。一方面，随着中西哲学的相遇，西方哲学逻辑分析的方法在中国哲学研究中被广泛采纳，且被自觉为“中国哲学在近代以来的延续”②；另一方面，现代学术研究本身要求概念表达的明晰性与精确性，而西方哲学在这方面无疑是值得借鉴的。

就诠释向度而论，本书在尊重文本的前提下，积极借鉴了西方哲学，尤其是现代西方哲学理解与分析问题的普遍性向度。不可否认，就字面表达而论，北宋五子并没有明确讲到“普遍性”这一概念。然而，从“万物一体”的内涵上看，关注普遍性本身也是其题中之意，这种普遍性既体现在北宋五子对天地万物生生不已现象的本然理解中，亦反映在他们对“人应当做什么”和“人应当成为什么”的普遍性构思上。如果说，尊重文本可突出具体哲学问题的本源性，那么，对普遍性向度的借鉴无疑可以增加哲学诠释的明晰性和精确性。在这个意义上，本书对西方哲学的借鉴是审慎的，在诠释路径上，力求避免牵强比附、诠释过度等问题。

---

① 详见金岳霖的《审查报告》（冯友兰：《三松堂全集》第2卷，河南人民出版社2001年版，第617页）。

② 杨国荣：《何为中国哲学：关于如何理解中国哲学的若干思考》，载《文史哲》2009年第1期。

第一章

人道自觉与天道追问:万物一体的儒家先导

“万物一体”是北宋五子哲学的一个主题，它既指示天地万物在天道观向度上的某种统一，又承载着他们所企及的“仁民爱物”之人道观理想。作为系统的哲学思考，“万物一体”论的提出是中国古代哲学长期积淀的结果，更是北宋五子对当下哲学困境的积极回应。一方面，在理论渊源上，先秦儒家热衷的天人之辨是北宋五子“万物一体”论的思想根基，因为无论在问题面向上，还是在论证方式上，这两者之间都表现出颇多相关之处；另一方面，通过“万物一体”论的建立，北宋五子不仅在本体论层面清算了隋唐以来佛、道两家对儒家的“非难”，而且，还在人道观向度上把先秦儒家主张的“博施济众”、“仁民爱物”理想推向理论巅峰。鉴于北宋五子“万物一体”论得以提出的如上机缘，这里有必要对先秦儒家的天道观与人道观，以及中唐以来思想界排佛弘儒的现象作一番系统的哲学史梳理。

一　孔孟论天人之辨

哲学来源于人们对现实的某种惊异，思考古老的哲学问题，不宜避开古人提问的当下境遇。就儒家体系内部而言，天人之辨之所以能够引起孔、孟的广泛关注，和他们对天道的认识相关，更和他们对人道的自觉密不可分。何为人道？在孔、孟的思想观念中，这一问题首先以“作为人意味着什么”的形式被提出。也就是说，人道是人对本己之生存方式的自觉，这里所谓的本己是相对于非本己而言的，从本己与非本己的这种特殊关系出发，人道一方面表现为人对人化存在（Humane Existence）的自觉；另一方面则表现为人对非人化存在的超越。出于对人化存在与非人化存在的析别，人禽之别因此而成为孔、孟关注的一个重要哲学命题。①

孔子在讲到人禽之别时，无不表露出对兽化存在（Animal Existence）的疏离和对人化存在的倡扬："鸟兽不可与同群，吾非斯人之徒与而谁与?"（《论语·微子》）基于"鸟兽不可与同群"的视域界说"斯人之徒"，意味着孔子从人禽之别方面对人道所作的间接规定。从生存方式上讲，人何以是人不在于人对自身的直接规定，而恰好体现在他与鸟兽的间接反差中，所以"鸟兽不可与同群"是说，人在生存方式上可以通过拒斥兽化存在而彰显其本己的人化存在。至于人化存在和兽化存在的反差究竟何在？对这一问题，虽然孔子没有给以过多的申论，但是在孟子的思考中，这一问题明显趋于细化：

> 人之所以异于禽兽者几希，庶民去之，君子存之。舜明于庶物，察于人伦，由仁义行，非行仁义也。（《孟子·离娄下》）

按照孟子的意思，人禽之别的关键在于人是伦序化的存在，这是人在生存方式上接纳人化存在的主要表征。在人道观向度上，人对人化存在的接纳表现为人对"仁义"等价值形态的自觉和认同，此外，"由仁义行"强调这种接纳在方式上的自觉和自愿。在接纳人化存在的过程中，人作为主体同时也接纳了"仁义"等价值形态，并以此为标界把自身从自然状态中超离了出来（"明于庶物"）。

不难看出，在孔孟对人道的阐释上，伦序化存在构成了人之为人的基本规定。人在本质上不同于自然之物（自然自在的存在），他是一种当然的伦序化存在，与之相关的是人的伦序本质也以"名言"的形式被先在地设定出来。在孔孟看来，"名言"之域规范着人的当然之则，失却对"名言"之域的经验关照，人之为人的道理（人道）因此也就不再朗然呈现：

> 名不正，则言不顺；言不顺，则事不成；事不成，则礼乐不兴；

① 其实，从人禽之别的角度界定人之为人，不能说是孔孟的专论，亚里士多德在阐述"人的德性"时也持类似的观点："在伦理方面有三类须避免的事情：邪恶、不自制和兽性。与这三者相反，其中的两类是显然可见的，这就是我们称为德性和自制的品质。与兽性相反最合适不过的是超人的德性或某种英雄和神性的品质。"（亚里士多德：《尼可马科伦理学》，苗力田译，中国人民大学出版社 2003 年版，第 136 页）。

礼乐不兴，则刑罚不中；刑罚不中，则民无所措手足。(《论语·子路》)

言无实不祥。不祥之实，蔽贤者当之。(《孟子·离娄下》)

“名言”是通达人之为人的必由之路，只有立足于“名言”之域厘清当然之则（“名正言顺”），才能使具体的人介入“礼乐刑罚”等事实层面深明其伦序本质，进而在具体的生存境遇中为自己的所作所为有所定位。就“名言”对人的这种规范作用而论，“名言”绝不是抽象的形式，其在内容上具有明确的所指（“祥之实”）。如果刻意把“名言”抽象化或形式化（“不祥之实”），那么，由此会使人的伦序本质彻底遮蔽起来。

以“名言”的归正为关切界定人道，不仅说明了“名言”对于人之伦序本质的逻辑优先性，还映射出“名言”对当然之则的经验承载。那么，在个体当下的日用常行中，先于伦序本质的“名言”又如何宰制到人的一言一行？也就是说，在基于“礼乐刑罚”的生存境遇中，个体的人如何担当“名言”之域所承载的当然之则？针对这一问题，孔子主张由“名言”出发澄清人现实的伦序本质，做到真正意义上的“知人”，再以“知人”为契机，实现抽象的“人”向现实的“己”的转化。要顺利实现这种由“人”而“己”的转化，在逻辑上必须经由“知人”而“知己”、“知己”而“尽己”的两个环节。

在第一个环节中，“知人”是首要的。一个人只有介入“礼乐刑罚”等事实层面明确其伦序本质（“知人”），才能认清其当然之则，继而对“己”有所要求，为“己”的所作所为有所定位：“不患人之不己知，患不知人也。”（《论语·学而》）从“知”的先后关系上讲，“知人”是“知己”的先决条件，所以人之首患，不在于“不己知”，而在于“不知人”。在第二个环节中，“尽己”是更为根本的。“知己”意味着“己”在“名正言顺”的前提下对其伦序本质的解悟，当然，这种解悟不能仅仅停留在抽象的观念层面，同时还得在“礼乐刑罚”等事实层面获得参验，因为“君子于其言，无所苟而已矣”（《论语·子路》）。这样，在最终指向上，“尽己”（“求为”）无疑更为根本，“尽己”的完成同时意味着“知己”的实现。“不患无位，患所以立也。不患莫己知，求为可知也。”（《论语·里仁》）孔子似乎不是特别重视一个人身居何“位”，相反，他更看重一个人能否“立”于其“位”，也即能否竭尽无余地践行与其“位”相应的当然之则。

在“知人”而“知己”，“知己”而“尽己”的进程中，人不再是抽象的观念化的人，而是和现实的“礼乐刑罚”紧密联系在一起，这是孔孟理解人的一个基本立场。由此立场出发，人被搁置在一个特定的伦序关系中，人生在世无非就是对其当然之则的身体力行，“君君、臣臣、父父、子子”（《论语·颜渊》），“欲为君尽君道，欲为臣尽臣道”（《孟子·离娄上》）等，便是人践行当然之则的具体印证。排除君臣、父子、夫妇、朋友等这些具体的人伦之序，任何试图在生存方式上追求超越人伦之序的学说，不仅被孟子视作“异端”，而且也被认定为“无父无君，是禽兽也”（《孟子·滕文公下》）。

无疑，在对人道的思考中，孔孟坚信人之为人的道理体现在生存方式上只能是其对人伦之序的践履。人一旦对其伦序本质缺失自觉，随之也就不再称其为人：“觚不觚，觚哉！觚哉！”（《论语·雍也》）人只有在现实的人伦日用中担当本己的使命，才能够赢得其作为人的资格与尊严。

在人禽之别的思维框架下凸显人之为人的道理（人道），依赖于人对自然状态的超离。尽管在这一问题上孔孟拔高了对人的定位，但就此他们并没有把人无限放大，进而在天道观层面导向“以人灭天”的理论困厄。① 孔子在强调人的主体性时，似乎有见于主体性的过度扩张会导致人在天道观层面忘乎所以，为此，他非常重视对于“命”的思考：“不知命，无以为君子。不知礼，无以立也。不知言，无以知人也。”（《论语·尧曰》）在儒家的话语世界中，“君子”代表着理想人格的范型，所以“为君子”指引的是理想人格的成就问题，“知命”作为“为君子”的前提，点出了天人之辨对于成就人道观理想的积极意义。相对而言，“知礼”与“知言”仅仅在人道观层面对人之为人作了最基本的规范，而不能在天道观层面明示人生在世的必然归势。具体来说，“知礼”即便能够使人在“礼乐刑罚”等事实层面获得安身（“立”），但仅此还不足以立命；“知言”虽然能够让人通过“名言”之域的规范作用识清做人的底线，但仅此依然不能照见人生的真谛。所以，要成就儒家所谓的理想人格，仅有“知礼”、“知言”显然不够，还得诉诸人对天命（天道）的先

① “以人灭天”语出《庄子·秋水》，“无以人灭天，无以故灭命，无以得殉名，谨守而勿失，是谓反其真。”即因过多突显人为而违背了事物适其自然的一面。

行知解。

从知解的先后次序上看，“知命”无疑最为困难。依据孔子本人的经验，“三十而立，四十而不惑，五十而知天命”（《论与·为政》）。三十之“立”意味着“知礼”的实现，由此可在日用常行中为自身获准定位，而五十之“知天命”则意味着从天道观层面出发对理想人格的探索与追寻。在成就理想人格方面，“知命”之所以能够有所作为，在一定程度上与孔子对天命的理解密不可分：

> 子曰：“予欲无言。”子贡曰：“子如不言，则小子何述焉？”子曰：“天何言哉？四时行焉，百物生焉，天何言哉？”（《论语·阳货》）

显然，孔子讲天和其讲人一样，依然采纳的是间接讲的理路，即通过对“四时行”、“百物生”等经验现象的言说，间接地引申出他对天命的形上之思。透过这些经验现象，一方面映现出天命的流行不已，另一方面也反映了天命对万物的普遍成就（生长或化育万物）。

关于天命的流行不已，孔子还曾以“川流”现象作了比示：“子在川上，曰：‘逝者如斯夫！不舍昼夜。’”（《论语·子罕》）“逝者”在本意上指示流行不已的存在，从“川流”不已到“逝者”无息，一方面说明了天命宰制万物的普遍性；另一方面，还揭示出天命流行不已的必然性（“不舍昼夜”）。在天道观的统一性向度上，人作为万物之一分子也被归置于天命的宰制之列，而在必然性向度上，天命必然的流行不已随之使人坠入“死生有命”（《论语·颜渊》）的命运大流中。所以，在天命的理解上，孔子并非就天命论天命，而是把它纳入具体的生存论境遇，并给以人化的理解。

由天命对万物的普遍成就，孔子提出了“则天”的构想：“唯天为大，唯尧则之。”（《论语·泰伯》）需要指出，“唯尧则之”在孔子那里不是抽象的，而是展现为一种博施济众的人道观理想：

> 子贡曰：“如有博施于民而能济众，何如？可谓仁乎？”子曰：“何事于仁，必也圣乎！尧舜其犹病诸！夫仁者，己欲立而立人，己欲达而达人。”（《论语·雍也》）

按照孔子的意思，博施济众作为人道观理想，其在理解上绝不是那种形式层面的给予，而是强调自我关爱他人之心的现实达致。以关爱他人为指向，孔子主张自我对人我之间隔的打通。从消极关爱的角度看，这种打通表现为自我对“己所不欲，勿施于人”（《论语・卫灵公》）这一价值原则的严格遵循；在积极关爱的意义上，这种打通又预示着“立人”与“立己”、“达人”与“达己”在自我日用常行中的完全统一。

而由天命的流行不已，孔子在天道观向度上展开了他对人的本然之思。人在本然层面上是有限存在抑或无限存在？这既是一切宗教的终极关切，也是诸多哲学的热门话题。基于天命流行不已的事实，人与万物一道卷入流行不已的命运之流，所以，“不舍昼夜”一方面道出了孔子对天命的察觉；另一方面也流露出其对“死生有命”的慨叹。从死的必然性上看，“自古皆有死”（《论语・颜渊》），人由呱呱坠地一开始，其在生活中所消磨的时时刻刻似乎都无不把他向既定的死亡之点无限推近。纵使在生存方式上，人可以把自身从自然状态中超离出来，但在天道观层面，人仍然无法脱免命运之流对其的宰制，因为随着天命（流行不已）在时间序列中的必然展开，死亡同时也由潜在转化为现实：

> 父母之年，不可不知也。一则以喜，一则以惧。（《论语・里仁》）
>
> 其为人也，发愤忘食，乐以忘忧，不知老之将至云尔。（《论语・述而》）

面对必然的命运之流，孔子注意到了人在肌体上呈现出的生老病死，所以在本然层面，人只能是有限的存在。即便如此，孔子并没有把有限的生命存在虚无化，进而以消极的态度对待整个人生。恰成相反的是，他认为人必须正视死生的问题，并主张通过对生的担当来祛除对死的困顿：“未知生，焉知死？”（《论语・先进》）当然，以对生的担当来消解对死的困顿，和人们对“死生有命”的自觉并不构成抵牾，从某种意义上说，正是后者的达致，才使前者在当下境遇中具有一定的可行性。也就是说，唯有知解了“死生有命”的道理，才能领会“父母之年”、“老之将至”对自我意味着什么，继而以积极不已的行为来关爱父母（他人）与自己。

尽管关爱父母（他人）与关爱自己指向不同的对象，但它们在一定程度上都强化着自我对人生价值的认同。出于对父母（他人）作为有限存在的珍视，自我会更加爱护他们，由此体证了“仁者爱人”的价值原则；出于对自己有限性的珍视，自我在有生之年会更加“尽己”而为，并以具体行动在日用常行中实现自我对生存意义（“义”）的承诺。这样，伴随着“仁义”等价值原则不断走向澄明，通过人伦日用间的积极作为（“发愤忘食”），自我不但在精神上尽享了愉悦，而且也超脱了死生的困扰，真正做到了“乐以忘忧”。

相对于“知礼”与“知言”，“知命”恰好在本原处弱化了人与天命的经验间距，由此深化了人对“死生有命”的切己体察。孟子在意识到天命基质的必然性之后，尤其表现出对有限生命的深切眷注，进而引发了他对生存意义的热切召唤：

> 莫非命也，顺受其正。是故知命者，不立乎岩墙之下。尽其道而死者，正命也。桎梏死者，非正命也。（《孟子·尽心上》）

既然人在本然层面是有限的存在，那么，面对当下发生在自己身上的生命延续和潜在死亡，人只能“顺受”命运之流的宰制。当然，孟子提议“顺受”并不意味着他主张人在行为上应当无所作为，而是认为，人必须正视“死生有命”的必然归势，在此基础之上，应当以更加积极不已的态度珍视自己有限的人生历程。也就是说，基于有限的人生历程，人不仅要告诫自己尽量避免不必要的“岩墙之灾”或“桎梏之死”，还应当时刻提醒自己积极地践履当然之则（“尽其道”），以期为有限的人生作出完美谋划（“正命”）。

须要指出，在孟子的天人哲学中，其理解天命在本然层面对人的宰制，不限于“死生有命”这一个向度，还延伸在性天统一的人性预设中。在这种性天统一的理论格局中，孟子把人在行为上的积极作为归根于人性本身对“仁义礼智”的本然蕴蓄：

> 仁义礼智，非由外铄我也，我固有之也，弗思耳矣。（《孟子·告子上》）

至于人性中“固有”的这种良知良能从何而来，孟子又把它归结为人性对天命基质的直接秉承，以此为基点，孟子认为“存心养性”与“事天”具有内在的一致性：

> 尽其心者，知其性也。知其性，则知天矣。存其心，养其性，所以事天也。殀寿不贰，修身以俟之，所以立命也。（《孟子·尽心上》）

从理解程式上看，孟子主张的“事天”构想与其“正命”理念并不矛盾，依据其“修身”而“立命”的逻辑，可以把“事天”看作是孟子为践行其“正命”理念而在当下境遇中采取的一种自觉行为。当然，“正命”只能在必要性上为“事天”提供理论担保，但仅此还不足以说明“事天”的可行性，要想在根本上理解“事天”的可行性，还须从天命与人性的统一关系入手。

不可否认，通过对性天统一的先行理解，孟子在逻辑上把人性和天命合而为一，从而为他力主的“性善说”给出了一个形上学根据。天命何以能够充当人性的根据？孟子对这一问题虽然没有明确申论，但在其关于“上下与天地同流”（《孟子·尽心上》）的言说中，似乎不难发现，天命在统一性层面对人的宰制同时也促成了人性基质的流行不已。所以，“养性”不仅是不断扩充人性基质的过程，还是人性基质与天命基质复归同流共化的过程。显然，在天命宰制万物的情境下，人性基质的流行不已不再是人之为人的规定性，而是人作为万物之一分子的统一规定：

> 是故诚者，天之道也；思诚者，人之道也。至诚而不动者，未之有也；不诚，未有能动者也。（《孟子·离娄上》）

在孟子看来，“诚”指示万物在天道观层面统一的流行不已（“动”），既然天命在统一性层面宰制了人和万物，那么，流行不已因此也就成了物我之间的统一规定，这似乎是孟子讲“万物皆备于我，反身而诚，乐莫大焉”（《孟子·尽心上》）的一个基本理论前提。立足于天命本然的流行不已，“思诚”意味着人基于当下的日用常行对人性基质在天道观层面的领会：人在日用常行中表现出的积极不已取决于人性基质的流行不已，而人性基质的流行不已又归因于天命基质的流行不已。这样，天命本然的流行不已（“至诚之动”），既是促成人在统一性层面“死生有命”的根本原因，也是人基于人伦日用实现“修身正己”的固有根据。

与孔子以天命基质为背景理解人的“死生有命”相比，孟子再次以天命基质为依托理解了人性基质的流行不已。基于天命与人性的统一关系，孟子把“修身养性”和“事天正命”互相等同起来，并希图由此打开通达“上下与天地同流”境界之路径。但遗憾的是，也许由于孟子过分执着于对这种精神境界的追求，使得其思想体系在逻辑构造上显得不够严谨，尤其表现在其“性善说”方面，在领会到人性基质的流行不已之后，为了使人性基质能够充任自我“修身正己”的统一根据，孟子想当然地把天道观向度的人性基质思辨化，提出了“人性善”的理论构想。这种把本然对象应然化的理论构想，本身是缺乏逻辑论证的，它在形式上“往往与泛道德主义的取向纠缠在一起”,①而且，“性善说”的提出，无异于认定自在的天命合乎善的目的，所以，“性善说”最终使孟子哲学不可避免地走向对“天之道”的思辨。

当然，也要看到，在孟子把“性与天道”思辨化的背后，是他对人道观理想的普遍预设。在这种预设中，孟子把“善”预设为人之为人的基本规定，与此相应的是他对“仁”、“义”等价值原则的现实阐发：“君子之于物也，爱之而弗仁；于民也，仁之而弗亲。亲亲而仁民，仁民而爱物。”（《孟子·尽心上》）就孟子“亲亲”—“仁民”—“爱物”的人道观理想而论，它展示出仁爱原则由近而远渐次敞开的过程，其中既有对“爱”的博施，亦不乏对“人伦”的关注。在某种程度上讲，这种人道观理想，是孟子提倡“事天”的一个现实依据，更是他对孔子博施济众原则的进一步发挥。以践行“亲亲”—“仁民”—“爱物”的人道观理想为前提，孟子认为，自我不仅在日用常行中可以“无敌于天下”（《孟子·公孙丑上》），而且，还可在有生之年实现“尽其道而死”的“正命”理想。

可以看出，在以孔、孟为代表的原始儒家那里，由领会天命流行不已的必然性（“知命”）到领会生命存在的有限性，不但没有使他们在人生态度上陷入宿命论的囹圄，相反，这一切更加激起了他们对人道观理想的

① 杨国荣：《善的历程》，上海人民出版社 1994 年版，第 61 页。

召唤和担当。甚至，在生命的终结处，知解“死生有命”的人们依然会固守于善的期待：“人之将死，其言也善。”（《论语·泰伯》）在孔、孟看来，人在护守人道观理想方面表现出的这种至死不已，要么是出于人在行为上对天命成就万物的当下则效（孔子），要么是出于人在心性上对天命流行不已的内省外扩（孟子）。

由“死生有命”发展到“则天”、“事天”，“毁”与“成”的二重理解同时被摄入孔、孟的天命观（天道观）中。从“毁”的方面看，死亡的临近和天命的拓展具有同质性，即随着流行不已在人身上的必然展开，潜在的死亡愈来愈成为现实的事情，而“畏天命”（《论语·季氏》）与“夭寿不贰”（《孟子·尽心上》）是人从“毁”的方面对天命基质所作的回应。从“成”的方面看，无论孔子的“则天”或孟子的“事天”，它们都以自我对天命流行不已的自觉为前提，前者以博施济众的“爱人”之心迎合着天命对万物的普遍成就，后者则以“仁民爱物”的人道观理想讴歌着天命本然的流行不已。从“知命”、“知天”到“则天”、“事天”，孔、孟无疑把天命对人的“毁”与“成”统一了起来，也就是说，以人对“毁”的生存论体证为前提，激发了其在修养论上对“成”的自觉，这样，“毁”与“成”一并构成了原始儒家天人之辨的整体骨架。

二 《大学》、《中庸》中的物我之辨

儒家对人道的关注除表现为天人之辨外，还表现为物我之辨。在孔子的言说中，物我之辨尽管不像天人之辨那样备受重视，但是他对天人之辨的思考也不乏对物我之辨的关切。① 孔子之后，孟子对物我之辨的议题虽然有所论及，然而和《大学》、《中庸》对于物我之辨的系统观点相比，孟子提出的类似命题依然是一些初步的断想。孟子讲物我之辨旨在确证其性天统一的人生境界说，而无意于深究孕育在物我之间的内在联系，而在《大学》、《中庸》中，物我之辨取代了天人之辨，并成为文本的中心话题。无论是《大学》“修身”—“格物”之方法，抑或《中庸》“成己”—“成物”的进路，在它们之中几乎都可以看到，物我之辨的议题

① 如孔子对“四时行焉，百物生焉”（《论语·阳货》）的言说，虽然是针对天人之辨而言的，但其中也蕴含了孔子对物我之辨的关切。

在内涵上明显地趋于细化。出于对构造美好生活的关照，《大学》、《中庸》试图从物我之间的内在联系入手，揭示出“修己”以安天下的可能性和必要性。

在《大学》那里，重视物我之辨并不是要在知识论意义上界说人与万物的固有属性，而是以物我之间普遍具有的存在方式为切入，试图在人道观层面自觉人之为人的基本规定。也就是说，《大学》讨论物我之辨，侧重于考究内蕴于其中的价值意义，而无意于获取有关人与万物的经验性知识。《大学》在理论阐释方面之所以会表现出如此倾向，在一定程度上和《大学》文本对“大学之道”的价值定位相关：

> 大学之道，在明明德，在亲民，在止于至善。(《大学》首章)

从内容上看，“大学之道”并非玄之又玄的抽象理论，其在内容上具有真实所指。就“大学之道”的指向而论，“明明德”要求扩充人本己的德性，当然，这种扩充不能片面地滞留于抽象层面，还须见之于现实的日用常行，在这个意义上，“亲民”也就成了“明明德”的一种表现形式。通过“亲民”，一方面使人本己的德性得到了彰显；另一方面也可以为人们营建理想的人间秩序提供理论担保。所以，在“明明德”与“亲民”二者的关系上，前者成为后者得以可能的内在根据，而后者则是前者在人伦日用中的具体显现，而“止于至善”无非是昭示人，要保持“明明德”与“亲民”之间的一致性。

“大学之道”在宏观上道出了《大学》的旨趣，由此不仅为自我构想出总体的“修身”纲要，同时还先在地裁断了整个《大学》的言说背景：

> 物有本末，事有终始，知所先后，则近道矣。古之欲明明德于天下者，先治其国；欲治其国者，先齐其家；欲齐其家者，先修其身；欲修其身者，先正其心；欲正其心者，先诚其意；欲诚其意者，先致其知；致知在格物。物格而后知至，知至而后意诚，意诚而后心正，心正而后身修，身修而后家齐，家齐而后国治，国治而后天下平。自天子以至于庶人，壹是皆以修身为本。其本乱而末治者否矣，其所厚者薄，而其所薄者厚，未之有也！(《大学》首章)

“本末”描述的是轻重“厚薄”关系，在本末之辨上，《大学》认定“修身”是营建理想人间秩序的根本途径，以自我的“修身”为基点，可以在事实层面成致“齐家”—“治国”—“平天下”之理想。“终始”指示逻辑上的先后关系，《大学》讨论“终始”和其关注“本末”并不构成抵触，因为在《大学》中，“终始”与“本末”二者往往盘根错节、涵容互摄。基于这种特殊的关系似乎可以断定，“终始”之辨在《大学》中追问的不仅是“本末”之间何者为“始”的问题，还涉及促使“本”或“末”成为可能的逻辑始基问题。相对于“齐家”—“治国”—“平天下”之理想而言，“修身”既是“本”又是“始”，由此也就廓清了“本末”之间何者为“始”的问题。随着“修身为本”之观念在《大学》中的先行确立，追问“修身”的逻辑始基问题变得凸显起来。

“修身”的逻辑始基是什么？这一问题在《大学》中虽然不像确立“修身为本”那样说得透彻，但经由“正心”—“诚意”—“致知”—“格物”的逐层递推，可以发现，“格物”是促成“修身”得以可能的逻辑始基。由“格物”到“正心”，其间的每一环节，都紧扣着如何实现自我“修身”的问题。这样，同“大学之道”裁制《大学》文本言说背景的情境相似，“修身”也就成了正解《大学》“格物”、“致知”、“诚意”、“正心”等话语的理论前提。也就是说，要想准确地把捉“格物”、“致知”、“诚意”、“正心”等话语的哲学意蕴，决不能绕开“修身为本”的当下语境。

如果把“修身”与“大学之道”比照，那么不难发现，“明明德”无疑是对“修身”的另一种言说，“亲民”又是对“齐家”、“治国”、“平天下”等理想的高度概括，而“止于至善”则是基于修、齐、治、平等方面的“本末”兼照。在“明明德”的视野之下，“格物”绝非自然哲学层面上的即物论物（对物理法则的一般论述），而是由物之为物的普遍事实出发，引申出人之为人的本己德性。与之相应，“致知”也不是自我对于自然之物的经验关照，而是自我在德化视域中对物我联系的重新审视：

诗云：“邦畿千里，惟民所止。”诗云：“缗蛮黄鸟，止于丘隅。”子曰：“于止，知其所止，可以人而不如鸟乎！”诗云：“穆穆文王，于缉熙敬止！”为人君，止于仁；为人臣，止于敬；为人子，止于

孝；为人父，止于慈；与国人交，止于信。(《大学》第三章)

就“所止”作为生物性需求而论，“民止于邦畿”与“黄鸟止于丘隅”没有根本区别，它们一并宣示着物我在栖居现象上的“各有所止”。不过，《大学》引《诗》并非意在考究物我之间的这种实在关系，而是透过“各有所止”的经验事实，试图在“修身”层面开启自我对“知其所止”的道德自觉。随之，仁、敬、孝、慈、信等范畴也被纳入自我“修身”的价值之域，这样，“致知”之“知”在内容上渐趋明朗。也就是说，在德化视域中，“致知”是指通过“格物”实现自我对“为人君”、“为人臣”、“为人子”、“为人父”以及“与国人交”之道理的深切知解。

在“格物”—“致知”的进程中，《大学》实现了由“各有所止”向“知其所止”的视域转换，通过这种转换，出于应然关照的那些价值范畴进而被《大学》看作是物我之间本然具有的东西。表现在物的存在形态上，《大学》以“黄鸟”为例指出，“止于丘隅”不仅是其本然的栖居方式，而且也是其出于“知其所止”的应然归宿。表现在人伦日用中，原先事实层面的“止于邦畿”于是被价值层面的“止于仁”、“止于敬”、“止于孝”、“止于慈”、“止于信”等内容所取代。与此同时，仁、敬、孝、慈、信等价值范畴，在形式上分别规定着自我为君、为臣、为父、为子、“与国人交”等的本己德性。随着视域转换的完结，物我之辨也由“各有所止”的自在关系发展到“知其所止”的相通关系，同时，“所止”的内涵也由事实层面的“各有所止”延伸到了价值层面的“知其所当止”。

从自我“修身”的角度来说，上述视域转换不但是可行的，而且也非常必要。因为只有如此，自我才能在内容上界定“明明德”的具体所指，继而由当下的日用常行出发，以“知其所当止”的方式达成对本己德性的自觉和解悟。然而，就自我对物的理解来说，上述视域转换在理论上似乎显得比较困难，因为在价值层面讨论物，无异于自我赋予外在之物以道德的禀性。《大学》在“知其所止”的视域下言说“可以人而不如鸟乎”时，无不表露出其对“鸟”的泛道德思辨。不过，从《大学》引《诗》的叙事立场看，以一物托喻另一物，以一事引出另一事，是古代诗歌广泛采纳的表现手法。① 所以，纵使《大学》文本中有些地方以思辨代替了叙事，但这也无碍于我们对其“修身”—“格物”之人道观向度的整体领会。

与《大学》不同，《中庸》开篇并没有直陈物我之辨，而是把物我之辨与天人之辨交织在一起。在物我之辨的论证方法上，《中庸》和《孟子》存在着某种相似之处，且在理论的整体构架上表现出较强的系统性。这一点可从《中庸》开篇对天人、物我的论说中获得验证：

> 天命之谓性，率性之谓道，修道之谓教。道也者，不可须臾离也，可离非道也。是故君子戒慎乎其所不睹，恐惧乎其所不闻。莫见乎隐，莫显乎微，故君子慎其独也。喜怒哀乐之未发，谓之中；发而皆中节，谓之和。中也者，天下之大本也；和也者，天下之达道也。致中和，天地位焉，万物育焉。（《中庸》首章）

就天人之辨而言，《中庸》与孔、孟既关联又分殊。从关联的角度看，《中庸》和孔、孟一样，并没有就天而论天，而是把天纳入到对人的理解中，且在形而上的视域试图发现“性与天道”的某种相关性；从分殊的角度看，《中庸》对天命的理解，不再带有“死生有命”的思想痕迹，所以也就无意在人的有限性向度上追究由天命理解而引发的生存论意义。“天命之谓性”道出了天命与本然之性的某种相关，由此相关出发，关于人的本然之性于是在天命基质的理解中获得了具体的规定，由此促成了自我对本然之性的理解与把握。

从表现形式上看，天命与人的本然之性之间的这种相关仍然是潜在的，而并非现实地呈现于人的视域之中，所以它不为人的耳、目等感官所感知（“所不睹”、“所不闻”）。然而，即使人们在日用常行中无法直接感知这种关系的存在，但这并非意味着它超离于思想所及的范围，而成为一种完全异在（无法向人的理解敞开）的关系。《中庸》讲“莫见乎隐，莫显乎微”，旨在强调这种潜在关系的非异在性：“素隐行怪，后世有述

① 在诗歌表现手法上，传统上把以一物托喻另一物称作“比”，而把以一事引出另一事称作“兴”。对此，刘勰认为：“‘比’者，附也；‘兴’者，起也。附理者，切类以指事；起情者，依微以拟义。起情，故‘兴’体以立；附理，故‘比’例以生。”（《文心雕龙·比兴》）

焉，吾弗为之矣。”（《中庸》第十一章）按照《中庸》的意思，基于“隐微”之域而索求那种异在关系的构想绝非其本旨所在，相反，由切己之本然性出发，体认“未发之中”与“已发之和”的谐然并致，似乎是《中庸》对其本旨的一个理论界说。这样，在“致中和”的层面，《中庸》展开了其对天人、物我之辨的深度阐发。由“致中”获致的是人对天地万物本然基质（“大本”）的领会，而由“致和”所得到的则是人对天地万物各自规范（“达道”）的理解，所以，“致中和”就是要求人确保内中之本然基质与外在的人道观原则之间的相互统一。

从自我的立场看，要想实现“大本”与“达道”的统一，继而在当下境遇中达成本然之性与人伦日用的理想结合，还得依赖于人文教化的启蒙，这或许是《中庸》强调“修道之谓教”的缘由所在。通过这种教化之启蒙，一方面成全了自我的本然之性（“率性”）；另一方面使得这种本然基质在日用常行中迎合了应然的人道规范（“修道”）。当然，这两方面在理解上也不能截然分开，自我本然之性的成全，也就是自我本然之性在日用常行中对人道规范的适从。正是由于对“率性”与“修道”关系的这种自觉，所以《中庸》在讲到人道时，尤其强调“明善”的重要意义：

> 诚身有道：不明乎善，不诚乎身矣。诚者，天之道也；诚之者，人之道也。诚者不勉而中，不思而得，从容中道，圣人也。诚之者，择善而固执之者也。（《中庸》第二十章）

在天道之域，“诚”是自然如此，因此不存在善与不善的问题，只有在人道之域，善与不善才作为首要议题被加以正视。在性天统一的视野下，“诚”不仅表征实然的天道，还指示自我固有的本然基质，凭借“诚”的引介作用，自我固有的本然基质在内容上也开始明朗化。然而，本然之性在内容上的明朗化并不等于其形态的现实转化，为此还得以“明善”为依托实现本然之性对人道规范的适从，这是《中庸》在“诚身”之“道”上的一个基本观点。①

---

① 张岱年认为，“诚”是中国哲学中“最深微的观念之一”，其意思可从两方面去理解：一为“有常不已”；另一为“自然与当然之合一”（张岱年：《中国哲学大纲》，中国社会科学出版社1982年版，第602页）。不难看出，《中庸》之“诚”已然涵盖了张岱年提到的这两方面的内容。

以“明善”充任“诚身”的条件，体现出应然之善对本然之身的规范作用，据此可以看到孟子与《中庸》对“明善”在阐释上固有的差别。在孟子的言说语境中，应然的善被视为内蕴于人的本然基质中，在这个意义上，孟子把“诚身”和“明善”完全等同起来；而在《中庸》的语境中，“明善”仅仅指自我在价值之维对善进行的选择和执守（“择善而固执之”），所以，善在理论上并非源于人的本然之性。由此可以看到孟子与《中庸》在“性”论上的根本分歧。按照《中庸》的阐释，如果排除了“明善”的范导作用，那么单独就“诚身”而论，它仅仅表征着自我在本然之性上的回归而已，其中也没有任何德性品格。正是在这个意义上，《中庸》指出：“不明乎善，不诚乎身矣”。只有以“明善”为前提，并通过人文教化的启蒙确立起规范日用常行的当然之则，自我才能以“诚”为契机实现本然之性向应然德性的转换：

> 故至诚无息。不息则久，久则征，征则悠远，悠远则博厚，博厚则高明。博厚，所以载物也；高明，所以覆物也……诗云：“维天之命，于穆不已！”盖曰天之所以为天也。“于乎不显！文王之德之纯！”盖曰文王之所以为文也，纯亦不已。（《中庸》第二十六章）
>
> 诚者自成也，而道自道也。诚者物之终始，不诚无物。是故君子诚之为贵。诚者非自成己而已也，所以成物也。成己，仁也；成物，知也。性之德也，合外内之道也，故时措之宜也。（《中庸》第二十五章）

作为性天统一的切入点，“诚”在内容上表现为一种“无息”的状态，这种“无息”既“高明”又“博厚”，潜藏于天地万物之间，并成为它们普遍的基质。须要说明，这里所讲的普遍可从“诚者物之终始”和“不诚无物”两个方面理解。从“诚者物之终始”的方面讲，“无息”之“诚”时时与物共在，贯穿于“物”的终始；而从“不诚无物”的方面看，万物无不沉浸在“无息”的状态中，所以，“不诚无物”就是《中庸》对“无物不诚”的转述。另外，作为万物的普遍基质，“无息”之“诚”同时也是本然自在的（“诚者自成也”），不为自我的主观意志所转移。由于自我在本然层面也是万物之一分子，因此，可以把“至诚无息”同时理解为《中庸》对自我本然之性的真实写照。依《中庸》对“文王之所以为文”的阐释，只有像文王那样的圣哲，才能以人文教化（“文”）为依托，继而在日用常行中把自我“不息”的本然之性转化为积极“不已”的人生态度，并使之迎合应然的人道规范。

在化本然之性为应然德性的进程中，《中庸》并没有采用孟子那种思辨路径，而是强调必须充分发挥人文教化的启蒙作用。通过这种教化之启蒙，自我不但明确了本然之性与应然德性之间的理论界限，而且，也深切地认识到了保持二者协和一致的可行性和必要性。从物我之辨的立场看，本然之性与应然德性之间的关系也可以被界划为“成物”与“成己”的关系，其中，“成物”以本然之性为考察对象，而“成己”则以应然德性为指向。根据《中庸》的阐释，要想在“诚”的层面澄清人的本然之性，只要从“成物”入手便可以达到预期目标，而不必以“成己”为基点（“诚者非自成己而已也，所以成物也”）。从“成物”的方面入手，自我不但对“不诚无物”这一命题有了深切的知解，而且就本然之性也有了切身领会。相对于“成物”而言，“成己”似乎更进一步，“成己”意味着自我在“成物”的基础上对人道规范的体知，由此，“仁”也就成为界说“成己”的核心范畴。以“仁”为先导对本然之性提出规范，是《中庸》在化本然之性为应然德性方面的一个基本观点。具体到自我而言，化本然之性为应然德性的环节则表现为一个由“成物”而达致“成己”的过程，在这一过程中，自我以内中的本然基质迎合着外在的人道规范（“合内外”）。

既然“成物”是“成己”得以可能的前提，那么“成己”的实现同时也就意味着“成物”的达致。由“成物”向“成己”的转变，同时还须依赖于人文教化的启蒙。基于“成己”对“成物”在理论上的这种蕴含关系，《中庸》把“成己”提升到天人之际的高度：

> 唯天下至诚，为能尽其性；能尽其性，则能尽人之性；能尽人之性，则能尽物之性；能尽物之性，则可以赞天地之化育；可以赞天地之化育，则可以与天地参矣。（《中庸》第二十二章）

由于“成己”（“尽其性”）的实现同时也蕴含着“成物”的达成，而在“至诚”的本然层面，自我又是人之一分子，所以对于自我而言，“成物”也就是自我对本然之性的达成（“尽人之性”）；又由于人在本然层面也是万物之一分子，所以“尽人之性”就是“尽物之性”。这样，在性天统一的视域下，自我向“人”与“物”的不断还原，最终把自我推到了天人、物我之际，继而在天道观向度上达成自我与天地的一体相参。

三 《易传》以天道明人道

如所周知，《周易》是讲易之书。那么，什么是易？作为一个哲学范畴，它如何被提升到“道”的高度？对于这些问题，虽然《易经》本体部分没有给出相关阐释，但《易传》却作了明确说明：

> 古者包牺氏之王天下也，仰则观象于天，俯则观法于地，观鸟兽之文，与地之宜，近取诸身，远取诸物，于是始作八卦，以通神明之德，以类万物之情……是故易者，象也。象也者，像也。彖者，材也。爻也者，效天下之动者也。(《易・系辞下》)
>
> 生生之谓易。成象之谓乾，效法之谓坤。(《易・系辞上》)

以上是《易传》对易的基本理解，关于易是什么，《易传》认为取决于易本身的缘起。按照《易传》的意思，易在缘起上归功于包牺氏对“天下之动”的“仰观俯察”和逻辑摹效。当然，这里的“天下”在内涵上不局限于与人相对的对象世界，同时也包括人自身，这是由包牺氏“近取诸身，远取诸物”的“作卦”原理决定的。具体地说，易首先被表达于卦象和彖辞，卦象和彖辞则以卦爻为基点，而卦爻又是对“天下之动”的符号化摹效。在这个意义上，《易传》指出，“生生”就是易的基本规定。

《易传》之所以会以“生生”解易，取决于易原本具有的动态性格。从“效天下之动”到卦象的成型，再到生生之易的提出，展现出一个不断抽象化的过程。用《易传》的话说，这种抽象化展现为一个由“器”向“道”转化的过程：“形而上者谓之道，形而下者谓之器。”（《易・系辞上》）随着这种转化的完成，易在形式上也由最初的变易现象（“天下之动”）被抽绎为形而上的“生生之道”。由此，易才作为一个哲学范畴被上升到“道”的高度：

> 易之为书也不可远，为道也屡迁。变动不居，周流六虚。上下无常，刚柔相易，不可为典要，唯变所适。(《易·系辞下》)

在由“器”向“道”的转化中，尽管易在呈现形式上发生了转变，即由见之于形器到书之于文本，但这一转变并未使易在根本上疏远于天地万物的现实存在，这在很大程度上取决于《易传》对“易之为道”的哲学定位。依据《易传》的阐释，由文本引申出的“道”在性质上呈现出“屡迁”与“变动不居”的特征，且在内在结构上表现出“上下无常”、“周流”不定的无序性。然而，即使这种“屡迁”在内在结构上没有一定规程（“不可为典要”)，但就总的趋向而论，生生不已显然是其唯一而必然的态势（“唯变是适”)。所以，从“变动”的视角看，“道”的“屡迁”和天地万物的生生不已恰成互证。

这样，由感触天地万物的生生不已到书写形上之“道”的“变动不居”，易同时也由自然自在的存在转化为人对天道的基本洞见：

> 易无思也，无为也，寂然不动，感而遂通天下之故，非天下之至神，其孰能与于此？夫易，圣人之所以极深而研几也。唯深也，故能通天下之志。唯几也，故能成天下之务。(《易·系辞上》)

无论是“无思”、“无为”，抑或“寂然不动”，它们都说明了易本身的自在性与自发性。然而，随着人的感思活动的介入，易在“神”的层面被进一步抽绎为可以“通天下之故”的“生生之道”，与此同时，“生生之道”也被设定为宰制天地万物生生不已的至极原因（“通天下之故”)。在“通天下之故”的论域下，人作为万物之一分子，也必然受到这一至极原因的宰制。尽管较之于一般的物而言，人的存在自有其能动的一面，但从本然层面讲，人绝对不能脱免“生生之道”的宰制：“先天而天弗违，后天而奉天时。天且弗违，而况于人乎?”（《易·乾·文言》）这样，“生生之道”不仅“先天”地宰制了天，同时也“后天”地宰制了人和万物，体现在具体现象上，“先天”宰制表现为“天时”的必然（“弗违”）更续，而“后天”宰制则表现为人和万物在“天时”序列上的必然绵延（“奉天时”)。

可以看出，在彰显“生生之道”宰制天地万物的具体层面，“天时”

无疑具有至关重要的意义。一方面，“天时”的更续展露出天道的生生不息；另一方面，以“天时”的更续为参照，还可以间接地反映出人和万物在时间序列上的必然绵延。不过，须要指出，尽管“天时”在彰显“生生之道”宰制天地万物方面具有如此特殊的意义，但决不能在理解上把“天时”和“生生之道”等同起来。就“天时”与天道的关系而论，前者的更续仅仅是后者展露自身的一种方式而已，而在以“天时”为参照讨论人和万物的议题中，“天时”与“生生之道”之间所体现的更是一种间接关系。所以，《易传》讨论“天时”，并非就事论事，而是以“天时”的更续为前提，间接地引出了其对“生生之道”的哲学阐发，以此为基点，继而建立起一套足以涵纳天地万物的变易学说。

当然，须要特别指出，在《易传》那里，讲“生生之道”仅只是一个前提，由此出发阐发人道，才是其哲学旨归所在：

> 易与天地准，故能弥纶天地之道。仰以观于天文，俯以察于地理，是故知幽明之故。原始反终，故知死生之说。精气为物，游魂为变，是故知鬼神之情状。(《易·系辞上》)

关于人生在世，《易传》并未直接回答，而是以沉思“易与天地准”的方式给出了间接答复。在这种沉思中，生生不已不仅是对天道观的整体勾画，也是对人生在世的本然写照。由于天地与人形态有差，故而生生不已在他们之间表现为不同的形式：天地的生生不已表现为“幽明”的变转不息，人的生生不已则表现为其“反终”的必然性。《易传》从“生生之道”的立场出发，阐释了天地“幽明”变转的根本原因（“知幽明之故”），由此在本原处澄清了一直以来为原始儒家所回避的“死生之说”问题。就人生在世的本然面相而言，尽管原始儒家基于“死生有命”的角度有所关注，然而，是什么宰制着人的本然存在？也就是说，是什么使“死生有命”对人而言成为一个真实命题？关于这一问题，在《易传》以前，孔子及其思想的追随者几乎都没有给出相对成型的理论方案。所以，《易传》对此的澄清，无疑也是对儒学在本体论上的突破。

在基于“生生之道”的变易说中，人生天地间，则本然地受到“生生之道”的宰制，由此使生生不已成为人不可避免的命运。就人的经验存在而论，人既有其“始”，又有其“终”，并且，在由“始”反“终”

的这段间距中，人绝无可能停留在任何一个固定点上，更不用说脱免其“反终”的必然性。进而言之，随着人作为生命存在的开始，必然会在时间序列上进行生生不已的绵延，这构成了人不断“反终”的过程，因此，人在本然层面只能是一个有限的生命存在。在生死成为必然的意义上，人有限的生命历程既可视为一个不断生长的过程，也可视为一个向既定的死亡之点无限接近的过程，但不管是生还是死，它们都是就人的本然属性而讲的。

从生生不已的视域看，人是一个生生不已的一般存在物，更是一个不断“反终”的生命存在。由于本然的生生不已，决定了人在时间序列上的不可逆性，而由于“反终”的必然性，又决定了人在生命历程上的有限性。如前所述，《易传》讲“知死生之说”的旨趣不止于明示“反终”的必然性，还在于凸显和价值之维相关的人道观理想：

> 精义入神，以致用也。利用安身，以崇德也。过此以往，未之或知也。穷神知化，德之盛也。(《易·系辞下》)
>
> 是以明于天之道，而察于民之故，是兴神物以前民用。圣人以此齐戒，以神明其德夫。(《易·系辞上》)

由“精义入神，以致用也”可以推知，“致用”也是《易传》精究“死生之说”的主要诉求，因为只有在“致用”的层面，才能让人更加明确“死生之说”对人自身意味着什么，继而启迪人在人道观层面思考人之为人的应然规定。也就是说，在生生不已的天道观向度上，天人本然地受到“生生之道”的宰制，所以，“明于天之道”同时也蕴含着对人的本然之思。这样，通过对人的本然之思，凸显出人生在世的有限性，以此为基点，《易传》展开了对“人应当做什么”的思索。当然，《易传》关切“人应当做什么”，是希图在人道观层面能够确立起一种理想的人生态度。按照《易传》的意思，无论在人生态度上持何种观点，都必须要满足“齐”或“戒”的标准。“齐”（看齐）是对“应该做什么”的明示，“戒”则又是对“不应该做什么”的一种约定。这样，“知死生之说”，既是对人生短暂的惊叹，又逻辑地指向人道观理想的积极探寻。

面对人固有一死的事实，先秦诸子至少给出了两种态度：一种以“亲亲”—“仁民”—“爱物”为关照，强调人生在世的积极作为，这是儒家的态度；另一种则以“绝仁弃义”、“逍遥自足”为指向，崇尚人生在世的清静无为，这又是道家的态度。①《易传》在人生态度上明显趋向于前者：

> 与天地相似，故不违。知周乎万物，而道济天下，故不过。旁行而不流，乐天知命，故不忧。安土敦乎仁，故能爱。范围天地之化而不过，曲成万物而不遗。(《易·系辞上》)

在生生不已成为天地万物必然命运的前提下，《易传》强调对这种必然命运的“不违”，由这种“不违”，故而成就了一种“乐天知命”的人生态度。当然，《易传》对“乐天知命”的表达，意味着人在自觉到命运之后能够坦然地担当人生使命，并不是面对人生使命的逍遥自在。以人生使命的担当为指向，《易传》主张对儒家仁爱观念的积极践行，这种践行具体表现为自我对他人与他物的成就，即在行动上做到“曲成万物而不遗”。

在人固有一死成为哲学自觉之后，《易传》之所以会抉择儒家的态度，与其对人之为人的先行理解相关：

> 一阴一阳之谓道，继之者善也，成之者性也。仁者见之谓之仁，知者见之谓之知，百姓日用不知，故君子之道鲜矣。(《易·系辞上》)

“一阴一阳”是《易传》对“生生之道”的进一步阐释，尽管以这种方式阐释“生生之道”具有其素朴的一面，但是它在理论上无碍于《易传》对“死生之说”的哲学阐发。站在“知者”的角度看，人本然地受到“生生之道”的宰制，所以人是有限的生命存在，然而，站在“仁者”的角度看，人生在世，应当彰显其作为人的规定性，为此人必须要修养其身，仁爱万物。《易传》显然把“知”、“仁”统一了起来，即

---

① 庄子对命运的态度是消极因循的：“适来，夫子时也；适去，夫子顺也。安时而处顺，哀乐不能入也，古者谓是帝之悬解。”（《庄子·养生主》）显然，面对命数的“运化万变”，庄子认为人生只能无为应对而已。

不仅要有见于“知”，还要有见于“仁”。也就是说，在自觉到人生在世的有限性后，人更应当以“善”为指向彰显人之为人的规定，从而实现“继善成性”之理想。当然，“成性”的实现在理论上须以人的自觉为条件，既包括对人的有限性的自觉，又包括对“作为人意味着什么”的自觉。

表面上看，“继善成性”的确道出了“善”与“性”之间的某种关系，但是也需要看到，《易传》此处所讲的“性”不是指人生生不已的必然性，而是指人之为人的应然规定。就其本质而言，它无疑是一种业已完成的人性，从这个意义上讲，以“生生之道”为基点的“成性说”，与孟子“性善论”具有根本不同。尽管他们在字面上都以“善”释“性”，但在《易传》“继善成性”的语境中，“善”仅仅被视为人之为人的应然规定，而不是人与生俱来的本然之性；在孟子“性善论”中，“善”更是人性与生俱来的本然基质。相形之下，前者建基于人对人道的自觉，后者则表现为人对其本然基质的抽象思辨。①

不可否认，《易传》对“生生之道”的本然阐释也是思辨的。不过，对于思辨问题也不能一概而论，从某种程度上讲，哲学思考尽管需要思辨，但并非所有思辨都合乎哲学的道理。② 从近代哲学的立场看，“抽象的思辨”似乎是一种没有建设性的思辨，而“具体的思辨”无疑应当给予肯定。《易传》对“生生之道”的阐释虽然是思辨的，但这种思辨和无视天地万物具体存在的抽象思辨具有根本不同，因为它在理论基础上不仅坚持了“近取诸身，远取诸物”的原则，同时也兼涉到“道”、“器”两个领域。所以，《易传》对“生生之道”的阐释是一种具体思辨，而非抽象思辨。通过这种具体思辨，不仅使“生生之道”在理论上具有了“可信”的一面，而且，还在实践层面凸显了其“可爱”之处。

---

① 从这个意义上讲，徐复观似乎混同了《易传》和孟子在性论方面存在的这种差别：“‘继之者善也’的善，在此处还是形而上的性质。此形而上性质之善的性格是‘仁’，是‘生生’，所以其本身即要求具体实现于所生的万物的生命之中。”（徐复观：《中国人性论史·先秦卷》，上海三联书店 2001 年版，第 181 页。）显然，徐复观对“继善成性”的理解完全是思辨的。

② 按照杨国荣的理解，思辨可区分为“抽象的思辨”和“具体的思辨”，“抽象的思辨往往脱离形下之域，仅仅在形上的领域作超验的玄思；具体的思辨则以形下与形上的互动为前提，并展开为对存在的统一性的追求”。（杨国荣：《中国哲学研究的四大问题》，载《哲学动态》2003 年第 3 期）。

就理论上的“可信”而言，本然的生生不已真实地临降在天地万物之间，并成了它们不可抗拒的命运。而在实践层面，践行当然之则的“可爱”之处，则表现为天地人“三才”在哲学遐想中的会合与“参赞”：

> 夫大人者，与天地合其德，与日月合其明，与四时合其序，与鬼神合其吉凶。……知进退存亡，而不失其正者，其为圣人乎！（《易·乾·文言》）

天地万物的本然统一与天地人“三才”在实践层面的会合、“参赞”，在理论上归属于不同的维度。前者以生生不已的事实为基点，表征天地万物本然的存在状态；后者则是人在践行当然之则的过程中为自己预设的某种希望。借用康德的话说：“如果我做了我应当做的，那么我还可以希望什么？”① 不过需要看到，尽管《易传》和康德都很重视人生在世的某种希望，但他们各自的哲学立场分歧很大。《易传》以人的精神体验为根据，强调希望的当下呈现，康德讲希望则以“反思判断力”为前提，所以，在逻辑上可把它理解为事后反思的结果。这样，以言说天地人“三才”的会合与“参赞”为基点，《易传》不仅在形式上把“大人”确立为人生在世的理想范型，同时也在精神气象上陈述了人之所以为“大人”的内中道理。

《易传》之所以会以“与天地合其德”等话语来描述“大人”之气象，在根本上取决于其对天地的人化理解。在对“生生之道”的表达中，天地可被理解为一种完全自然化的存在，除了呈现出本然的生生不已外，它们本身不再具有任何道德的意蕴。然而，在“善言天者必有征于人”（《荀子·性恶》）的意义上，《易传》又赋予天地以道德的意蕴，进而在“与天地合其德”的观照下展开了它对人道观理想的现实思考：

> 天尊地卑，乾坤定矣。卑高以陈，贵贱位矣。（《易·系辞上》）
>
> 天地之大德曰生，圣人之大宝曰位。何以守位？曰仁。（《易·系辞下》）

① 康德：《纯粹理性批判》，邓晓芒译，人民出版社2004年版，第612页。

就“天尊地卑”的提出而论，它建基于天地上下关系向人的持续呈现。由于这种关系的稳定性，《易传》于是把它遐想为一种固化的伦序关系（包括尊卑、贵贱等），并希图借此在人与人之间建立起贵贱有等、尊卑有序的人伦关系。从这个意义上讲，与其把“刚健”和“柔顺”视为对天地存在的德化思辨①，还不如把它们看作《易传》为“尊者”和“卑者”在人伦日用层面提出的德性规范。换言之，在尊卑贵贱之间，“柔顺”只能是卑贱者应当具有的德性，而“刚健”同时也成了尊贵者的本分。

就“天地之大德曰生”的提出来说，它首先建基于天地对万物的生长和化育：一方面，“天时”的更续与万物的生长、发育呈现出某种共时并进的关系，由此彰显了天“好生”的一面；另一方面，大地不仅承载着万物，同时也哺育了万物，由此也给大地披上了一层“好生”的面纱。不过也需要看到，《易传》在讲“天地之大德曰生”的同时，也不否认天地对万物的废毁，这是因为《易传》不仅讲“生”与“吉”，还讲“死”与“凶”。当然，《易传》讲“死”与“凶”，是一种客观的态度，而并没有像之后的汉儒那样，把它们神化为天对人所发出的一种善意“谴告”。所以，《易传》讲“天地之大德曰生”，是就天地对万物的广泛成就而言，而并非把天地本然地思辨为至善的存在。基于“天地之大德曰生”的价值预设，强调“与天地合其德”，显然旨在唤起人们对“亲亲”—“仁民”—“爱物”之人道观理想的自觉：“地势坤，君子以厚德载物。”（《易·象·坤》）在这种自觉中，自我不仅以“亲亲”—“仁民”—“爱物”的道德之心包容和成就着万物，而且还在精神上达致一种和万物同体的境界。

四　中唐以来重建儒学的困厄

历史地看，儒学发展到汉代，经历了谶纬学家的变异。与此同时，先秦儒家关切的天人之学随之被董仲舒的“天人感应”说所取代，儒学由

① 如在《易传》“夫乾，天下之至健也，德行恒易以知险。夫坤，天下之至顺也，德行恒简以知阻”（《易·系辞下》）的语境中，便体现出这一点。

此成了汉代国家的主流意识形态，先秦儒家天人之辨固有的理性成分因此被“谶纬之学”的神秘阴霾遮蔽起来。同时，来自异域的佛教在汉以后入主中原，加上此后道教的盛行，这一切既对汉以来“儒术独尊”的格局构成挑战，又为后儒重振和发展先秦儒家提供了机遇，中唐以来的道统重建就是在此境况下展开的。

讲到中唐以来的道统重建，韩愈无疑是一位不可忽视的哲学家，这不仅取决于其一贯的儒家情结，还由于其思考问题的前瞻性。作为道统重建的开拓者，韩愈率先在系统脉络方面为其倡导的儒学作了正本清源的工作：

> 斯吾所谓道也，非向所谓老与佛之道也。尧以是传之舜，舜以是传之禹，禹以是传之汤，汤以是传之文、武、周公，文、武、周公传之孔子，孔子传之孟轲，轲之死，不得其传焉。（《原道》，《韩昌黎文集校注》，第 18 页）

依韩愈之见，其所光大的“道”，是直接接续尧、舜、禹、汤、文、武、周公、孔子、孟子等儒家先圣而来的。这样，在思想承接方面，他试图歧出秦汉以来的儒学诸形态，进而在道统重建的过程中谋求复归先秦儒家的康庄大道。为了能够顺利地完成重建儒家道统的历史使命，韩愈特别从理想人格和价值形态等方面为先秦儒家作了正名。

在先秦儒家那里，圣人是理想人格的范型，更是“亲亲”—“仁民”—“爱物”之人道观理想的现实承载，所以“成圣”一直以来是他们理想的人生坐标。虽然《庄子·胠箧》曾讲“圣人不死，大盗不止”等话语，但在那“百家争鸣”的年代里，类似只言片语的非议还不足以动摇儒者们对于“圣人之道”的坚信。然而，随着汉以来佛、老之说的兴起，思想界甚至一度呈现出“不入于老，则入于佛”（《原道》，《韩昌黎文集校注》，第 14 页）的格局。与此同时，道教“长生不死”及佛教“不生不灭”的观念受到世人的青睐，且成为他们修隐山林或步入空门的理论依归。由此，使儒者们信赖的“圣人之道”面临莫大挑战，从理论上辩白“圣人之道”存在的合法性显得非常必要。为此，韩愈从古今之辨的视域进行了申辩：

> 古之为民者四，今之为民者六；古之教者处其一，今之教者处其三。农之家一，而食粟之家六；工之家一，而用器之家六；贾之家一，而资焉之家六；奈之何民不穷且盗也！古之时，人之害多矣。有圣人者立，然后教之以相生养之道。为之君，为之师，驱其虫蛇禽兽而处之中土。寒，然后为之衣，饥，然后为之食；木处而颠，土处而病也，然后为之宫室。为之工，以赡其器用；为之贾，以通其有无；为之医药，以济其夭死；为之葬埋祭祀，以长其恩爱；为之礼，以次其先后；为之乐，以宣其壹郁；为之政，以率其怠倦；为之刑，以锄其强梗。相欺也，为之符玺、斗斛、权衡以信之；相夺也，为之城郭甲兵以守之。害至而为之备，患生而为之防。今其言曰："圣人不死，大盗不止；剖斗折衡，而民不争。"呜呼，其亦不思而已矣！如古之无圣人，人之类灭久矣。何也？(《原道》，《韩昌黎文集校注》，第15—16页)

在韩愈看来，只有以古今之辨为依托，才能在理论上廓清"圣人之道"存在的必要性，继而在现实中看清佛、老存在的负面影响。基于古今之辨的视域，韩愈指出，圣人在古代的出现是应时而生的。在物资匮乏与伦序混乱的上古时期（"古"），圣人不但教给人类维系自我生存的基本技能，而且在伦序方面，通过"制礼作乐"、社会分工等方式确保了人类的自我延续，正是应了这重机缘，韩愈才敢于断言"如古之无圣人，人之类灭久矣"。以举证圣人对"人之类"的成就为前提，韩愈在理论上批驳了道家对圣人的非难，即"圣人不死，大盗不止"（《庄子·胠箧》），并由此申述了"圣人之道"在现实中存在的合法性。韩愈指出，在"三教"分庭的时下（"今"），佛教和道教的盛行滋生出大量不从事物质资料生产的职业宗教人员，这在一定程度上会把当下社会进一步拖入物资匮乏的困境。针对"古之为民者四，今之为民者六"的现状，韩愈认为，如果国家不采取有效措施进行限制，那么必然会恶化老百姓的生存处境，以他本人的话表述，即陷入"奈之何民不穷且盗"的危难之中。

韩愈基于外在的生存境况澄清了"圣人之道"存在的必要性，同时也枚举出佛、老对现实社会所造成的诸多危害，对于"圣人之道"挺立而言，这的确是一项十分必要的工作。然而，关于"圣人之道"何以能够成为人们的安身立命之本，韩愈并没有给出比较有见地的理由。恰成对照的是，他对“圣人之道”仅仅在内容上给予了平面化的说明：

“博爱之谓仁，行而宜之之谓义；由是而之焉之谓道，足乎己，无待于外之谓德。仁与义，为定名；道与德，为虚位。……凡吾所谓道德云者，合仁与义言之也，天下之公言也；老子之所谓道德云者，去仁与义言之也，一人之私言也。”（《原道》，《韩昌黎文集校注》，第13—14页）

韩愈把“仁义”锁定为“圣人之道”的核心，是值得肯定的。事实上，从秦汉到魏、晋、梁、隋之间，关于“仁义”的学说并没有绝迹，只是这种学说曾经一度被后来居上的佛、老之说所淹没。因此，从价值之维理解“道”、“德”不仅否定了老子以“去仁义”为表征的价值虚无主义，还标界出其讨论问题的儒家立场。然而，和先秦儒家相比，韩愈对“仁义”的理解仅仅局限在对“博爱”和“行宜”的平面阐释上，并没有在天人之辨的高度澄清讲“博爱”或“行宜”的必要性和可能性。另外，“博爱”究竟是一种怎样的爱，对亲？对人？抑或对物？关于这些问题，韩愈几乎都没有回答。这样，在“仁义”与“道德”的定位上，韩愈最终避重就轻，落入到了外在的形式主义层面。①

从理论内涵上讲，重建道统不仅要求对儒家之“统”在思想脉络上作出惬当的辨正和梳理，还需要对儒家之“道”（天道观与人道观）在形而上的层面进行必要的诠释和追问。遗憾的是韩愈仅仅达及前者，而未能完成后者。尽管他曾经把视线移向《大学》，同时也提出了诸如“性三品”等观点，但这一切与其言说圣人或“仁义”的方式相似，都只是简单道来，并没有给出形而上的理据。在这个意义上讲，韩愈对道统的重建，仅仅是标出了其“统”的儒学朝向，而并没有在“道”的高度疏论儒学的精微之处。② 另外，从韩愈向大颠和尚问道的事实似乎可以判定，

---

① 韩愈对“道德”的阐释，也受到了程颐的批评：“韩退之言‘博爱之谓仁，行而宜之之谓义，由是而之焉之谓道，足乎己无待于外之谓德’，此言却好。只云‘仁与义为定名，道与德为虚位’，便乱说。”（《河南程氏遗书》卷十九，《二程集》，第262页）。

② 如此看来，宋人苏辙对韩愈的批评也不无道理：“愈之学，朝夕从事于仁义、礼智、刑名、度数之间，自形上学者，愈所不知也。”（转引自《韩昌黎文集校注》，第13页）。苏辙之所以对韩愈会作出如此评价，显然和宋儒对形上学的广泛重视相关。

韩愈本人也意识到了重建儒家道统的理论困厄，以致才会发生类似向佛门切磋的事情。至于一些说法认为韩愈曾经试图吸纳佛教以重建儒学，则纯粹是出于后人的主观臆测。这是因为即便韩愈当初有过借鉴佛教宇宙论以期构建儒家形上学的意向，但碍于其本人强烈的儒家清结，这种意向也只能是一晃而过的私人感觉而已。有意思的是，韩愈向佛门切磋的事迹后来还引发宋儒的诟病。如周敦颐曾经以诗相讥："退之自谓如夫子，《原道》深排佛老非。不识大颠何似者，数书珍重更留衣。"（《题大颠壁》，《周敦颐集》，第67页）尽管周敦颐对韩愈和大颠的主动交往颇有微词，但是他并没有否认韩愈作《原道》排佛、老的儒家清结。

对于重建道统的理论困厄，年龄略小于韩愈的李翱似乎有所预见。在阐释儒家理想人格时，李翱尤其强调"性与天道"的基础意义。以"性与天道"的关注为切入，李翱展开了其对圣人何以为圣人的深度思考：

> 人之所以为圣人者，性也；人之所以惑其性者，情也。……性者，天之命也，圣人得之而不惑者也；情者，性之动也，百姓溺之而不能知其本者也。圣人者，岂其无情邪？圣人者，寂然不动，不往而到，不言而神，不耀而光，制作参乎天地，变化合乎阴阳；虽有情也，未尝有情也。然则百姓者，岂其无性者邪？百姓之性与圣人之性弗差也。……故圣人者，人之先觉者也。觉则明，否则惑，惑则昏。（《复性书上》，《李翱集》，第6页）

按照李翱的意思，从"性与天道"的层面讲，圣人之所以为圣人，在于圣人不为情欲所惑，继而能够自觉蕴蓄于自身的"天命之性"。在对"天命之性"的这种自觉中，圣人不但不会沉溺于自我情欲，而且，还可以自如地应对日用常行。就其中的具体根由而论，李翱认为是与圣人具有的那种"先觉"品格密不可分的。在具体的日用常行中，这种品格则表现为"寂然不动，不往而到，不言而神，不耀而光"的精神气象。至于"天命之性"与"圣人气象"的相关性，以及关于"天命之性"本身的哲学定位等问题，李翱在理论上并未给出明细的说明。

除了直观地言说"性与天道"外，李翱还对儒家关注的人禽之别和物我之辨等议题作了初步阐发："天地之间，万物生焉。人之于万物，一物也；其所以异于禽、兽、虫、鱼者，岂非道德之性乎哉？"（《复性书下》，《李翱集》，第 15 页）这就是说，人在本然层面仅仅是万物之“一物”，所以他与万物在一定程度上具有相通之处；然而在应然层面，人之为人的道理则表现为人对人化存在的自觉和对兽化存在的超越，由此也就确立了人在生存方式上的道德性指向。针对应然与本然二者之间的关系，李翱进一步指出：

> 吾之生二十有九年矣。思十九年时，如朝日也；思九年时，亦如朝日也。人之受命，其长者不过七十、八十、九十年，百年者则稀矣。当百年之时而视乎九十年时也，与吾此日之思于前也，远近其能大相悬耶？其又能远于朝日之时耶？然则人之生也虽享百年，若雷电之惊相激也，若风之飘而旋也，可知耳矣。况千百人而无一及百年者哉！故吾之终日志于道德，犹惧未及也；彼肆其心之所为者，独何人邪？（《复性书下》，《李翱集》，第 15—16 页）

李翱认为，人在以时间为表征的天道观层面，是有限的生命存在，这是一个不争的经验事实。正是由于这重缘故，人不仅要觉解这一道理，还应当以自己积极的作为担当其作为人的使命，那种肆纵其心的行径，必然会使人疏远于人之为人的道理，从而丧失其作为人的资格和尊严。显然，李翱对人在天道观、人道观层面的梳理，是照着先秦儒家讲的，而且在理论论证方面，他还没有达到先秦儒家已有的理论精度。如在关于人的有限性问题上，李翱并未给出任何本体论意义上的说明，这与先秦儒家（尤其《易传》）已有的论述相比，显得有些微不足道。当然也要看到，李翱思考问题的深度比韩愈更进了一步。在儒家道统的重建方面，除了推扬韩愈辟佛弘儒的统纪外，① 李翱同时也意识到了以《易传》和《中庸》重建儒家形上之“道”的必要性。

不过，李翱对《易传》和《中庸》的理解只能算是一些初步的认识而已，至于内蕴于其中的哲学精义，李翱在理解上显然尚未达到炉火纯青

① 在辟佛方面，李翱曾写过一篇短文叫《去佛斋》，在该文中，李翱不仅摆出了佛教存在对国家财力和物力造成的浪费，还枚举了由此滋生的诸多社会危害：“故其徒也，不蚕而衣裳具，弗耨而饮食充，安居不作，役物以养己者，至于几千百万人，推是而冻馁者几何人可知矣。于是筑楼殿宫阁以事之，饰土木铜铁以形之，髡良人男女以居之，虽璇室、象廊、倾宫、鹿台、章华、阿房弗加也，是岂不出乎百姓之财力欤？”（《去佛斋并序》，《李翱集》，第 25 页）。

的程度，① 这主要表现在其运用哲学范畴的错乱方面：

> 方静之时，知心无思者，是斋戒也。知本无有思，动静皆离，寂然不动者，是至诚也。《中庸》曰："诚则明矣。"《易》曰："天下之动，贞夫一者也。"（《复性书中》，《李翱集》，第10页）
>
> 弗虑弗思，情则不生；情既不生，乃为正思。正思者，无虑无思也。（《复性书中》，《李翱集》，第10页）

"寂然不动"和"诚"分别是《易传》和《中庸》中的两个重要范畴，尽管这两范畴在相应文本中出现的语境不同，但它们都以言说天道的自然自在为旨归。如在"易无思也，无为也，寂然不动，感而遂通天下之故"（《易·系辞上》）、"诚者，天之道也"（《中庸》第二十五章）等话语中，"寂然不动"和"诚"并不涵摄有任何"善"的意蕴，它们仅仅映现了天道生生不已的本然性。李翱本人似乎也注意到了这一点，所以才会以"寂然不动"和"诚"等范畴来描绘人性之本然，从这个意义上讲，人性之本然和天道的本然性一样都不具有"善"的意蕴。然而，李翱在修养论上又提倡"灭情复性"，而讲"复性"则必须以"性善"的预设为依托，这样，李翱对人性范畴的阐释明显表现出"善"与"不善"的二重性。因为从"寂然不动"和"诚"的层面所定位的人性范畴不具有"善"的意蕴，而以"灭情复性"为关照的人性范畴又恰恰以"性善论"为预设。

另外，在修养方法上，李翱对"无思"和"弗思"的过分强调，不但有悖于《易传》和《中庸》言说"无思"与"弗思"的主旨，而且，还与儒家重"思"的修养论传统相互抵触。甚至，在某种程度上可以说，这种强调"无思"和"弗思"的修养方法，反倒与禅宗"无念为宗"（《坛经》第十七节）的修养路数表现出某些可通约之处。从字面上看，尽管《易传》也讲"易无思也"，但《易传》讲"无思"的本旨仅仅在

---

① 针对这一问题，牟宗三也持类似看法："至唐李习之虽发愤弘扬《中庸》与《易传》，然学非其时，孤而无应，而其本人亦不成熟，且亦不必真有相应之心态，即略有相应，而学力不足，故不能弘通，音响辄歇。运会不至故也。"（牟宗三：《心体与性体》上册，上海古籍出版社1999年版，第274—275页。）遗憾的是，对于这一问题，牟著《心体与性体》只是以寥寥数语盖过，别无其他评议。

于表征天道生生不已的本然性和自在性，其在修养论上并不否认“思”的积极作用。如“君子以教思无穷”（《易·象·临》）、“君子以思不出其位”（《易·象·艮》）、“君子以思患而豫防之”（《易·象·既济》）、“履信思乎顺”（《易·系辞上》），等等，这些命题都无不显示出《易传》修养论对“思”的高度重视。《中庸》中虽然也出现过“有弗思，思之弗得弗措也”（《中庸》第二十章）之类的话语，但《中庸》所讲的“弗思”并不是一种修养方法，而是指圣人在“慎思之”（同上）的基础之上所达致的那种“不勉而中，不思而得”（同上）的精神气象，所以，《中庸》讲修养论同样也很重视“思”的作用。就儒家修养论而言，“思”无疑是他们完善自我的一个基本路径。如孔子曾明确指出：“君子有九思：视思明，听思聪，色思温，貌思恭，言思忠，事思敬，疑思问，忿思难，见得思义。”（《论语·季氏》）孔子之后，孟子心性论甚至把“思”的作用放大到极致：“心之官则思，思则得之，不思则不得也。”（《孟子·告子上》）由此可见，在佛教大行其道的氛围下，尽管李翱辟佛弘儒的决心是一贯的，但其思考哲学的方式一开始就被烙上了佛教的痕迹，① 以致在修养方法的阐述上，他不自觉地走上了和先秦儒家相反的立场上。

不可否认，在以辟佛弘儒为中心的道统重建方面，韩愈与李翱的确做了不少工作，然而也需要看到，他们的思考仅仅停留在问题的表面，而并没有切入到儒学的深层。在佛、老大行其道的背景下，要想通过道统重建来实现对儒学的全面复兴，则必须要兼照天道观与人道观两方面的内容。从天道观向度上讲，则必须要基于“四时行焉，百物生焉”等经验事实回答天地万物（包括人）的统一性问题。而且只有如此，才能在本体论上继续光大儒家以“生生之道”为表征的理性主义天道观，进而在理论基础上回应佛、老对“死生之说”（“不生不灭”或“长生不死”）的虚妄思辨；另一方面，在人道观向度上，不仅要回答以“仁民爱物”为核心的儒家“圣人之道”作为普遍的价值理想在形式和实质层面如何可能的问题，同时也要回答这种价值理想对自我而言何以必要的问题。有鉴于此，从先秦儒家既有的典籍出发，在理论上构建起既有力度又有精度的系统理论显得非

① 有见于此，冯友兰指出，李翱的“主观意图是企图以《中庸》抵制佛教，实际上是，在许多论点上，他把《中庸》和佛教合流了”。（冯友兰：《中国哲学史新编》第4册，《三松堂全集》第9卷，河南人民出版社2001年版，第588页）。

常迫切,“万物一体”因此而成为宋儒不可回避的历史性课题,北宋五子无疑是担当这一历史使命的中流砥柱。周敦颐、邵雍、张载、二程,都程度不同地把关注之点转向《四书》与《易传》,并由此在天道观与人道观向度上展开了他们自己对儒学的全面重建。

第二章

由太极而立人极

就儒学的全面重建而言，无论是在以“生生之道”为本体的天道观向度，还是在以“仁民爱物”为表征的人道观之维，“万物一体”都体现出人对普遍性的某种沉思。前者是对天地万物之统一性的形而上思考，后者则是对价值理想的普遍预设，周敦颐的“太极”、“人极”概念恰恰蕴含这种普遍性考量。以“太极”范畴的释说为依托，周敦颐把“万物生生”、“变化无穷”等现象普遍归置于“太极”的宰制之下，由此确立了“太极”的本体论位格。在“太极”作为本体的意义上，“万物一体”预示着天地万物本然地面向一个共通的根据。基于“太极”在普遍性向度上所表现出的这种现实品格，周敦颐在形式上完成了由“太极”而立“人极”的理论构想，继而在价值层面赋予“人极”以普遍性意蕴。与立“人极”相关的，是“仁”、“义”等人道原则作为价值观念被周敦颐推向普遍之维。作为普遍的价值观念，“仁”、“义”还现实地彰显在古圣先贤的一言一行中。所以，要走向“人极”之境，需要对“仁”、“义”观念有明澈的认识，更需要对圣贤言行有真切的体察，而且，唯此才能使“万物一体”的人道观向度在现实中成为可能。

一　极之总论

在宋明儒学史上，周敦颐的《太极图说》之所以能够成为一部具有经典意义的哲学著作，从某种程度上讲，与其对“极”范畴的开创性阐发不无关系。① 在《太极图说》中，通过对“极”范畴（包括“太极”与“人极”）的系统思考，周敦颐不仅展开了他对天地万物生生不已现象的统一性思考，同时，还完成了他对儒家价值理想的普遍预设。为方便本章节的研究，现将完整的《太极图说》转录于兹：

> 无极而太极。太极动而生阳，动极而静，静而生阴。静极复动。一动一静，互为其根；分阴分阳，两仪立焉。阳变阴合，而生水、火、木、金、土。五气顺布，四时行焉。五行，一阴阳也；阴阳，一太极也；太极，本无极也。五行之生也，各一其性。无极之真，二五之精，妙合而凝。“乾道成男，坤道成女”，二气交感，化生万物。万物生生，而变化无穷焉。惟人也，得其秀而最灵。形既生矣，神发知矣，五性感动，而善恶分，万事出矣。圣人定之以中正仁义，（自注：圣人之道，仁义中正而已矣。）而主静，（自注：无欲故静。）立人极焉。故“圣人与天地合其德，日月合其明，四时合其序，鬼神合其吉凶”。君子修之吉，小人悖之凶。故曰：“立天之道，曰阴与阳；立地之道，曰柔与刚；立人之道，曰仁与义。”又曰：“原始反终，故知死生之说。”大哉《易》也，斯其至矣！（《太极图说》，《周敦颐集》，第3—8页）

如所周知，《太极图说》是周敦颐对《太极图》的具体释说。然而，理解《太极图说》的哲学所指，不应拘囿于《太极图》仅有的图式层面，因为相比之下，《太极图说》具有更为丰富的哲学内涵。具体来说，《太极图》只是形象地描绘了“太极”生成天地万物的过程及其原理，而没有给出思考“太极”范畴的哲学旨归。如果固守于按图索骥的成规来理解《太极图说》，那么，关于“太极”的哲思必然会流于纯粹的形式，即流于对“太极”、“阴阳”、“五行”等要素的技术性推演中，而对于“太极”范畴的哲学所指，以及思考“太极”范畴的哲学旨归等问题，不能

---

① 根据朱伯崑的考证，流传至今的《太极图说》，是朱熹的整理本，这一著作在南宋时期便引起人们的争论。具体来说，主要围绕《太极图说》是否为周敦颐所作，朱订本《太极图说》所附的《太极图》和原图是否一致，《太极图说》的原文是否无误等问题。（朱伯崑：《易学哲学史》第二册，华夏出版社1995年版，第86页）。尽管《太极图说》在成书方面存在诸多争议，但是就它对“极”范畴的重视而论，是不容置疑的。

在理论上给出相应的阐发。

根据哲学诠释学的观点，理解得以可能的一个基本前提是“前见”(Prejudice)。[①] 但事实上，由于诠释“前见”的不同，人们对同一对象通常会有几种相关甚或相异的解释，所以，诠释立场的灵动性往往会促成哲学诠释本身的随意性，这样使得哲学诠释的严谨性面临挑战。就《太极图说》的诠释立场而论，传统理解多以周敦颐承传《太极图》的个人际遇为视域。如朱伯崑认为，“周敦颐的太极图，就其图式说，并非他个人所独创，而是在道教易学和禅宗虚无说的影响下形成的”。[②] 显然，以个人际遇作为诠释立场不仅增加了理解的难度，而且，还把周敦颐哲学推向非儒非道的尴尬境地。基于此，撇开个人际遇问题，从文本本身中去发掘理解路径，似乎成为一种有意义的尝试。在《太极图说》中，周敦颐一开始并未说明其诠释立场，直到文本的末尾处才有所提及：“大哉《易》也，斯其至矣!”即是说，《易》这部书真是奇妙，它所探究的是一些至大至极的道理。与其说这里所给出的是对于诠释立场的思考，不如说是对文本所关注的哲学要旨的总结。在这个意义上，可以把《太极图说》定性为是对《易传》“太极”范畴的再诠释。

从论证方式上看，《太极图说》显然是思辨的，通过对“太极”范畴的系统阐发，周敦颐展开了他对“万物生生，而变化无穷焉”等现象的形上之思。就这种由思辨到具体的运思程式而言，《太极图说》与《易传》“仰观俯察”的路径有所不同，然而在以“太极”释说“万物生生”的构想方面，周敦颐依然是接着《易传》 “易有太极，是生两仪”(《易·系辞上》)的路数而讲的。《易传》在解释整个宇宙世界时，首先突出了万物间“阴阳”对立的关系（万物间所呈现的一阴一阳关系），在此基础之上又特别重视万物之间的内在统一。“生生之谓易”（《易·系辞上》）即是《易传》对万物在统一性层面的一种认识，由这种认识所促成的，则是对于万物生生不已在普遍性和必然性层面的洞见。周敦颐似乎意识到了仅仅以“阴阳”阐释世间万象的素朴性，故而他又把“五行说”

① 在加达默尔那里，“前见”被认为是理解不可或缺的因素，在他看来，即使是那些坚持历史主义立场的“历史方法的大师”，他们“也不可能使自己完全摆脱他的时代、社会环境以及民族立场的前见”。（加达默尔：《真理与方法》，洪汉鼎译，上海译文出版社 2004 年版，第 821 页）。

② 朱伯崑：《易学哲学史》第二册，华夏出版社 1995 年版，第 92 页。

杂糅其间，以期在抽象层面为“万物生生”现象给出更加完备的解释。不过，这种“五行说”同样也有其素朴的一面，因为把世间万象简化为水、火、木、金、土等五种元素，这本身是没有理论依据的。① 进而言之，不管怎样推演“阴阳”、“五行”之关系，但限于“阴阳”、“五行说”本身的素朴性，这种推演最终只能是一种技术性的游戏而已，其本身并没有多少哲学意义。

就《太极图》对于万物生成过程的描绘而言，它在本质上只是对宇宙世界的一种抽象思辨，其中并没有给出一定的哲学道理。然而，由于《太极图说》所持的是《易传》的构思框架（揭示“太极”与“万物生生”之间的纵向联属关系），因而通过《太极图说》的阐释作用，《太极图》获得了新的哲学理解。在此基础上，可以把《太极图》看作是由《易传》式的“仰观俯察”所获得的世界图式，只是相比之下，《太极图》所展示的世界图式略去了《易传》“仰观俯察”的过程，而是直接讲宇宙世界的运演与生成。事实上，这种抽象的进路依然不能离开人对现实世界的经验性感知，因为一般而言，只有在经验性思考不能解释经验现象的情况下，才会有诉诸思辨的可能。所以周敦颐对“太极”范畴的阐释不完全是思辨的结果，而恰恰是基于统一性视域对“万物生生”现象在形上之维所给出的某种抽象理解，由此可以想见周敦颐讲“太极”范畴的本体论倾向。当然，这种本体论依然是《易传》式的本体论，具体地说，它展现在周敦颐对“太极”范畴的双重阐释中：一为“无极而太极”；一为“一动一静，互为其根”。

关于“无极而太极”，宋明儒学史上先后有过数次论争，如著名的“朱陆之辨”也涉及这一主题。按照陆象山的记述，朱、陆在“无极而太极”课题上的争议，缘起于其兄陆九韶（字子美，号梭山）对朱订本《太极图说》的质疑②：“《太极图说》，乃梭山兄辩其非是，大抵言无极而太极是老氏之学，与《周子通书》不类。《通书》言太极不言无极，

① 关于“五行说”的素朴性，郑万耕也持类似观点：“五行学说是中国古人关于物质分类及其相互关系的粗浅认识，它不能概括世界上千差万别、纷繁复杂的事物和关系。”（郑万耕：《由周易热引出的话题》，载《民主》2009 年第 8 期）。

② 另外据束景南考证，朱、陆“无极太极之辨”，最早见于陆氏弟子刘尧夫和朱熹之间的论战。（参见束景南：《朱子大全》，福建教育出版社 1992 年版，第 693 页）。不过，束景南偏重于对时间先后关系的厘清，关于这次论战的具体情况，他并没有给出相对明细的说明。本书依从象山的观点，把其兄陆九韶视为这一论争的发起者。

《易大传》亦只言太极不言无极。若于太极上加无极二字，乃是蔽于老氏之学。”(《与陶赞仲》,《陆九渊集》，第192页）显然，陆九韶不承认周敦颐对“无极而太极”的言说，在他看来，这完全是“老氏之学”，和《通书》、《易大传》“言太极不言无极”在理论上形成反差。

针对陆九韶的发难，朱熹辩驳道：“无极而太极”不仅是周敦颐本人的观点，而且，把它置于《太极图说》篇首也是别有用意：“今亦不暇细论，只如《太极篇》首一句，最是长者所深排，然殊不知不言无极，则太极同于一物，而不足为万化之根；不言太极，则无极沦于空寂，而不能为万化之根。只此一句，便见其下语精密微妙无穷，而向下所说许多道理，条贯脉络，井井不乱，只今便在目前，而亘古亘今颠扑不破。”(《朱熹答陆九韶书》一，《陆九渊集》附录二，第561页）朱熹认为，“太极”和“无极”二者不可偏废：一方面，“无极”是对“太极”作为“万化之根”的一种抽象限定，如果没有“无极”的限定，那么在理解上会很容易把“太极”和具体之“物”等同起来；另一方面，“无极”必须以“太极”为其依托，否则，其在形式上会流于“空寂”之思辨。有见于此，朱熹指出，《太极图说》篇首一句至关重要，它不仅蕴蓄着精妙的哲学道理，而且也是人们在理解上通达下文的基本视域。

有意思的是，朱熹的这一辩白引起了象山的不满。在对朱熹的书信中，象山明确指出：

> 尊兄向与梭山书云：“不言无极，则太极同于一物，而不足为万化根本；不言太极，则无极沦于空寂，而不能为万化根本。”夫太极者，实有是理，圣人从而发明之耳，非以空言立论，使后人簸弄于颊舌纸笔之间也。其为万化根本固自素定，其足不足，能不能，岂以人言不言之故耶？《易大传》曰：“易有太极。”圣人言有，今乃言无，何也？作《大传》时不言无极，太极何尝同于一物，而不足为万化根本耶？《洪范》五皇极，列在九畴之中，不言无极，太极亦何尝同于一物，而不足为万化根本耶？太极固自若也，尊兄只管言来言去，转加糊涂，此真所谓轻于立论，徒为多说，而未必果当于理也。兄号句句而论，字字而议有年矣，宜益工益密，立言精确，足以悟疑辨惑，乃反疏脱如此，宜有以自反矣。(《与朱元晦》,《陆九渊集》，第23页）

可以看出，在“无极”、“太极”的关系问题上，象山主张“太极”作为“万化根本”的先天自足。表现在理解上，这种自足强调“太极”作为天地万物的根据，是“实有其理”，其在存在方式上不以“无极”对它的抽象限定为条件。而且，在经学史上，《易传》和《洪范》阐释“太极”之体，都没有讲到“无极”，但这同样也无碍于人们对“太极”作为“万化根本”存在的理解。所以象山认为，朱熹说来说去，只是“转加糊涂”、云里雾里，这样做的结果不但徒劳无功，反而增加了人们理解“太极”的困难。朱、陆辩论“无极而太极”的背后，隐含着双方理解“太极”之体在具体路径上所展现出的分歧。从学术史的角度看，朱熹对“无极而太极”的坚持是值得肯定的，这种注重分析的态度，不仅使本来模糊的“太极”范畴在理解上变得明晰起来，同时也体现了一种走出旧有的经典模式寻求问题突破的开放胸怀。

搁置这些争议暂且不说，单就“太极”的字面含义而论，“极”范畴本身具有“本”或“原”的意思，而“太”又是对这一“本”或“原”在终极意义上的一种限定。在这个意义上，“无极”即是周敦颐对“太极”作为“极中之极”的另一种称谓。换言之，作为“极中之极”，“太极”是超乎对待的“众极之极”，由于超乎了“极”的对待，“太极”因此而成了“无极”。依循这一思路，“太极”范畴于是成为理解天地万物的终极性根据，“太极，本无极也”。然而，仅此思辨地讲“太极”，在理解上依然有些突兀无凭，以致无法拉近“太极”与天地、人、物等具体存在之间的经验间距。为此，周敦颐结合“四时行焉”、“万物生生，而变化无穷焉”等经验事实，在形下之域反证了他对“太极”本体的形上之思。当然，以“四时行焉”、“万物生生”等现象反证“太极”之体的真实存在，在《太极图说》中不是偶然的，而恰恰与周敦颐对“太极”之体固有的形而上本性的动态设定相关。

要想领会“太极”之体固有的那种形而上本性，在理论上不能回避周敦颐对“一动一静，互为其根”的先行解释。在《太极图说》中，“动”、“静”并不像道家所描述的那样是完全抽象的，而是以“阳动”和“阴静”的区分为标志：“太极动而生阳，动极而静，静而生阴。”以“动静”、“阴阳”之间的互生互易为前提，周敦颐展开了对“太极”生生不已本性的思与辨。概而言之，这种本性表现为“阴（静）阳（动）”

之间本然的变转不息。所以，“太极”之体在本性上既非“阴”，亦非“阳”，而是以“阴阳”此消彼长的形式“变化无穷”（“阴阳，一太极也”）。尽管周敦颐对“太极”范畴的表述具有思辨性，然而结合“四时行焉”、“万物生生，而变化无穷焉”等经验事实，可以发现，“太极”之体的这种思辨本性与它作为“极中之极”或“众极之极”在理解上是完全一致的。

当然，周敦颐对“太极”范畴的思考，也合乎儒家对于宇宙万象的认识，因为自孔子至《易传》，每当基于形下之域言说天地万物时，他们总会以“四时行焉”、“万物生生”等经验事实作为言说背景。因此，要使“太极”作为“极中之极”或“众极之极”在哲学诠释上不显得突兀，那么，在经验层面举证“太极”和天地万物之间的某种相关性无疑成为必需。周敦颐在言说天地万物本然的生生不已时，的确没有忽视“太极”本性与天地万物之本性的这种一致性。这是因为在《太极图说》中，“太极”的生生不已与万物的“变化无穷”之间显然表现出一种因果相关性。简言之，“太极”作为“极中之极”或“众极之极”虽然在形式上是思辨的，但是，周敦颐对它的阐发也不乏形而下的理据。在形而下与形而上相互贯通的意义上，言说“太极”本性即是言说万物的生生不已，“五行之生也，各一其性”。由于“太极”本性在天地万物之间普遍贯通，所以天地万物在本体论层面成为相关相联的存在，依照这一思路，周敦颐在理论上确立了“万物一体”的天道观向度。以“万物一体”的天道观向度为视域，周敦颐不仅在本体论层面澄清了“万物生生”的必然性，同时还敞开了他对“死生之说”的形而上寻思。

在“万物一体”的天道观向度上，《太极图说》明示“万物生生”，既是周敦颐对物之为“物”所作的一种过程论认识，又是针对人之为“物”而展开的一种本然反思。因为在“万物一体”的论域下，人作为万物之一分子同样也不可脱免生生不已的必然性。《太极图说》对《易传》“原始反终，故知死生之说”的援引，在一定意义上无疑反映了周敦颐对“死生有命”的某种本体论预见。不过，在周敦颐那里，基于人必然的生生不已释说“死生有命”，不是其在天道观向度上关注“万物一体”的主要意图，而由此出发穷究人之为人的道理（人道）才是其核心旨趣：“惟人也，得其秀而最灵。”这就是说，世间万物，只有人独得“太极”之秀，由此使得人成为万物之“最灵”。① 从思想史的层面讲，周敦颐以“得其秀”阐释人之为人具有重要意义，它在某种程度上构成宋明儒家“禀受说”的理论原型。但是，就哲学意义来说，无论是“得其秀”或“禀受说”，它们都是对人之为人的一种无谓思辨而已，因为以它们充任人“最灵”的先天根据，在理论上既不可靠，亦不严谨。

不可否认，以“得其秀”思考人之为人固然有其理论自身的顽症，但是，这在根本上并不影响周敦颐对人道的现实定位。就人的现实存在而论，人生天地间，尽管本然地归属于万物之一分子，然而在具体的生存境遇中，人往往表现出其“惟人也”的一面。从这个意义上讲，《太极图说》以“最灵”定位人的现实存在有其可取之处。由人的现实存在出发思考人之为人，不仅可以在事实层面凸显人之“惟人也”的基本规定，还可在理论层面避免不必要的抽象思辨。对于周敦颐本人而言，要自觉到“得其秀”构想固有的这种理论瑕疵显然是不可能的，因为在宋明儒学史上，“禀受说”（“得其秀”）影响深远，且一直为哲学家们所深信不疑。按照周敦颐的理解，人之“惟人也”的基本规定，在事实层面上表现为人是万物之“最灵”。基于这种“最灵”的品性，一方面，人可以通过追问“太极”之本性，继而觉解其作为万物之一分子的本然性；另一方面，人还可以借鉴“太极”在形式上的普遍性，以便在价值层面确立起人生在世的普遍准则：“圣人定之以中正仁义，（自注：圣人之道，仁义中正而已矣。）而主静，（自注：无欲故静。）立人极焉。”

在儒家话语世界里，圣人是理想人格的范型，其言行承载着普遍的价值意蕴。《太极图说》中的“人极”概念显然也隐含这种普遍性考量。通过阐发圣人立“人极”的事例，周敦颐一方面把圣人自身视为“人之极者”；另一方面，还把“圣人之道”视为“人之极则”。由此，周敦颐赋予“人极”以双重内涵：一为观念形态的“人之极则”；一为现实形态的“人之极者”。作为观念形态的“人极”，“圣人之道”是圣人对价值理想的普遍设定，其在内容上则表现为儒家的“仁”、“义”、“中”、“正”等

① 关于“惟人也，得其秀而最灵”，曹端认为：“虽曰人物之生，莫不有太极之道焉，然阴阳五行气质交运，而人之所禀，独得其秀，故其心为最灵。”（《太极图说述解》，《曹端集》，第16页）。就义理而言，曹端的释义基本代表了宋明儒家对这句话的理解，这是因为“禀受说”在宋明儒学中是一种重要的哲学思潮，尤其是在张载、程颐及朱熹的人性论中，“禀受说”占有重要分量。

价值理念。关于现实形态的“人极”，周敦颐认为反映在圣人具体的行动中，也就是说，作为“人之极者”，圣人的所作所为具有普遍的典范意义，是一切人应当师法的现实素材。当然，在周敦颐看来，“人极”的这两种形态是统一的：“人之极则”出自圣人对价值的普遍设定，“人之极者”则见之于圣人现实的日用常行。在这个意义上，周敦颐认为完整的“人极”形态只能演绎于圣人具体的一言一行中。

关于圣人的具体存在，《太极图说》也说得非常明确：“圣人与天地合其德，日月合其明，四时合其序，鬼神合其吉凶。”可以看出，周敦颐理解圣人的具体存在，是完全由《易传》而来的。在《易传》中，“与天地合其德”（《易·乾·文言》）的提出，是以“天地之大德曰生”（《易·系辞下》）的设定为前提，所以，讲“与天地合其德”，无异于主张人应当像天地那样成就或化育万物。在阐发圣人的具体存在时，周敦颐虽然仅仅援引了前者（“与天地合其德”），而没有提及后者（“天地之大德曰生”），但已然隐含着圣人可以“仁民爱物”的意蕴。从观念与现实相统一的角度讲，圣人“仁民爱物”也合乎儒家的“仁”、“义”、“中”、“正”等价值观念。这样，以言说“圣人与天地合其德”为契机，周敦颐展开了“万物一体”的人道观向度。在圣人与“人极”相等同的前提下，“人极”的普遍性意蕴确保了圣人之言与圣人之行的普遍性，同时也确保了“仁民爱物”在人道观向度上的普遍性。在这个意义上，周敦颐把关爱他人与他物诠释为一种普遍的价值准则。

形式上讲，由“太极”而立“人极”的过程，是一个由本然之思向应然之思转化的过程，更是一个完成普遍性推度的过程。在这一过程中，周敦颐借助于对“太极”的普遍性阐发，在形式上确立了“人极”在人道观向度上的普遍性。《太极图说》尾声部分对《易传》的援引，似乎就是对这一过程的总结：“立天之道，曰阴与阳；立地之道，曰柔与刚；立人之道，曰仁与义。”不难看出，在对“立天之道”、“立地之道”与“立人之道”的言说中，天、地、人“三才”显然展现为一种普遍性同构关系，① 即在具体的逻辑结构方面，“阴阳”是天之为天的根据，“刚柔”

① 同构关系（Isomorphic Relation）在数学的结构中是比较重要的现象，主要用来表述“两个或两个以上的事物具有同样的结构，即它们的相应部分有同样的性质和关系”。（布洛克等主编：《枫丹娜现代思潮辞典》，中国社会科学院文献情报中心译，社会科学文献出版社 1988 年版，第 302 页）。

又是地之为地的根据，而“仁义”则是人之为人的根据。当然，前两者反映的是人对“天地之道”的本然理解，唯独后者，是人对人之所以“惟人也”的普遍预设。正是依凭这种同构关系，使得构建普遍的人道观理想在理论上成为可能，《太极图说》的确展示出这一视域。

二　在诚的沉思中释极

尽管《太极图说》对“太极”、“人极”范畴都有相对系统的阐发，但在一些细节问题上，似乎还没有给出应有的说明。如“太极”与万物之关系具体如何展开？由“太极”向“人极”的推度又如何可能？“立人之道”和“立天之道”、“立地之道”之间如何实现普遍性同构？周敦颐对这些问题的澄清，是通过《通书》对“诚”范畴的沉思来完成的。[①]《通书》是周敦颐的另一部哲学著作，在《通书》开篇，周敦颐指出：

> 诚者，圣人之本。“大哉乾元，万物资始”，诚之源也。“乾道变化，各正性命”，诚斯立焉。纯粹至善者也。故曰：“一阴一阳之谓道，继之者善也，成之者性也。”元、亨，诚之通；利、贞，诚之复。大哉易也，性命之源乎！（《通书·诚上》，《周敦颐集》，第13—14页）

这里又一次讲到“大哉易也”，不过，与《太极图说》不同，这里赞“易”明确以“性命之源”为指向，而《太极图说》则只是笼统地以

① 按照朱熹的理解，“《通书》一部，皆是解《太极说》”（《朱子语类》卷九十四，第2389页）。当然，朱熹的意思也同时受到陆九韶的质疑，据陆象山回忆：“梭山兄谓：‘《太极图说》与《通书》不类，疑非周子所为；不然，则或是其学未成时所作；不然，则或是传他人之文，后人不辨也。盖《通书》《理性命》章，言中焉止矣。二气五行，化生万物，五殊二实，二本则一。曰一，曰中，即太极也，未尝于其上加无极字。《动静》章言五行、阴阳、太极，亦无无极之文。’……此言殆未可忽也。”（《与朱元晦》，《陆九渊集》，第22—23页）。须要指出，陆九韶的质疑是就《通书》不讲“无极”而论的，这与本章节的理解不构成冲突，因为本章节视《通书》为《太极图说》的补充，是在《通书》对“太极”、“人极”阐释的意义上讲的，并不涉及“无极”范畴。

“斯其至矣”为关切。当然，由“斯其至矣”到“性命之源”的转变，也反映了周敦颐理解“生生之谓易”（《易·系辞上》）的视域延伸。进而言之，以“斯其至矣”言说“大哉易也”，隐含的是对《易传》探讨至大至极之道理的关切，这种至极在内涵上既包括“太极”，亦包括“人极”。相比之下，以“性命之源”表征“大哉易也”，尽管在义理上也蕴含有对“极”的关切，但是它更偏向于揭示“人极”对“太极”的某种依赖，即借鉴“太极”所具有的某些属性来建立起“纯粹至善”的价值理想。在这种借鉴中，周敦颐讲到了“诚”的范畴，即“诚者，圣人之本”。

“诚”在何种意义上可以充任“圣人之道”的根据？要回答这一问题，须从“诚”范畴的理解讲起。从儒家传统来看，《中庸》对“诚”范畴的阐释比较全面，且具有一定的代表性。如“诚者，天之道也；诚之者，人之道也”（《中庸》第二十章），“至诚无息”（《中庸》第二十六章），“诚者物之终始，不诚无物”（《中庸》第二十五章），等等。在这些命题中，“诚”首先被理解为天地万物生生不已的本然属性，由这种本然属性出发，继而展开对“人之道”的应然省思。周敦颐讲“诚”虽然采纳的是《易传》的观点，但是，其在义理上和《中庸》并不抵牾。无论是对“大哉乾元，万物资始”的言说，抑或是对“乾道变化，各正性命”的申明，这些在一定意义上都是周敦颐对“万物生生”现象的某种阐发。当然也不可否认，《易传》“生生之谓易”的观点与《中庸》“至诚无息”的论断之间，本身就具有某些相通之处，所以，采纳以“易”释“诚”的诠释路径，似乎也在哲学思想上反映了周敦颐对《中庸》与《易传》的某种综合。

基于以“易”释“诚”的理论路向，周敦颐展开了他自己对“诚”范畴的哲学沉思。在这种沉思中，周敦颐把“诚”界划为两个层面：一为“元、亨，诚之通”；一为“利、贞，诚之复”。前者（“诚之通”）是“诚”范畴的原本意义，即“诚”是对“万物生生”现象的一般理解或表示，而作为一般的理解或表示，意味着“诚”普遍贯穿于人对万物现实存在的认识中。关于后者（“诚之复”），则是对“诚”范畴所作的某种引申，即“诚”在实践层面（当然，“复”这个词本身就具有践履的意思）对“人应当做什么”这一问题所具有的某种借鉴意义。① 如果把此处的“诚之通”—“诚之复”和周敦颐的“太极”—“人极”框架进行相应的比示，那么可以认为，“诚之通”是以“诚”为基点释说了“太极”对万物的某种贯通，而“诚之复”则展示出这种贯通对于立“人极”的某种借鉴意义。这样，在“诚”的沉思中，思考“诚之通”何以可能，无疑是回答“太极”与万物之关系如何展开的问题，而思考“诚之复”何以可能，又是对由“太极”而立“人极”何以可能的进一步阐发。

其实，关于“诚之通”何以可能的问题，《通书》一开始已经有所说明，如在对“‘大哉乾元，万物资始’，诚之源也”的表述中，周敦颐把“诚”理解为万物生成的总根源，而对于“‘乾道变化，各正性命’，诚斯立焉”的言说，则预示着“诚”作为根据在“万物生生”过程中的普遍贯穿。就“诚”表现出的这种生生不已而论，周敦颐把它定性为自然自在的发生：“寂然不动者，诚也；感而遂通者，神也；动而未形、有无之间者，几也。诚精故明，神应故妙，几微故幽。”（《通书·圣》，《周敦颐集》，第 17 页）“寂然不动”强调“诚”之“无息”具有非人为的一面，在“寂然不动”的意义上，“诚”本然如此，不具有任何人为安排的意蕴。“感而遂通”又说明了“诚”在天地万物之间的普遍贯通。在“至诚无息”表示天地万物本然的存在状态的意义上，周敦颐认为，“诚”作为万物生生不已的总根源，其在存在形式上不仅是“幽微”抽象的，而且还普遍地含藏于“万物生生”的过程中。显然，周敦颐在这里把“诚”范畴和《易传》“生生之道”的观念完全等同了起来。作为“万物生生”的本然根据，“诚”既精微又无处不在，既变动又“未形”，所以“诚”介于“有无之间”，并真实地导引着生生不已现象在天地万物之间的普遍发生。

“诚”在天地万物之间的普遍含藏，意味着“诚”是理解“万物一体”的统一性根据。换言之，在“至诚无息”的意义上，由于“万物生

① 此处对“诚”的诠释是紧扣周敦颐的原意而进行的，因为按照《易传》的理解：“元者，善之长也；亨者，嘉之会也；利者，义之和也；贞者，事之干也。”（《易·文言·乾》）《易传》讲“元”虽然用到了“善”，但这只是就天对万物的本然成就而讲的；“亨”则明显是从会通的立场讲的；“利”、“贞”又分别展示出人在实践层面对天道的某种借鉴和省思。在这个意义上，“元、亨，诚之通”，只能指示“诚”在本然层面对万物的贯通；另外，在“利、贞，诚之复”的表述中，由于“复”本身具有“践履”的意思，故而可把“诚之复”理解为人对“诚”在实践层面的某种借鉴。

生”现象的普遍存在和真实发生，故而使得天地万物之间本然的相关相联在理解上不再是完全空泛的思辨。这样，通过对“诚之通”的多重寻思，周敦颐不但使“万物一体”的天道观向度在理解上成为一种有意义的思考，而且，还赋予“诚”范畴以“太极”特有的那种至大至极的位格：“二气五行，化生万物。五殊二实，二本则一。是万为一，一实万分。万一各正，小大有定。”（《通书·理性命》，《周敦颐集》，第32页）这里比较详尽地展示出“诚”和“万物生生”现象之间的纵向联属关系。正是借助于对这种联属关系的进一步说明，周敦颐在一个相对具体的层面回答了“太极”与万物之关系如何展开的问题。

从至大至极的意义上说，万物何以能够生生不已，以致变化无穷？关于这一问题，《太极图说》和《通书》都作了相应的回答，只是在论证方式上有所不同：前者突出纵横交错的进路，后者则仅仅采取一种纵贯的方式。也就是说，对于“万物生生”、“变化无穷”等现象的发生，《太极图说》不仅从“太极”之体那种“阳动”—“阴静”的内在结构上做了考察，同时也在“各一其性”的纵向关系方面给以说明。相比而言，《通书》则言简意赅，一句“二气五行，化生万物”，盖过了《太极图说》对于阴阳五行的所有思辨性言说，由此也就在理论上绕开了《太极图说》对“太极”在内在结构方面的无谓思辨，继而把关注之点转向对“诚”（“太极”）和“二气五行”之关系的纵向阐发。

关于“诚”（“太极”）和“二气”、“五行”之间的关系，《通书》把它概括为“五殊二实，二本则一”的形式。在对这种关系的纵向阐发中，尽管“二气”和“五行”都是用来说明“万物生生”的本原性要素，但它们所揭示的依然不是至大至极的根据。这是因为按照《通书》的意见，在众多本原性要素中，只有“诚”（“太极”）才是至极的“一”，即“化生万物”的总根源。这样，就“化生万物”的级次而论，“五行”、“二气”和“诚”（“太极”）则分别呈现为一种“五殊”（五种殊异要素）、“二本”（以二为根本）、“则一”（以一为法则）的纵向关系。也就是说，在它们三者之间，“五行”以“二气”为根本，“二气”又以“诚”（“太极”）为法则。通过对这种纵向关系的梳理，周敦颐不仅在理论上回答了“太极”作为“极中之极”何以被提出的问题，而且，还把“诚”（“太极”）提升到了本体论的理论高度。在“诚”（“太极”）成为本体的意义上，万物无论是作为个体的存在，抑或是作为整体的

“大全”，都必须以“诚”作为它们的统一性根据。

以“诚”为统一性根据，周敦颐沟通了天地万物作为多样化存在的外在隔阂，从而使它们不再是完全没有关联的独立个体。在“诚”沟通天地万物的意义上，通过分疏“诚”和天地万物之间“是万为一，一实万分”的关系，周敦颐以思辨的方式，把“太极”和“万物生生”在逻辑结构上定性为一种分殊对应关系。一方面，“诚”作为“万物生生”的至极根据，是唯一真实的存在形式，而万物本然的生生不已仅仅是对“诚”（“太极”）之本性的分殊而已；另一方面，在形而上与形而下贯通的意义上，生生不已既是万物本然的基质，也是“诚”彰显其自身存在的具体方式，而“万一各正”无疑表达了这一理论构想。显然，在对“诚之通”的阐释中，周敦颐把“诚”视为策动“万物生生”的普遍根据，而作为普遍的根据，“诚”就是“太极”，且在万物序列中拥有最高的位格。不可否认，《通书》对“诚”的阐释也有其素朴的一面，如以“二气五行”推引“诚之通”，无疑是对《太极图说》“五行”杂糅“阴阳”思想的某种延续。但是也要看到，《通书》阐发“诚”的普遍性视域是值得肯定的，如在对“是万为一”、“一实万分”、“万一各正”等命题的阐发中，似乎都蕴含着对一多关系的思考，不过，这些思考在周敦颐那里依然是初步的，而尚未成为系统的哲学理论。

对周敦颐来说，澄清“诚之通”具体的哲学所指，具有非常重要的意义，因为只有在“通”的视域下对“诚”本体的最高位格有所领悟，才能在实践层面充分借鉴“诚”本身所具有的普遍性意蕴，继而建立起用以范导日用常行的普遍原则。在对“诚之复”的进一步思考中，周敦颐已然注意到了“诚”对于“圣人之道”（“人极”）的这种借鉴意义：

> 圣，诚而已矣。诚，五常之本，百行之源也。静无而动有，至正而明达也。五常百行，非诚，非也，邪暗，塞也。故诚则无事矣。（《通书·诚下》，《周敦颐集》，第15页）

如何理解“圣，诚而已”在这里至关重要，对它的正解，不仅可以消除人们对于由“太极”而立“人极”构想所持怀的理论疑虑，同时也有助于他们在价值之维领会“圣人之道”的普遍性意味。从现代汉语的视角看，“圣，诚而已”至少有两重含义：一指圣人本身具有“诚”的性征；一指圣人与“诚”之间存在某种间接相关性。在“万物一体”的天道观向度上，由于“诚”是理解天地万物生生不已的统一性根据，所以圣人作为“物”之一分子，其本身就固有生生不已的基质。但是须要指出，周敦颐此处对“圣，诚而已”的言说，似乎更趋向于比示圣人与“诚”之间的某种间接相关性。这是因为在对“诚之通”的阐释中，周敦颐已经明确承认“诚”不但没有人格秉性，而且在形式上，它也仅仅表征着作为“万物生生”之根本的“太极”而已。

在“诚”替代“太极”而成为本体的意义上，由于“诚”处于最高的位格之上，且在逻辑结构上与万物的具体存在呈“是万为一，一实万分”的分殊对应关系，所以，可把“圣，诚而已”理解成周敦颐对“诚”与“圣”的一种普遍性同构。在这种同构关系中，“圣人之道”作为价值理想，在逻辑结构上同样处于最高的位格之上，并成为范导天下之人的普遍原则。当然，经由这种普遍性同构，“诚”与“圣”在位格关系方面的确具有了相似的逻辑结构，但是也需要看到，它们毕竟属于不同的理解领域：前一种逻辑结构所反映的是天道观领域的问题，后者则仅仅是藉前者对人道观理想的一种普遍性预设而已；另外，前者在经验层面本然存在，后者则仅仅在日用常行中应当如此。通过这种预设，周敦颐把作为当然之则的“五常”普遍化，并使之对人的日用常行具有普遍的规范作用。在周敦颐看来，如果“五常”的确立在理解上不能与“诚”的至极性品格实现普遍性同构，那么，“五常”的普遍性在现实的日用常行中就无法得到保证。受此影响，井然有序的人间生活因此也不再成为可能。

关于“诚”与“圣”的普遍性同构关系，周敦颐还在《通书·思》章有过比较晦深的论述：“无思，本也；思通，用也。几动于彼，诚动于此。无思而无不通，为圣人。”（《通书·思》，《周敦颐集》，第 22 页）须要指出，“无思”在这里不是《中庸》“诚者不勉而中，不思而得”（《中庸》第二十章）所讲的“不思”，而是接着《易传》“易无思也，无为也，寂然不动，感而遂通天下之故”（《易传·系辞上》）讲的。“无思”与“寂然不动”一样，都是对“诚”（“生生之道”）在本然基质方面的一般性描述，即展示出“诚”（“生生之道”）非人力所动或所及的一面，对此，周敦颐在“寂然不动者，诚也”的命题中已经有所表露。这样，在统一性层面，“无思”之“诚”作为本体，普遍地贯穿于“万物生生”的过程中。基于“无思”之“诚”与“万物生生”之间的这种

“一实万分”关系，周敦颐以同构的方式在理论上确立了圣人作为“人之极者”的合法身份：“无思而无不通，为圣人。”

形式上讲，在儒学发展史上，周敦颐和李翱都曾把“无思”、“寂然不动”等范畴和圣人并论，但是需要指出，他们使用这些范畴的哲学旨趣具有根本差异。在周敦颐“无思而无不通，为圣人”的观点中，“无思”不是对圣人的一种限定，而恰好是对“诚”的一种直接描述。也就是说，此处的“无思而无不通，为圣人”，在义理上完全可以替换成“诚，为圣人”，它展示的是“诚”作为“物之极者”（“太极”）和圣人作为“人之极者”（“人极”）在逻辑结构上的一种相似关系。相反，在李翱对“正思者，无虑无思也”（《复性书中》，《李翱集》，第10页）的言说中，“无思”则是一种修养方法，也正是由于这个缘故，李翱在理论上最终陷入了排佛而不出佛的尴尬境地。

随着圣人作为“人之极者”的合法化，“人极”的普遍性在形式上有了双重保证。作为“人之极者”，“人极”特指圣人，其一言一行是天下之人应当普遍师法的理想范型；作为“人之极则”，“人极”即是“圣人之道”，其在价值层面对天下之人具有普遍的规范意义。关于这一点，《通书》作过比较详备的补充说明：

> 天下之达道也，圣人之事也。故圣人立教，俾人自易其恶，自至其中而止矣。（《通书·师》，《周敦颐集》，第20页）
>
> 圣人之道，仁义中正而已矣。守之贵，行之利，廓之配天地。（《通书·道》，《周敦颐集》，第19页）

这就是说，随着圣人作为“人之极者”之位格的确立，其一言一行（“圣人之事”）同时也成了范导天下之人“自易其恶”的价值准绳。此外，就“圣人之道”作为“人之极则”而言，其在具体内容上只能是儒家所崇尚的“仁义中正”等价值原则，外此则别无他则。按照周敦颐的理解，以“仁义中正”为表征的“圣人之道”能够成为“天下之达道”，不仅是圣人由“太极”而立“人极”实现理论同构的结果，更是天下之人在日用常行中追求“利贵合一”的需要。在这种“利贵合一”表述中，“利”关注的是满足自我的问题，“贵”则强调自我对人之“惟人也”的自知——对“仁义中正”的持守。反映在精神境界上，这种“利贵合一”

表现为“立己”和“达人”的完全统一。在更为准确的意义上，这种“合一”不限于人我关系，同时也推扩于物我之间。所以毋宁说，它指向那种“与天地合其德”（“配天地”）的普遍境界。

三　通往人极之路

就价值原则的确立而论，由“太极”而立“人极”，无疑在形式上为人确立了具有普遍意义的行为准则，然而，形式上的确立并不意味着它在现实层面必然如此。因为就人的现实存在而论，“人非草木，孰能无情”几乎是一个不言自明的公论，所以，要使“人极”作为当然之则在人的日用常行中具有普遍的有效性，还须以现实的人生修养为担保。周敦颐对此显然有所预见：

> 君子乾乾，不息于诚，然必惩忿窒欲，迁善改过而后至。乾之用其善是，损益之大莫是过，圣人之旨深哉！（《通书·乾损益动》，《周敦颐集》，第38页）

如前文所述，“人极”的普遍确立借助于“圣”与“诚”的同构，即借“诚”在“万物生生”的统一层面所表现出的本体论位格，周敦颐把“圣人之道”确立为范导人日用常行的最高价值原则。依照这一观点似乎可以断定，上述“君子乾乾，不息于诚”命题中的“诚”，是周敦颐对“人之极则”的一个隐喻——用来比示“仁义中正”等观念在日用常行中对人的普遍规范作用。以“仁义中正”等价值原则的现实转化为前提，“损益”则预示着人在修养论上对自我的某种“加”和“减”。就“损”的方面而论，它强调人对自我私己之“忿”、“欲”等负面因素的克除，而“益”则表现为自我向“人极”之“善”的不断归拢。

按照周敦颐的观点，“损益”不仅对于一般人来说成为必要，而且，圣人自己立“人极”也是在其“欲”被彻底克除的前提下实现的。这一点在《太极图说》中有明确的提示：“圣人定之以中正仁义，（自注：圣人之道，仁义中正而已矣。）而主静，（自注：无欲故静。）立人极焉。”（《太极图说》，《周敦颐集》，第6页）“无欲”指圣人对自我私己之欲的彻底克除。就圣人立“人极”本身而论，保持“无欲”非常必要，因为只有在彻底克除自我私己之欲的前提下，圣人才可能不动私己之念（“无欲故静”），并以大公之心为天下人订立具有普遍规范意义的“人之极则”。相反，偏执于一己之私所订立的价值规范，其在形式上不具有任何普遍性意蕴：

> 公于己者公于人，未有不公于己而能公于人也。明不至则疑生。明，无疑也。谓能疑为明，何啻千里？”（《通书·公明》，《周敦颐集》，第31页）

从“公”的角度看，一个人只有彻底克除了私己之欲，才能保持自我的大公之心，继而以无私的态度对待他人。与“公”相关的是“明”。在周敦颐那里，“明”指示自我对“人极”的自觉，对于自我而言，只有以“人极”为指向保持内心的大公无私，才可在根本上消除自我对他人的疑虑，进而在人我关系上四通八达。

随着“无欲故静”成为圣人立“人极”的必要前提，保持内心的“虚静”、“动直”因此也成为天下之人通达“圣人之道”的必由之路：

> “圣可学乎？”曰：“可。”曰：“有要乎？”曰：“有。”“请闻焉。”曰：“一为要。一者无欲也，无欲则静虚、动直，静虚则明，明则通；动直则公，公则溥。明通公溥，庶矣乎！”（《通书·圣学》，《周敦颐集》，第31页）

在这种自说自话式的独白中，周敦颐明确以“无欲”作为通达“圣人之道”的基本路径。由“无欲”既可成就“虚静”，亦可促成“动直”。其实，无论是“虚静”还是“动直”，它们在一定意义上都是周敦颐对大公之心的某种表述。有了这种大公之心，自我可以不受功利、名誉、情感等因素的干扰，进而在精神世界上超越自我中心主义观念的辖制，以“刚、毅、木、讷”（《论语·子路》）的仁者胸怀上达“人极”之境。

周敦颐主张“无欲”有其深厚的哲学史根源。从儒家传统上看，“欲”的问题在先秦儒家那里就引起过广泛重视。如孔子讲“克己复礼为仁”(《论语·颜渊》),其中就隐含着对“欲”的一种节制态度。孔子之后,孟、荀对“欲”作了进一步的发挥。孟子指出:“养心莫善于寡欲。其为人也寡欲,虽有不存焉者,寡矣;其为人也多欲,虽有存焉者,寡矣。”(《孟子·尽心下》)在孟子“性善论”的框架下,“欲”是负面的存在。也就是说,由于“欲”在现实层面对人的困扰,往往会使人丧失掉先天固有的“仁爱之心”,故而孟子主张“寡欲”以养其“仁爱本心”。相比之下,荀子在其“性恶说”中则把“欲”视为人性的本来基质:“人生而有欲,欲而不得,则不能无求,求而无度量分界,则不能不争。争则乱,乱则穷。先王恶其乱也,故制礼义以分之,以养人之欲,给人之求。”(《荀子·礼论》)以承认“欲”的客观存在为前提,荀子主张通过设立“礼义之分”对“欲”给以有“度量”的供养。尽管孟、荀在人性预设上持完全不同的观点,但是他们都承认“欲”是应当受到限制或克除的,这和孔子主张“克己”的态度表现出某些相通之处。

准确地说,“无欲”二字多见于道家文献中。如《老子》第五十七章载:“我无欲,人自朴。”《老子》讲“无欲”突出了“朴”的重要性,之所以对“朴”会有如此兴趣,和老子本人对“自然”、“无为”的崇尚不无关系。按照老子的观点,人本来是以“道”的方式生存的,在这种生存状态下,人就像未经雕琢的木头(“朴”)一样自然而然地安守于本分,但是由于文明的演进,人有了价值观念,同时也有了自我欲望,受此影响,人所拥有的这种自然而然因此丧失殆尽:“大道废,有仁义。智慧出,有大伪。”(《老子》第十八章)《老子》中出现的这种“无欲”说在《庄子》外篇中到得进一步的发挥:

> 夫至德之世,同与禽兽居,族与万物并,恶乎知君子小人哉!同乎无知,其德不离;同乎无欲,是谓素朴;素朴而民性得矣。及至圣人,蹩躠为仁,踶跂为义,而天下始疑矣;澶漫为乐,摘僻为礼,而天下始分矣。(《庄子·马蹄》)

很显然,《庄子》对“无欲”的发挥,在思想内涵方面并没有超出《老子》所确定的总方向,只是在《庄子》中,批评儒家、向往自然的韵味显得更强一些。据此则可以认为,在道家文献中,讲“无欲”是以批评人文价值的张扬为前提的,其最终指向一种物我不分的自然状态。尽管这种物我不分在理解上也展示出“万物一体”的意蕴，但是必须要明确，道家所宣称的那种“天地与我为一，万物与我并生”（《庄子·齐物论》）境界，在志趣上则以回归人禽不分的混沌之初为关切，而没有儒家那种厚重的人文关怀。

周敦颐所讲的“无欲”，虽然在字面上吸收了道家文献中原有的概念，但是，二者相较则可以发现，他对“无欲”的理解和使用完全沿循的是儒家的路向，且在具体内容方面似乎比较接近孟子的“寡欲说”。当然，这两者也不尽相同，孟子讲“寡欲”，是基于“性善论”而展开的。在孟子看来，一个人只要做到了“寡欲”，那么其心自然会回归于“善”的状态，至于“善”是什么，自我如何认识“善”，这些似乎都是无足轻重的。在这个意义上，孟子把“寡欲”与“归善”完全等同了起来。而在周敦颐看来：

> 孟子曰：“养心莫善于寡欲。其为人也寡欲，虽有不存焉者，寡矣；其为人也多欲，虽有存焉者，寡矣。”予谓养心不止于寡焉而存耳，盖寡焉以至于无。无则诚立、明通。诚立，贤也；明通，圣也。是圣贤非性生，必养心而至之。养心之善有大焉如此，存乎其人而已。（《养心亭说》，《周敦颐集》，第52页）

这就是说，在通达“圣人之道”的道路上，“寡欲”固然重要，但是，仅有“寡欲”还不足以达到“人极”之地，在此基础上周敦颐认为，自我内心深处还须有持存“仁义中正”的意向及对“人极”的认识。不然，如果“心”仅仅“止于寡”而没有对“人极”的持存，那么，讲“寡欲”最终是没有任何意义的。可见，周敦颐所讲的“寡欲”与孟子的“寡欲说”，是有区别的。从某种意义上讲，周敦颐以“寡欲”作为修身致“人极”的路径，更趋向于《中庸》的修养论：“诚身有道：不明乎善，不诚乎身矣。”（《中庸》第二十章）以“寡欲”与“明善”的结合作为修身致“人极”之路径，凸显了周敦颐在人性论问题上的理性态度。尽管《太极图说》也讲“惟人也得其秀而最灵”，但这只是就人作为万物之灵长而说的，而并未把人性本然地理解成“善”的。而且，也只有在这个意义上，他才会讲出类似于“圣贤非性生，必养心而至之”等这些和“性善论”传统大相径庭的话语。

讲修养不能离开人现实的践行活动，仅仅明确“我应当做什么”，或仅仅持存“善”的意向显然是不够的，因为“仁义中正”的实现最终还须见之于现实的日用常行。周敦颐对此无疑有所觉察：“圣人之道，入乎耳，存乎心，蕴之为德行，行之为事业。彼以文辞而已者，陋矣！”（《通书·陋》，《周敦颐集》，第40页）从现实性意义上讲，“圣人之道”的达致只能显现在自我具体的“视”、“听”、“言”、“动”中，周敦颐把那种蔽于讲文弄辞的方式视为“浅陋”之见，所以，在达致“圣人之道”的方式上，周敦颐反对任何意义上的形式主义。在这一点上，周敦颐确乎展示出一种儒家的风貌。儒家从孔子一开始，就非常反对形式主义，如孔子讲“礼云，礼云，玉帛云乎哉？乐云，乐云，钟鼓云乎哉”（《论语·阳货》），“非礼勿视，非礼勿听，非礼勿言，非礼勿动”（《论语·颜渊》），等等，都非常强调自我对价值原则的躬笃践行，而反对任何意义上的形式主义。

当然，也不可否认，作为“人之极则”的“圣人之道”，在通常情况下是以文辞的形式进入人的视域，因为毕竟圣人已乘黄鹤而去。良好的文辞表达固然更有助于对“圣人之道”的理解，但是须要澄清，文辞只是表达“圣人之道”的载体而已，所以，绝不能把文辞与“圣人之道”本身混为一谈：

> 文所以载道也。轮辕饰而人弗庸，徒饰也；况虚车乎！文辞，艺也；道德，实也。笃其实，而艺者书之，美则爱，爱则传焉。贤者得以学而至之，是为教。……不知务道德而第以文辞为能者，艺焉而已。噫！弊也久矣！（《通书·文辞》，《周敦颐集》，第35—36页）

按照周敦颐的理解，在以道德修养为指向的“为学”环节中，文辞的确不可或缺，因为只有借助于文辞的表达作用，才可以进一步领会其所承载的“仁义中正”等价值观念。然而，如果拘囿于文辞修饰，而不见现实的道德笃行，那么，文辞的运用只不过是没有内核的文字游戏而已。因此，作为当然之则的“仁义中正”，它们必须和人的现实存在发生关系，那种止于文辞层面的无谓修饰，是对“圣人之道”的背弃。

与“文道之辨”相关的，是周敦颐对“名实之别”在修养论层面的澄清：

> 实胜，善也；名胜，耻也。故君子进德修业，孳孳不息，务实胜也。德业有未著，则恐恐然畏人知，远耻也。小人则伪而已！故君子日休，小人日忧。（《通书·务实》，《周敦颐集》，第25页）

在“进德修业”的进程中，“名”是对“圣人之道”的概念化表述，以“名”的界说作用为导引，可以展开对“仁义中正”的现实践履。在周敦颐看来，“圣人之道”的现实达致不在于对“名”的理解或言说，而表现为人在日用常行中对“名”的“孳孳”践履。另外，在“名实关系”上，周敦颐强调“实”的胜出，而反对“名胜”，与此相应，在通达“人极”之境的具体方式上，则坚持以“实”得“名”的原则。对于以“实”得“名”者而言，由于不用担心“名”不符“实”的问题，故而他们内心通常坦荡无忧；而那些徒有虚名者（“伪”）由于存在“名”不符“实”的问题，所以他们整天惶惶然不知所措。这样，以“名实之别”的澄清为基点，周敦颐对达致“人极”的具体路径作了补充说明。

按照周敦颐的理解，以修养论的去形式化为指向，不仅使“圣人之道”在日用常行中有了现实性保障，而且，借此还可以构筑起井然有序的人间生活：“阴阳理而后和，君君、臣臣、父父、子子、兄兄、弟弟、夫夫、妇妇，万物各得其理，然后和。”（《通书·礼乐》，《周敦颐集》，第25页）作为个体的存在，人生在世，则不可脱免于现实的伦序关系，这是先秦以来儒家一贯的立场。在周敦颐看来，要实现对“圣人之道”的践履，首先须从自我伦序本质的现实担当入手。因为只有在“各尽其道”的前提下，构建和谐理想的人我关系在理论上才会成为可能。以此为突破，再推扩到物我之间，继而可以上达“万物各得其理”的“人极”之境。

四　圣人至公与仁民爱物

作为“人之极则”，“仁义中正”只是对“人极”的观念化表述，而不是“人极”的现实形态，依周敦颐所见，只有圣人自身的存在才是“人极”的现实形态。在这个意义上，审视圣贤一言一行乃至一颦一笑间所挟藏的价值意蕴成为必要：

> 圣希天，贤希圣，士希贤。伊尹、颜渊，大贤也。伊尹耻其君不为尧、舜，一夫不得其所，若挞于市。颜渊“不迁怒，不贰过”，“三月不违仁”。志伊尹之所志，学颜子之所学。过则圣，及则贤，不及则亦不失于令名。（《通书·志学》，《周敦颐集》，第22—23页）

这里首先讨论的是圣贤各自的志向问题。以伊尹与颜渊为例，周敦颐指出，伊尹和颜渊都有非常过人之处，伊尹力劝其君“迁善改过”、博施济众，而颜渊不“迁怒”于人、不懈怠于己，能够长久地持守于“仁”的价值理想。从自我修养的角度讲，他们“迁善改过”、仁爱他人的美德都具有典范意义。然而，这两位贤达尽管是谦谦之士所思慕的对象，但结合“圣希天，贤希圣，士希贤”的思慕序列可以断定，他们依然不是人们思慕的最终目标，而上达“同天之境”才是达致“人极”的最后衡准。

在上述思慕序列中，“士希贤”与“贤希圣”相对具体，它们所展示的是“士”、“贤”、“圣”三者在目标上的递进关系。相比而言，“圣希天”则是一个比较抽象的表达，它不仅涉及如何理解“天道”的问题，还关乎如何理解圣人与“天道”之关系问题。对此，周敦颐指出：

> “不愤不启，不悱不发，举一隅不以三隅反，则不复也。”子曰：“予欲无言。天何言哉！四时行焉，百物生焉。”然则圣人之蕴，微颜子殆不可见。发圣人之蕴，教万世无穷者，颜子也。圣同天，不亦深乎！（《通书·圣蕴》，《周敦颐集》，第36—37页）
>
> 道德高厚，教化无穷，实与天地参而四时同，其惟孔子乎！（《通书·孔子下》，《周敦颐集》，第42页）

“不愤不启，不悱不发”等讲的是道德修养问题，“四时行焉，百物生焉”等则是对“天道”的自然表述，把前者与后者相提并论，意味着周敦颐言说“天道”的道德意蕴，即以“天道”的某些特征作为自我修养的相关性因素。同样，就孔子对“天道”的言说而论，它本身也蕴含着价值关切的意向，如“百物生焉”是孔子通过沉思“天道”化育万物的事实，对人在价值层面作出的应然省思，即人应当像天一样包容他人与他物。

对“天道”的道德化理解固然属于泛道德思辨，但借此而为人提出的这种道德胸怀是值得肯定的。按照周敦颐的理解，在孔门弟子中，只有颜回可以领会孔子言说“天道”的价值意蕴（“微颜子殆不可见”），基于对“圣人之蕴”的领会，颜回把孔子倡导的这种价值理想践履在其现实的日用常行中。在这个意义上，周敦颐断言，颜回对“圣人之蕴”的身体力行具有范导万世的意义，即颜回在价值层面树立了“仁民爱物”的典范，且以自己的实际行动体证了孔子“与天地参”的人生理想，这显然是周敦颐讲“圣同天”的意趣所在。其实，关于“圣同天”命题所蕴含的价值关切，周敦颐在《太极图说》中已经有所表述，如“圣人与天地合其德”。所以在价值之维，“圣同天”即是周敦颐对“圣人与天地合其德”的另一种言说。

如前所述，在《易传》传统中，“与天地合其德”以“天地大德曰生”的价值预设为前提，而且，《易传》讲“天地之大德”只是就天地成就或化育万物的方面而言的，因为它同时也不否认天地对万物的废毁，如雷动、风行、火起等现象都具有废毁万物的作用。所以，《易传》尽管讲“天地之大德”，但就此并没有把天完全思辨为纯粹至善的存在，从这个意义上讲，《易传》不像孟子那样把天彻底思辨化，其中也有某些合理成分。周敦颐对天的理解继承了《易传》的这一理性传统：“天以春生万物，止之以秋。”（《通书·刑第36》，《周敦颐集》，第41页）就天与万物之关系而言，这里既体现出一种成就关系，同时也体现出某种废毁关系。所以，周敦颐同样也没有把天完全思辨为“纯粹至善”的存在，其所谓的“圣同天”同样也只是就天成就万物的现象而言的，而并没有以思辨的方式赋予天以“纯粹至善”的形上本性。

周敦颐认为，在“圣同天”的论域下，圣人对万物的包容和成就，是完全至公无私的，其间没有挟藏任何的私己之偏：“圣人之道，至公而已矣。或曰：‘何谓也?’曰：‘天地至公而已矣。’”（《通书·公》，《周敦颐集》，第41页）。不可否认，在“天地至公”的言说背景下，“圣同天”无疑是周敦颐对“万物一体”在人道观向度上的一种形象表述，即在视万物为一体的前提下，圣人以其“至公”无私之心包容和成就着万物，进而做到“仁民而爱物”。周敦颐不但在理论上以“至公”阐释“圣同天”的价值意蕴，而且在现实生活中，他还身体力行着这种“万物一体”的人道观理想。根据程颢的回忆：

> 周茂叔窗前草不除去，问之，云：“与自家意思一般。”（《河南程氏遗书》卷三，《二程集》，第60页）

从区分的角度看，窗前之草显然是外在之物，故而与自我的存在互相对待。对窗前之草的爱护，映现了周敦颐践行“圣人之道”的“至公”指向，这样，以“爱物”为基点，周敦颐把万物视为与自我同在的共同体，从而在精神上达致“万物一体”的境界。

从理想境界的角度讲，周敦颐对“圣同天”的理解，不止于圣人在其日用常行中对万物的成就，还指向圣人在精神层面上对自我的某种成就，亦即追求精神境界的提升。一方面，精神境界必须见之于自我的日用常行，如果脱离了现实的日用常行，那么任何形式的精神境界都是难以想象的；另一方面，如果仅仅强调自我对万物的成就，而无视自我的精神追求，那么，一味地强调“仁民爱物”无疑会成为自我的精神重负。在对“同天之境”的身体力行中，周敦颐之所以能够把万物视为与自我共在的共同体，取决于其践行“圣人之道”的“至公”指向。基于这种“至公”指向，自我在根本上克服了私己之欲的困扰，由此在自我内心深处呈现出一种泰然无忧的状态。所以，在以“仁民爱物”为指向的“万物一体”境界下，自我不但在事实上践行了“与天地合其德”的价值理想，而且，还在精神上达致一种泰然无忧的愉悦境界。儒家自孔子始，就已经非常重视满足自我精神需求的问题，周敦颐显然也注意到了这一点：

> 颜子“一箪食，一瓢饮，在陋巷，人不堪其忧，而不改其乐”。夫富贵，人所爱也。颜子不爱不求，而乐乎贫者，独何心哉？天地间有至贵至爱可求，而异乎彼者，见其大、而忘其小焉尔。见其大则心泰，心泰则无不足。无不足则富贵贫贱处之一也。处之一则能化而齐。故颜子亚圣。（《通书·颜子》，《周敦颐集》，第32—33页）

“孔颜之乐”在《论语》里缘起于孔子对颜回的赞誉：“子曰：‘贤哉，回也！一箪食，一瓢饮，在陋巷。人不堪其忧，回也不改其乐。贤哉，回也！’”（《论语·雍也》）即在“箪食”、“瓢饮”、“陋巷”等这些令常人烦忧的困境中，颜回依然“不改其乐”，故而孔子对之大加表彰。

在周敦颐对“孔颜之乐”的阐发中，“乐”被界定为自我因达致“至贵至爱”而在精神上所表现出的长久满足（“心泰则无不足”），而并不是那种基于感官欲求的暂时快慰，由此也就决定了其讨论“孔颜之乐”的精神性向度。也就是说，在以“至公”为指向的“万物一体”境界下（“见其大”），自我不但能够“超越感性的欲求”（“忘其小”），而且也可以“达到精神上的满足和愉悦”①。

另外，作为长久的满足，其在理论上之所以是可能的，建基于人对“至贵至爱”的不同认定。依照周敦颐的意思，只有在精神层面，人才能够有达致其“至贵至爱”的可能性；相反，在感性欲求的层面，人对“富与贵”的追求永无止境，由此也就不能达致其“至富至贵”，继而不能获得其“至爱”。因此，在追名逐利方面，人是不能获得长久满足的，这主要是由于追名逐利往往会把一个人和其私己之欲胶着在一起。也正是在这个意义上，周敦颐指出：“君子以道充为贵，身安为富，故常泰无不足。而铢视轩冕，尘视金玉，其重无加焉尔！”（《通书·富贵》，《周敦颐集》，第40页）所谓“道充”之“道”也就是“仁义中正”之道，“以道充为贵”，意味着圣人（亦即此处的“君子”）在实际生活中对“人极”之境的向往和持存。圣人在世，首先以“人极”之境为其“至贵”，然后由其“至贵”而达及其“至富”。换句话说，由于“人极”之境的达致，圣人在精神上获得了长久满足，故而表现出“常泰无不足”的“身安”气象。显然，“道充为贵”与“身安为富”，都意味着周敦颐把精神需求视为圣人的第一位需求，因为只有精神需求之满足，才称得上是长久的满足。相比之下，追求“轩冕”、“金玉”所获得的满足只能是感性欲求方面的满足，在一定意义上讲，它们都不能让人获得长久的满足。当然，也需要指出，“铢视轩冕，尘视金玉”，仅仅是相对于精神需求为第一位需要而言的，并不意味着圣人彻底否定物质方面的需求。因此，在以“至公”为指向的“同天之境”下，圣人不仅践行了以“仁民爱物”为核心的人道观理想，还超越了私己的感官欲求，从而在精神上获得了长久满足。

在圣人被视为“人极”化身的前提下，审视圣人的一言一行也被周敦颐视为是完善自我的主要路径。事实上，除了在现实生活中践行当然之

① 杨国荣：《伦理与存在》，上海人民出版社2002年版，第258页。

则，周敦颐还一直在寻思着自我精神满足的问题：

> 闲方为达士，忙只是劳生。朝市谁头白，车轮未晓鸣。（《静思篇》，《周敦颐集》，第64页）

这就是说，在追名逐利的朝市生活中，自我无疑得不到片刻安闲，因此，如何超越“劳生”之忧，达致精神上长久的闲舒泰然，也是周敦颐关注的主要议题。甚至，公务之途寄宿大林寺时，周敦颐依然不忘探寻那些信奉佛教的“空门”中人的精神追求问题：

> 公程无暇日，暂得宿清幽。始觉空门客，不生浮世愁。（《宿大林寺》，《周敦颐集》，第74页）

从“不生浮世愁”的角度看，“空门客”似乎也能够在精神上获得某种解脱，但是，这和周敦颐追求的精神之长久满足具有根本不同。具体来说，前者在目空浮世的同时也无视现实的人伦日用，所以，由此所获得的精神解脱在本质上是虚无主义的；后者则是自我超越感官欲求之后在精神上所达致的泰然自足，其本旨恰好在于促成自我对于人伦日用的欣然践行。

尽管追求精神上的长久满足在周敦颐那里是一终极目标，但它绝不是一个抽象目标，因为它现实地建立在自我积极践行人伦日用的基础之上。周敦颐的“爱莲”情结无疑彰显了其精神追求的这种独特之处：

> 水陆草木之花，可爱者甚蕃。晋陶渊明独爱菊。自李唐来，世人甚爱牡丹。予独爱莲之出淤泥而不染，濯清涟而不妖，中通外直，不蔓不枝，香远益清，亭亭净植，可远观而不可亵玩焉。
>
> 予谓菊，花之隐逸者也；牡丹，花之富贵者也；莲，花之君子者也。噫！菊之爱，陶后鲜有闻；莲之爱，同予者何人？牡丹之爱，宜乎众矣！（《爱莲说》，《周敦颐集》，第53页）

由“水陆草木之花”的隐喻可以看出，周敦颐既不崇尚佛、老通过归隐山林而达致的精神解脱，亦不向往世俗之人通过追名逐利所获得的感官快乐。相反，他强调人生在世，应当以“中通外直”的“至公”之心践行“仁义中正”之道，在彻底克除自我私己之欲的前提下，通过关爱他人和他物上达“万物一体”的理想人生境界。这样，身处世俗之中，自我不但在行动上可以像“花君子”莲那样做到“出淤泥而不染，濯清涟而不妖”，而且还可在精神诉求方面能够长久地处于泰然自足之境。

第三章

先天学与一多关系的多维展开

从理论内涵上看，“万物一体”蕴含着“万”—“一”关系的运衍。周敦颐由“太极”而立“人极”虽然给出了“万物一体”的基本面向，但是，“太极”在何种意义上是万物生生不已的普遍根据？“人极”又何以是天下人普遍共识的当然之则？对此，周敦颐只是通过对范畴的先行预设做了相关阐发，而并没有基于“太极”与万物、“人极”与“万民”之关系本身去揭示。相比而言，这些问题在邵雍那里则有相对明细的运衍，通过“先天学”对“万物生生”的抽象表达，邵雍把“生生之理”界定为具有本体论意义的“一”，由此在一多关系的运衍中彰显了“太极”对万物的普遍宰制。依据同样的原理，邵雍把圣人与“万民”关系也理解为具有应然从属关系的一与多。出于构造普世价值的需要，① 邵雍不仅在内容上把“圣人之道”诠释成“我与他”的完全统一，而且，还在形式上把它理解为一个不断生成的过程。强调“我与他”的完全统一，重在展示圣人对他人与他物的充分尊重和体谅，而凸显生成过程则在形式上确保了“圣人之道”的开放性。

一　先天学与生生之理

一直以来，学界习惯于以“象数之学”指称邵雍的学问。当然，从广义的经学视角看，这一指称不无根据，因为就现有资料而言，邵雍的著作的确有很大篇幅涉及象数推演问题。然而，以“象数之学”指称邵雍的学问似乎也隐含了另外一重意蕴，即把邵雍思想仅仅视为一些素朴的、技术

---

① 在邵雍那里，普世价值特指可以贯通万世的价值，即宋明儒家所主张的“圣人之道”，而不是现代哲学所讲的“普世价值”。

性的象数推演，而无视邵雍言说象数的哲学本旨，由此使得邵雍的哲学地位趋于边缘化，甚至也有学者把邵雍哲学排除在整个宋明儒学之外。①

就邵雍言说象数的哲学旨趣而论，《皇极经世书》中有明确说明：

> 君子于《易》，玩象、玩数、玩辞、玩意，象起于形，数起于质，名起于言，意起于用。有意必有言，有言必有象，有象必有数。数立则象生，象生则言彰，言彰则意显。象数则筌蹄也，言意则鱼兔也。得鱼兔而忘筌蹄则可也，舍筌蹄而求鱼兔则未见其得也。（《观物外篇上》，《皇极经世书》，第517页）

显然，象数只是邵雍解《易》的一个路径。在邵雍看来，象数以万物的“形质”为指向，而“言意”则侧重于对义理的阐发，由象数出发可以明达卦辞（“言”）指涉的哲学义理（“意”）。在这个意义上，邵雍把义理比作“鱼兔”，而把与义理相关的象数比作“筌蹄”。一方面，没有象数的辅助作用，卦辞表达的义理会流于抽象；另一方面，象数如果不以达及义理为鹄的，那么象数也只能是一些素朴的技术推演。所以，在象数与义理之间，尽管讲义理离不开象数的辅助作用，但决不能把讲象数和讲义理完全等同起来，因为后者在逻辑上是对前者的超越。如果拘囿于象数或唯象数是存，那么无异于本末倒置：“却惭天下士，语道未忘筌。”（《依韵和田大卿赠》，《伊川击壤集》，第80页）较之于对象数的言说而论，对形上之道的思考无疑构成了邵雍哲学的核心议题。

事实上，在《皇极经世书》中，被邵雍本人称作“学”的有“先天学”，而并没有所谓的“象数之学”。关于先天学的界说，邵雍指出：

> 先天学，心法也，故图皆自中起，万化万事生乎心也。先天学主乎诚，至诚可以通神明，不诚则不可以得道。（《观物外篇上》，《皇极经世书》，第518页）

可以看出，在邵雍对先天学的界说中，“心”无疑是一个比较重要的

---

① 如牟宗三的《心体与性体》、蔡仁厚的《宋明理学·北宋篇》、张立文的《宋明理学研究》等。这些研究宋明儒学的专论，几乎都没有涉及对邵雍哲学的研究。

概念，因此，要想准确地把握先天学的具体所指，必须对“心”范畴有清晰的理解。“心”虽然在邵雍哲学中具有多重意蕴，但在邵雍对先天学的界说中，作为“万化万事”的总根源，“心”在义理上显然不囿于人心，而更指向广义的天地之心。关于“天地之心”，邵雍说，“天地之心者，生万物之本也……生生长类，天地成功”（《观物外篇下》，《皇极经世书》，第526页）。基于“天地之心”化生万物的理论假定，邵雍把“心”抽绎为“万物生生”的形而上根据：“心为太极，又曰道为太极。太极，道之极也。”（《观物外篇下》，《皇极经世书》，第522页）也正是在“心”化生万物的意义上，邵雍把先天学的主旨归结为对于“心”之法则（“心法”）的探讨和发明。

不可否认，邵雍以具体的“先天图”表征“心”生万物的过程，在理论上不仅是素朴的，而且也是思辨的。然而，在先天学论域中，邵雍对“心”的形上之思并不乏形而下的理据，因为从理论根源上看，邵雍对“心”的思考恰好以“万物生生”的经验现象为出发点。而基于万物生生不已的现象，邵雍又把先天学的主旨归结为对于“诚”的思考，以此展开了其对形上之道的具体言说。从理论渊源上看，以“诚”释说“万物生生”并非邵雍首创，而是来自于邵雍对周敦颐思想的吸纳与借鉴。这样，在“至诚无息”的意义上，以“心法”定位先天学和以“诚”界说先天学在理论内涵上表现出某种相通之处，它们在根本上都注意到了万物生生不已的一面。以万物本然的生生不已（“至诚”）为基点，邵雍又把先天学界说为通达“神明”的学问（“至诚可以通神明”）：

> 作《易》者，其如知乎？圣人知天下万物之理，而一以贯之……非天下之至神，其孰能与于此？神者，《易》之主也，所以无方；《易》者，神之用也，所以无体。神无方而《易》无体，滞于一方，则不能变化，非神也；有定体则不能变通，非《易》也。（《观物外篇上》，《皇极经世书》，第517页）
>
> 所以造万物者，神也。神不死，所更者，四时也。所以造人者，神人也。神亦不死，假如一木结实而种之，又成是木而结是实。木非旧木也，此木之神不二也。此实生生之理也。（《观物外篇下》，《皇极经世书》，第528页）

应该说，邵雍对“神明”的思考，是接着《易传》对“神”的阐发而讲的。在《易传》中，“神”在意蕴上仅仅指“生生之道”成就万物的玄妙性，然而在邵雍的理解中，“神”在内涵上明显呈扩大态势。按照邵雍的意思，“神”在根本上缘起于圣人对天下万物至极之“理”的思考，由此使“神”成为圣人对易道的抽象表达（“神者，《易》之主也”），在“易与天地准”（《易·系辞上》）的论域下，“神”又成了宰制天地万物的“不死”根据。在这里，“不死”不仅指示着“神”的永恒性，而且更强调“神”的普遍存在。在“不死”的意义上，“神”既是万物生成的根据（“所以造万物者”），亦是人得以生成的依托（“所以造人者”）。邵雍由此认为，“神”普遍地显现在万物生生不已的过程中，且不以万物外在的形质之别而发生变异。依据“木”与“实”的例子，邵雍指出，尽管“一木”与其“实”所生成的新“木”在形质上有新旧之别，但此“木”之“实”与彼“木”之“实”在生生不已的基质上是完全一致的。在这个意义上，邵雍把“神”界定为万物普遍必然的生生不已，先天学因此也就成了探究“生生之理”的学问。

从问题的脉络上看，先天学对“生生之理”的思考，依然没有超越《易传》“生生之谓易”（《易·系辞上》）的理论框架，只是在对“生生之道”（“生生之理”）的思考上，先天学明确指出了“道”的概念性意蕴。“潜天潜地，不行而至，不为阴阳所摄者，神也。出入有无死生者，道也。神无所在，无所不在。至人与他心通者，以其本乎一也。道与一，神之强名也。以神为神者，至言也。”（《观物外篇下》，《皇极经世书》，第528页）这就是说，作为最高的哲学范畴，“道”与“一”仅仅是对“神”本身的一种概念性表述而已。关于“神”与万物之关系，邵雍指出，“神”是出入于“有无死生”之间的东西，并现实地宰制着天地万物（“无所不在”），而在表现形式上，“神”对万物的宰制又是抽象玄妙的（“无所在”）。这样，邵雍把“神”界定为一种无所不及的神秘化存在（“以神为神”），以“神”的抽象阐释为基点，邵雍又结合“气”范畴阐释了“神”对形下之域的普遍宰制：

> 气一而已，主之者乾也。神亦一而已，乘气而变化，能出入于有无死生之间，无方而不测者也。（《观物外篇下》，《皇极经世书》，第528页）

> 气者，神之宅也；体者，气之宅也。形可分，神不可分。精气为物，形也；游魂为变，神也。……魂随气而变，魄随形而止。故形在则魄存，形化则魄散，见气变而形化。(《观物外篇下》，《皇极经世书》，第 528 页)

依邵雍之见，万物在形下之域皆以形体的方式呈现它们自身的存在（“精气为物，形也”），与此同时，“气”存留于万物的形体之中（“体者，气之宅也”），而“神”又以“气”为介质（“气者，神之宅也”）。所以在“体”（形体）、“气”、“神”三者之间，“体”（形体）是万物最直观的存在形式，“神”是万物最抽象的存在根据，而“气”则介于二者之间，是沟通“神”和“体”（形体）的中介。由于“神”本身的生生不已，所以，其“乘气而变化”必然导致“气”的刚健不息（“主之者乾也”），以此也就促成万物在形体上普遍的生生不已。由以“气”释“神”的论理方式可以断定，邵雍先天学在构造普遍之道的同时，并没有忽视“神”宰制天地万物的形而下意蕴。

基于“神”对天地万物的普遍宰制，邵雍提出了类似于泛神论的“万物一神”论（“神亦一而已”）构想。当然，先天学讲的“万物一神”论又不同于泛神论，因为先天学所讲的“神”仅仅指涉万物生生的必然性，而非任何人格意义上的至上神。在“万物一神”的论域下，邵雍指出，“人之神则天地之神”（《观物外篇下》，《皇极经世书》，第 528 页）。也就是说，“神”不仅宰制了天地万物，而且也宰制了人：“神者人之主。”（《观物外篇下》，《皇极经世书》，第 528 页）然而，“神”究竟在何种意义上宰制了人？这在理论上的确有待于进一步展开。

在理论层面上，邵雍指出：“人之神则存于心。神统于心……形气交而神主乎其中，三才之道也。”（《观物外篇下》，《皇极经世书》，第 528 页）无疑，在“神”和“心”之间，前者作为后者的根据，是更为抽象的存在。有必要指出，“心”在这里尽管指“人之心”，但它与先天学所讲的“天地之心”仍然是一致的，因为在先天学语境中，“心一而不分”（《观物外篇下》，《皇极经世书》，第 528 页）。可见，在探究“生生之理”方面，先天学对“神”与“心”的阐释在哲学意趣上具有相通之处，它们都以天地人“三才”本然的生生不已为参照。有见于“神”与“心”在哲学意趣（天地人“三才”本然的生生不已）上的这种相通，邵雍又在理论上确立了关于“万物一心”的构想。就“万物一神”与“万物一心”的关系而论，尽管前者是后者得以提出的理论基础，但由“神统于心”的观点可以断定，后者在内涵上显得更加广泛。

在“万物一心”的先天学论域下，无论“人心”抑或“天地之心”，它们都以普遍的“生生之理”为其至极根据，由此，“人心”也就被邵雍视为和普遍的“天地之心”呈息息相通的关系。“人心先天天弗违”（《推诚吟》，《伊川击壤集》，第231页）的命题，无疑彰显了它们之间的这种相通关系。当然，讲它们之间的相通，在逻辑上必须以明晰它们之间的统一性为条件。在“人心先天天弗违”的命题中，“天弗违”的对象不是“人心”本身，而是其“先天”成分。另外，在先天学图式中，尽管“天地之心”被描述为“生万物之本”，但是在“人心先天天弗违”的命题中，由于对“天弗违”的强调，所以这一命题所揭示的也不是“天地之心”本身，而是其化生万物的基本法则（“心法”）。这样，对“人心”和“天地之心”之统一性的探讨，又一次把关注之点引向先天学的主旨问题。先天学对于“生生之理”的思考似乎就是因此而引发的：相对于“人心”和“天地之心”而言，“生生之理”既是普遍的（“先天”），更是必然的（“弗违”）。

以“人心先天天弗违”的言说为前提，普遍必然的“生生之理”随之被邵雍看作是“万物一体”的统一性根据：“天地与人同一体。”（《首尾吟》，《伊川击壤集》，第276页）当然，这里的“一体”也只能是体用论意义上的“一体”，并不具有价值的意蕴。从体用论上看，“体无定用，惟变是用。用无定体，惟化是体。体用交而人物之道于是乎备矣”（《观物篇五十二》，《皇极经世书》，第489页），“惟变”与“惟化”展示的是体用生生不已的必然性。在邵雍的体用论中，作为根据的“体”（或本体）与其“用”不仅不能截然分开，而且它们普遍地“相交”于天地万物的具体存在中，并成为它们生生不已的至极根据（“体用交而人物之道于是乎备矣”）。所以，在“天地与人同一体”的论题中，邵雍在理论上把“生生之理”界说为“一体”之“体”，这种“体”不限于先天学对“人心”的阐释，而且也通达于天地之间，并成为天地万物生生不已的共通之“体”。据此则可以认为，基于“万物一体”的天道观向度阐释“生生之理”的普遍必然存在，是邵雍先天学的理论旨趣所在。

二 观物与一多关系的心物之维

象数虽然不被邵雍称为“学”，但也是先天学在理论上得以完善的主要路径。从“象”的方面看，“心”、“道”、“太极”、“神”等之所以能够成为形而上的哲学范畴，在根本上几乎都取决于“生生之理”对天地万物的普遍宰制。然而，从形而下的层面讲，世间万事万物绝非抽象的存在，它们形体有别，性状各异，故而呈现出一定的复杂性和多样性。基于这种复杂的“多”，如何理解普遍的“一”，是一个形上形下相统一的问题，更是一个关于一多关系的辨析问题。而要廓清一多之间的多维关系，在理论上仅仅依赖于“象”的阐释是非常有限的，因为一多关系本身就具有“数”的规定性。邵雍显然注意到了“数”的这种象征意义：“天下之数出于理。违乎理，则入于术。世人以数而入于术，故失于理也。”（《观物外篇上》，《皇极经世书》，第 515 页）作为一多关系的逻辑展开，“数”的运衍决不能脱离于对“生生之理”的寻思，失却对“生生之理”的关照，则“数”的运衍必然流于纯粹的技术性推演。在邵雍“先天学”中，关于这种“数”的运衍首先是由心物之维而展开的。

“心”在邵雍哲学中具有多重意蕴。在“万物一心”的先天学论域下，“心”是“生生之理”的“象”（形象）化表述，所以“心”具有本体论意蕴。但是，在“心物之辨”的议题中，“心”则是人思虑活动得以可能的载体，由此“心”又具有认知与思虑功能。从这个意义上讲，心物之维所关注的无非是一多关系的具体理解问题。尽管先天学对“生生之理”的言说具有高度的抽象性，但邵雍并未因此把先天学视为虚妄之学。相反，在邵雍看来，先天学对“生生之理”的言说，不仅是可以理解的，而且也具有真实的内容。因为在先天学论域下，“生生之理”虽然在观念层面具有一定的独立性，但其在根本上依然是基于天地万物的本然存在。而由于天地万物的可理解性，因此也就促成了先天学内容的可理解性：

> 物之大者无若天地，然而亦有所尽也。天之大，阴阳尽之矣；地之大，刚柔尽之矣。阴阳尽而四时成焉，刚柔尽而四维成焉。夫四时四维者，天地至大之谓也。凡言大者，无得而过之也，亦未始以大为

自得，故能成其大。岂不谓至伟至伟者欤？（《观物篇五十一》，《皇极经世书》，第487页）

人或告我曰：“天地之外，别有天地万物，异乎此天地万物。”则吾不得而知之也。非惟吾不得而知之也，圣人亦不得而知之也。凡言知者，谓其心得而知之也；言言者，谓其口得而言之也。既心尚不得而知之，口又恶得而言之乎？以心不可得知而知之，是谓妄知也；以口不可得言而言之，是谓妄言也。吾又安能从妄人而行妄知妄言者乎？（《观物篇五十二》，《皇极经世书》，第489页）

在这里，天地是一个象征性的概念，其在内容上包括“四时”与“四维”。把天地视为至大至极的存在，意味着邵雍把“四时”与“四维”视为理解天地万物的普遍依据（“夫四时四维者，天地至大之谓也”）。换句话说，天地万物之所以具有可理解性，在根本上取决于人能够以“四时四维”等范畴普遍地规范它们。以“四时四维”的普遍规范作用为基点，邵雍把天地视为“心”知万物的基本边界（“凡言大者，无得而过之也”）。基于这重机缘，邵雍指出，在“天地之外”再没有其他不受“四维四时”规范的“天地万物”。任何关于天地万物的“知”，一旦超越了“四时四维”的普遍规范（“天地之外”），它随之也就不在“心”能知的范围之列，邵雍把这种“知”视为虚妄之知，因为它不能在口头上言说，更不能为“心”所认知，所以是不可理解的。这样，在邵雍看来，判断“知”的真实与虚妄，关键在于这一“知”能否为“心”所理解（“得而知”），也就是说，这一“知”是否处在“四时四维”的普遍规范之下。

表面上看，邵雍对“四时四维”的理解，与康德把时空视为感性直观的先验形式似乎有某些相似之处①，但事实上，邵雍思考“四时四维”的本旨不在于建立起静态的知识论系统，而是要试图说明天地万物生生不已的普遍必然性：

不欲知天地之所以为天地则已，如其必欲知天地之所以为天地，

① 关于时空与直观形式的问题，康德在论述“直观的公理”时有详细说明。（参见康德《纯粹理性批判》，邓晓芒译，人民出版社2004年版，第154—157页）。

则舍动静将奚之焉？夫一动一静者，天地之至妙者欤？是故知仲尼之所以能尽三才之道者，谓其行无辙迹也。故有言曰："予欲无言。"又曰："天何言哉？四时行焉，百物生焉。"其斯之谓欤？（《观物篇五十五》，《皇极经世书》，第494页）

在"舍动静将奚之焉"的发问中，邵雍不仅把天地视为是"一动一静"、互转不息的存在，还把万物也纳入与天地共通的视域中，显然，就"心"对这种生生不已的理解而论，"四时四维"的普遍规范作用是不可或缺的。无论是在对"四时行焉"的引述中，抑或是对"百物生焉"的转达中，"四时四维"都没有被邵雍理解为康德哲学意义上的静态的"直观形式"，相反，在"四时行焉，百物生焉"的援引中，"四时四维"在形式上是生生不已的，在内容上则是交织更续的。在这个意义上，"四时四维"也就被邵雍视为"生生之理"宰制天地万物的两个动态视域。

理论上讲，把"四时四维"视为"生生之理"宰制天地万物的两个动态视域具有其可取之处：一方面，通过阐释"四时四维"对天地万物的普遍规范作用，邵雍在理论上否定了"天地之外，别有天地万物"的虚妄之说，由此也彰显了邵雍"心物之辨"的理性成分；另一方面，以"四时四维"作为"心物之辨"的基本视域，更有助于人们在形下之域理解"生生之理"对天地万物的普遍宰制，由此也确保了先天学内容的相对真实性。

先天学对"生生之理"的言说，的确是以"心"对天地万物的理解为前提。在把"四时四维"视为"生生之理"宰制天地万物的两个动态视域的同时，邵雍也把生生不已视为天地万物普遍必然的性征。这样，邵雍不仅在理论上否定了那些试图超越生生不已进而把天地万物绝对化的虚妄之说（"妄知"）①，同时也在事实层面点出了万物生生不已的必然性：

昊天之四府者，春夏秋冬之谓也，阴阳升降于其间矣；……春为生物之府，夏为长物之府，秋为收物之府，冬为藏物之府。号物之庶

① 从近代科学的角度看，牛顿物理学曾经把时空与运动相分离，试图构造出绝对时空，而这种思路在20世纪为爱因斯坦的相对论所否定，因为在爱因斯坦看来，没有无运动的绝对时空存在，尽管时空的不同可以影响运动的速度，但决不能把时空与运动截然分离。（详见吴国盛《时间的观念》，北京大学出版社2006年版，第107—120页）。

谓之万，虽曰万之又万，其庶能出此昊天之四府者乎？（《观物篇五十三》，《皇极经世书》，第490页）

以上文字中，邵雍以分疏春夏秋冬的更续和“万物生生”现象之间的关系为例，给出了作为“昊天之四府”的“四时”对于万物的普遍规范作用。“号物之庶谓之万”所表示的是万物之“多”，在把天地视为至大至极的存在的论域下，“四时四维”的交织更续与万物之“多”的生生不已表现出某种统一关系。换句话说，在生生不已成为天地万物的本然基质的前提下，万物之“多”必然受到“四时四维”的普遍规范。

基于“心”对天地万物的理解，邵雍在本体论意义上展开了“生生之理”对天地万物的普遍宰制：

夫所以谓之观物者，非以目观之也。非观之以目，而观之以心也。非观之以心，而观之以理也。天下之物莫不有理焉，莫不有性焉，莫不有命焉。所以谓之理者，穷之而后可知也；所以谓之性者，尽之而后可知也；所以谓之命者，至之而后可知也。此三知者，天下之真知也，虽圣人无以过之也。而过之者，非所以谓之圣人也。（《观物篇六十二》，《皇极经世书》，第506页）

天由道而生，地由道而成，物由道而行。天地人物则异也，其于道一也。夫道也者，道也。道无形，行之则见于事矣。如道路之道坦然，使千亿万年行之，人知其归者也。（《观物篇五十九》，《皇极经世书》，第501页）

“观物”是“心物之辨”的理论延伸，透过邵雍的阐释可以发现，“观物”展示的是作为本体的“一”对万物之“多”的宰制，所以，“观物”首先强调对“观之以目”的超越。在“观之以目”的形下之域，天地万物展现出不同的形质（“天地人物则异也”），由于形质的不同，故而成就了万物之“多”。基于这种“多”的存在，如何理解作为本体的“一”或“道”，在理论上必然会涉及对于一多关系的理解和澄清问题，也正是在这个意义上，邵雍才在理论上提出超越“观之以目”的构想，继而在“观之以心”的层面对万物之“多”进行理解和贯通。然而，在“心物之辨”的论域下，“心”只有理解和认知的功能，仅此还不足以达成对万物之“多”的贯通。“心”何以能够贯通万物之“多”？在邵雍看来，“心”只有上达到“观之以理”的层面后，才能彻底解决贯通万物之“多”的问题。因为在“观之以理”的层面，作为本体的“一”或“道”成了“心”理解天地万物的一个共通视野，由此在形上之域呈现出“天由道而生，地由道而成，物由道而行”的理论格局。

理论上讲，邵雍之所以主张“观之以理”，在根源处取决于他把“生生之理”视为宰制天地万物的普遍根据，用邵雍的话来说，“天下之物莫不有理”。只是，这种“生生之理”虽然本然地存在于天地万物之间，但它并非一开始就为人所理解和认识。只有对“万物生生”的现象有了深切的体察和穷索之后，它（“生生之理”）才能够进入人的知行领域，继而为人所理解和认识（“穷之而后可知”）。所以，在“观之以理”的层面，天地万物尽管在形质方面互不相同，但这并不有碍于人们对它们统一性的理解和认识：就总的存在方式而言，它们都不是静态的，而恰恰是生生不已的，而且这种必然的生生不已，在形而上的层面只能策动于“生生之理”对它们的普遍宰制。

在“观之以理”的层面，人作为万物之“多”中的一分子，当然也不能脱免于“生生之理”的普遍宰制，因为“天地尚由是道而生，况其人与物乎”（《观物篇五十九》，《皇极经世书》，第 501 页）。另外，从“人身后天奉天时”（《推诚吟》，《伊川击壤集》，第 231 页）的言说中也可以发现，邵雍注意到了“生生之理”对人在“四时四维”视域中的动态宰制。也就是说，人在形体（“人身”）上尽管不同于天地万物，但是，就人生在世的整个历程而论，人在形体（“人身”）上的生老病死和“天时”的更续具有必然的联系（“奉天时”）。显然，邵雍对人在现实层面的思考具有其合理之处，因为就人的现实存在而言，“人身”的变化（生老病死）的确与“天时”的更续之间呈现出一种同行并进的关系，只是在这种关系中，人和“物”一样都具有随时而凋敝的一面：

> 先天天弗违，后天奉天时。弗违无时亏，奉时有时疲。（《先天吟》，《伊川击壤集》，第 216 页）

在对上述关系的梳理中，邵雍指出，“生生之理”作为天地万物生生不已的先天根据，是永恒的，所以其存在不会随“天时”的更续而发生变故（“无时亏”）。相比而言，万物则有所不同，由于它们是形而下的存在，所以必须因循天道法则，随时而凋敝（“有时敝”）。

就人的现实存在而论，人与万物一样都具有生生不已的必然性，且都因时而敝：“人盛必有衰，物生须有死。”（《人物吟》，《伊川击壤集》，第235页）基于生生不已的必然性，使得生老病死之变化对“人身”而言成为普遍必然的事情。由此，邵雍不仅在“死生之说”方面坚守了先秦儒家理性主义的立场，同时也回应了佛教和道教对于生命本身的凭空臆断：“学仙欲不死，学佛欲再生。再生与不死，二者人果能？”（《死生吟》，《伊川击壤集》，第244页）“再生”是佛教“轮回说”中的主要观点，这种说法鼓吹“因果报应”，宣传生命的轮回再生。“不死”则是道教“仙道论”的一个主张，这一理论奉从“我命在我不在天，还丹成金亿万年”（《抱朴子·黄白》，《抱朴子内篇校释》，第287页）的“成仙”信念，其在生命认识方面否定人固有一死的必然趋向。总之，无论是“再生”说，还是“不死”论，它们在本质上都是对于“死生之说”的一种虚妄思辨。较之于周敦颐而言，邵雍对“再生”与“不死”的质疑表现出明显的排佛辟老倾向，不过，也需要看到，邵雍的排佛辟老思想在理论上依然非常有限。因为从对“再生与不死，二者人果能”的发问中，似乎还可以发现，尽管邵雍在事实上认同于儒家“人盛必有衰，物生须有死”的理性主义死生观，但是，面对佛教和道教所渲染的彼岸世界问题，① 仅仅提出质疑显然是不够的。

通过“观之以理”，“心”不仅可以在形上形下相贯通的视域下理解作为本体的“一”（“道”或“理”）对于天地万物之“多”的普遍宰制，而且，还可以在抽象认识层面消解天地与万物之间所存在的形而下差别：

> 是知道为天地之本，天地为万物之本。以天地观万物，则万物为万物；以道观天地，则天地亦为万物。道之道尽之于天矣，天之道尽之于地矣，天地之道尽之于万物矣，天地万物之道尽之于人矣。人能知其天地万物之道。（《观物篇五十三》，《皇极经世书》，第490页）

---

① 佛教“轮回说”对彼岸世界的重视，是不容置疑的，但在道教“仙道论”中，只有“尸解仙”才讲死后“成仙”的问题，这一点在《抱朴子》内篇中有比较明细的说明：“按《仙经》云，上士举形升虚，谓之天仙。中士游于名山，谓之地仙。下士先死后蜕，谓之尸解仙。”（《抱朴子·论仙》，《抱朴子内篇校释》，第20页）。

由于“观之以理”展示的是作为本体的“一”对万物之“多”的宰制关系，所以在“观之以理”的层面，可以进一步验证“天下万物莫不有理”的理论预设。与此同时，作为本体的“一”或“道”一旦成了天地万物至极的根据，人在理解上不仅会以“万物为万物”，还会以“天地亦为万物”。在以“天地亦为万物”的理解中，天地不再是“万物之本”，而仅仅是万物中一分子。在这个意义上，无论是高高在上的天地，抑或卑贱渺小的万物，它们都可被视为是“万物”之“多”中的一。显然，此处的一仅仅指“数”的基本构成，而并不具有本体的意蕴，所以，在“数”的构成方面，邵雍并不否定“多”对一的包含关系。这样，从本体论上讲，“一”宰制着“多”，而从“数”的构成上看，则“多”包含着一。

当然，邵雍在“数”的构成上承认“多”对一的包含关系，与他在本体论上承认“一”对“多”的宰制关系互不抵牾，相反，在一定意义上，这两种一多关系甚至表现为统一关系。尽管在本体论上“一”是“多”的根据，但“多”本身又展现为“数”的构成，即“多”在内涵上依然指天地、人、物等这些个体的一的集合，所以，与其说“一”是万物之“多”的根据，还不如说“一”是万物之每一分子的根据，而以二分法为基础的“合一衍万”说则以一种朴素的方式讲出了“一”是一的根据：“太极，一也，不动。生二，二则神也。神生数，数生象，象生器。”（《观物外篇下》，《皇极经世书》，第522页）由于在本体论上“一”是万物之每一分子的根据，所以从“数”的构成上看，作为个体之一的万物必然地内蕴着“一”，在这个意义上，理解了万物之一分子的必然性也就等于领会了万物之“多”的必然性，邵雍对“一心观万心，一身观万身，一物观万物”（《观物篇五十二》，《皇极经世书》，第489页）等话语的言说，恰好展示出他对一蕴含“一”的这种关系的自觉。

就“生生之理”宰制天地万物的理解而论，“一”是一的根据意味着“生生之理”普遍地宰制着作为个体的万物，也就是说，任何个体都不能脱免于“生生之理”对它的宰制。逻辑上讲，“一”是一的根据展现为一个自形而上向形而下纵贯的过程，而一蕴含着“一”则展现为由形而下向形而上达通的趋势。在形下之域，作为个体的万物无一例外地受到“四时四维”的规范，而在“四时四维”的规范下，任何个体都是生生不已的，由于生生不已的必然性，继而在理解上往往会认定作为个体的一对作为本体的“生生之理”的必然蕴含关系。关于一多关系在形上形下之间所表现出的这种不同的逻辑结构，邵雍之子邵伯温曾经作过如下说明：

> 道生一，一为太极；一生二，二为两仪；二生四，四为四象；四生八，八为八卦；八生六十四，六十四具而后天地万物之道备矣。天地万物莫不以一为本，原于一而衍之以为万，穷天下之数而复归于一。一者何也？天地之心也，造化之原也。（《百源家学·语录》，《宋元学案》卷十，《黄宗羲全集》第三册，第579页）

可见，在承认天地万物之“多”的前提下，邵雍不但承认“一”对一的宰制，而且也承认一对“一”的蕴含，由此在理论上把“一”与一视为一体无间的关系。而主张“一”与一的一体无间，就是主张“生生之理”与天地万物中每一分子的一体无间：一方面，任何个体的存在，都必然是生生不已的；另一方面，离开个体的存在，也就没有任何意义上的“生生之理”。这样，在“物”—“物”关系方面，由于每一个体都处在“一”的宰制之下，且都蕴含着“一”的规定性，所以他们之间具有同样的位格，呈对等关系。

三　圣人之道中的一与多

从理论内涵上看，邵雍对一多关系的思考不限于对天地万物（包括人）的本然性考察，同时也达及对人道观理想的应然省视。就天地万物的本然存在而论，一多关系展示的是“生生之理”对天地万物的普遍宰制关系；而在应然的人道观向度上，一多关系则表现为“圣人之道”对天下之人的普遍规范关系：

> 人亦物也，圣亦人也。有一物之物，有十物之物，有百物之物，有千物之物，有万物之物，有亿物之物，有兆物之物。为兆物之物，岂非人乎？有一人之人，有十人之人，有百人之人，有千人之人，有万人之人，有亿人之人，有兆人之人。为兆人之人，岂非圣乎？（《观物篇五十二》，《皇极经世书》卷十一，第489页）

人在本然层面尽管是万物之“多”中的一分子，但他毕竟不同于万物，“人者，物之至灵者也”（《观物篇五十九》，《皇极经世书》，第501页）。作为物之“至灵”，人可以通过领会天地万物生生不已的普遍必然性，在先天学意义上为它们普遍立法，由此使人成为“兆物之物”。逻辑上讲，“人者，物之至灵者也”这一命题，是一个以人之类为基点的全称判断，在这一判断中，个体的人无一例外地涵盖于人的类概念中，所以，“人者，物之至灵者也”在外延上包括所有个体的人。在对“千人”、“万人”、“亿人”、“兆人”等话语的言说中，邵雍首先注意到了人的个体性存在，而由人的个体性存在进而促成了人之“多”。邵雍在承认人的现实之“多”的同时，也强调这种“多”在价值层面的统一，具体地说，这种统一表现为圣人在人道观向度上为人之“多”进行普遍立法。通过普遍立法，使人之“多”在现实中具有了应当普遍恪守的价值准则，“苟非先圣开蒙恪，几作人间浅丈夫”（《安乐窝中吟》，《伊川击壤集》，第132页），基于此，邵雍把圣人称为“兆人之人”。

在邵雍看来，圣人之所以能够在人道观向度上为人之“多”进行普遍立法，在根本上取决于圣人立法原则的普遍性。理论上讲，这种普遍性并非以圣人先行具有的权威身份为担保，而恰恰建基于圣人对人之“多”的广泛重视：

> 圣人之所以能一万物之情者，谓其圣人之能反观也。所以谓之反观者，不以我观物也。不以我观物者，以物观物之谓也。既能以物观物，又安有我于其间哉？是知我亦人也，人亦我也，我与人皆物也。此所以能用天下之目为己之目，其目无所不观矣；用天下之耳为己之耳，其耳无所不听矣；用天下之口为己之口，其口无所不言矣；用天下之心为己之心，其心无所不谋矣。夫天下之观，其于见也不亦广乎？天下之听，其于闻也不亦远乎？天下之言，其于论也不亦高乎？天下之谋，其于乐也不亦大乎？夫其见至广，其闻至远，其论至高，其乐至大，能为至广至远至高至大之事，而中无一为焉，岂不谓至神至圣者乎？（《观物篇六十二》，《皇极经世书》，第506页）

“反观”展示出一种全新的运思程式，在“反观”的情境下，圣人超越了主体性意味极强的“以我观物”之方法，继而在逻辑上构造出一种类似于主体间性的“以物观物”之方法①。这样，圣人之所以能够通过普遍立法（“开蒙恪”）而在价值层面“一万物之情”，毋宁说是取决于圣人对“以物观物”之方法的采纳。在邵雍看来，圣人超越“以我观物”，继而采纳“以物观物”，不是偶然的抉择，而是“以物观物”的普遍性意蕴使然的结果：“以物观物，性也；以我观物，情也。性公而明，情偏而暗”（《观物外篇下》，《皇极经世书》，第529页）。“公”与“偏”不仅是对“性”与“情”的分别界定，更是对“以物观物”和“以我观物”的不同评价，基于“公”与“偏”的这种反差可以认为，采纳“以物观物”不仅是对“以我观物”的超越，更是对拘囿于自我的主体性倾向的某种消解。

在“以物观物”的情境下，尽管“观”的活动出自于自我，但“观”的视角绝不拘囿于自我的一曲之见。通过“以物观物”，圣人不仅把自我归置于“物”的本然序列，还把与自我相对的他人（人之“多”）也归置于“物”的本然序列，这样，在“我与人皆物也”的论域中，“我与人”都是万物之“多”中的一。由此，圣人在理论上突破了拘囿于自我的主体性局限，继而在主体间性构架下消解了“人与我”的对垒，达致“我亦人也，人亦我也”的普遍之境。依邵雍之见，在“我亦人也，人亦我也”的普遍之境下，圣人可以“用天下之目为己之目”，“用天下之耳为己之耳”，“用天下之口为己之口”，“用天下之心为己之心”，借此使圣人之所“见”成为“至广”的“天下之观”，所“闻”成为“至远”的“天下之听”，所“论”成为“至高”的“天下之言”，所“乐”成为“至大”的“天下之谋”。这里的“天下”无疑是一个非常广泛的概念，它在内涵上不仅包括以“千人”、“万人”、“亿人”、“兆人”等概念为表征的人我之间，而且也指向以“万物”为基点的物我之境。于是在主体间性构架下，“以物观物”不仅意味着作为个体的自我对他人（人之“多”）的尊重和体谅，还意味着自我“对身在其中的整个世界的态度和

① 从这个意义上讲，杨国荣以“主体间的沟通”理解王阳明“万物一体”是值得肯定的。（参见杨国荣《心学之思：王阳明哲学的阐释》，生活·读书·新知三联书店1997年版，第148—156页）。当然，相比而言，邵雍基于“以物观物”的立场澄清一多关系，体现出一种更强的主体间性关系。

觉解”①，前者现实地展现为人我之间的价值互动，而后者则以物我一体的人生理想为归依。

历史地讲，尊重和体谅他人是先秦儒家倡导的一个基本价值原则，无论是《论语》中提及的“忠恕之道”，抑或《大学》中力主的“絜矩之道”，它们都在不同程度上彰显出先秦儒家对这种价值原则的重视。邵雍的“以物观物”无疑蕴含了儒家的这一价值原则，只是，“以物观物”似乎更强调自我在主体间性原则下对他人的尊重和体谅，以及这种尊重和体谅在人我之间的普遍互动：

> 善也者，无敌于天下，而天下共善之；恶也者，亦无敌于天下，而天下亦共恶之。天之道，人之情，又奚择于周、秦、汉、楚哉？择乎善恶而已。（《观物篇五十六》，《皇极经世书》，第 497 页）

“无敌于天下”在这里强调善恶本身的绝对性，它在内涵上指向善恶的普遍认定。在以善恶为表征的价值认定和价值互动中，尽管“天下”在内涵上包括了人之“多”，但是就认定形式和互动形式而论，这种“多”又往往呈现出某种绝对的统一：善于人者“天下共善之”，而恶于人者则“天下亦共恶之”。在这种普遍的价值互动中，“天下”之是非善恶的标准并不取决于任何个体的人，而恰恰以“共善之”、“共恶之”的统一形式存留于天下人之间。基于此，邵雍把周、秦、汉、楚之历史变迁视为天下人在人道观向度上弃恶扬善的结果，而并非出于任何个体情感上的某种偏好。所以，只有在充分尊重和体谅他人（人之“多”）的前提下，普遍立法在事实层面才具有普遍规范的意蕴，进而在价值层面成就天下之“共善共恶”。

就个体的人对“整个世界的态度和觉解”而论，“以物观物”指向一种理想的人生境界。在这种理想境界中，“圣人利物而无我，易地而处，则无物我也。不物我，则能物物。以物喜物，以物悲物，此发而中节也”（《观物外篇下》，《皇极经世书》，第 530 页）。也就是说，通过“以物观物”，圣人消解了自我对“物”的主体性位格，继而在物我之间达成主体间性的“易地而处”。所以，从内涵上看，“易地而处”首先展现为一种

① 陈来：《宋明理学》，华东师范大学出版社 2004 年版，第 94 页。

“不物我”的对等关系，在此关系中，个体的人通过消解自我对“物”的主体性位格，把自我视为万物之“多”中一分子。由此，个体的人不仅在情感上超越了拘囿于自我的一己之“偏”，同时也在精神上达致“以物喜物，以物悲物”的普遍之境。关于“物我一体”的这种普遍之境，邵雍曾经以“渔樵问答”的形式做过详细说明：

> 渔者与樵者游于伊水之上。渔者曰：“熙熙乎万物之多，而未始有杂。吾知游乎天地之间，万物皆可以无心而致之矣。非子则孰与归焉！”
>
> 樵者曰：“敢问无心致天地万物之方？”
>
> 渔者曰：“无心者，无意之谓也。无意之意，不我物也。不我物，然后定能物物。”
>
> 曰：“何谓我？何谓物？”
>
> 曰：“以我徇物，则我亦物也；以物徇我，则物亦我也。我、物皆致，意由是明。天地亦万物也，何天地之有焉！万物亦天地也，何万物之有焉！万物亦我也，何万物之有焉！我亦万物也，何我之有焉！何物不我，何我不物！如是则可以宰天地，可以司鬼神。而况于人乎？况于物乎？”（《渔樵问对》，《伊川击壤集·附》，第 297 页）

“渔樵问答”在形式上展现为渔夫与樵夫之间的对话，但是事实上，它是邵雍以自问自答的方式对自我与他人统一关系的进一步阐发。在“渔樵问答”中，邵雍首先指出了万物之“多”的统一性（“熙熙乎万物之多，而未始有杂”），在此基础上，邵雍主张以“无心”的方式消解自我对他物的主体性位格，从而在物我之间促成一种“不我物”的对等关系。以“不我物”为“无心致天地万物之方”，个体的人把天地与万物视为互为主体的存在，即“天地亦万物也，何天地之有焉！万物亦天地焉，何万物之有焉”。由于在天地与万物互为主体的情境下，万物之“多”中的每一个体（包括个体的人）都取得了主体性位格，所以它们同时也都成为独立的“我”，用邵雍的话说，“万物亦我也，何万物之有焉！我亦万物焉，何我之有焉”。基于“何物不我，何我不物”的这种普遍之境，个体的人超越了拘囿于自我的一己之“偏”，进而在“一万物之情”的普遍立法层面规范着天地万物（“可以宰天地，可以司鬼神”）。在“无心致天地万物之方”的意义上，与其把邵雍主张的“以物观物”在哲学上视为认识论范畴，还不如把它说成是一个方法论范畴。①

当然，作为一种哲学的方法，“观”不是儒家的发明，相反，它恰恰来自于道家的精巧设计。在道家历史上，老子首先对这一方法表现出极大兴趣：“故以身观身，以家观家，以乡观乡，以国观国，以天下观天下。吾何以知天下之然？以此。”（《老子》第五十四章）在老子那里，“观”作为自我“知天下”的方法，虽然在具体路径上表现为“以身观身”等形式，但不难看出，这种“观”依然带有较强的“以我观物”取向。到了《庄子》外篇，这种“以我观物”的取向明显被进一步超越：“以道观之，物无贵贱；以物观之，自贵而相贱。”（《庄子·秋水》）“以道观之”展示出一种超越自我偏见的视域，在这一视域下，万物齐一无别，因此它们之间也不存在何者贵、何者贱的问题；相反，在“以物观之”的视域下，由于万物皆拘囿于“自贵”之成见，故而在它们之间最终形成一种是其所是而非其所非的对待关系。有见于万物之间“自贵而相贱”的这种现状，《庄子》主张超越那种以自我中心主义为指向的“以物观之”，继而代之以“以道观之”的普遍视域。

尽管邵雍的“以物观物”和《庄子》中的“以道观之”在字面上不尽相同，但是，在否定自我中心主义（主体性蔽障）方面，它们表现出内在的一致性。就此而论，“以物观物”无疑是邵雍对“以道观之”的一种积极借鉴，通过这种借鉴，邵雍把“圣人之道”在价值层面推向普遍之维。作为普遍的价值准则，“圣人之道”在形式上“非惟吾谓之至神至圣，而天下亦谓之至神至圣。非惟一时之天下谓之至神至圣，而千万世之天下亦谓之至神至圣”（《观物篇六十二》，《皇极经世书》，第506页）。这无疑是说，“圣人之道”在人道观向度上之所以具有普遍性，在于它承载着人类最高的价值理想。作为人类最高的价值理想，“圣人之道”分别在纵横两方面普遍地规范着天下之人：在纵的方面，它贯穿于人类社会发展的长河中，经由万世人文积淀而成；在横的方面，它是天下人普遍认同

---

① 就“观物”作为方法而论，唐明邦把“以物观物”定性为“认识论”范畴显然可进一步商榷。（参见唐明邦《邵雍评传》，南京大学出版社1998年版，第230页）。其实，在邵雍的“观物”哲学中，尽管“观之以理”与“以物观物”都具有超越“我”的意蕴，但结合邵雍言说这两命题的语境可以发现，前者关注的主要是天道观问题，而后者则更偏重于人道观层面的考察。

的价值准则，且在现实中为天下人所普遍遵循。显然，在普遍立法的层面，邵雍把“圣人之道”等同于普世价值。

可以看出，邵雍对普世价值的构建完全是从人的现实存在出发的，而并没有依赖任何外在的超验对象，由此也就确保了这种普世价值与人的同质性。即便在把“圣人之道”视为普世价值的情况下，邵雍依然坚信圣人是人之“多”中之一（“圣亦人也”），而不是人高不可及的超验之神。也就是说，圣人首先是人，然后才是“圣”。然而，从“圣”的角度看，圣人又不同于一般的个体：“圣也者，人之至者也。”（《观物篇五十二》，《皇极经世书》，第489页）由于圣人可以借助“以物观物”之方法成就天下“至广至远至高至大之事”，所以说圣人是“人之至者”。可见，“圣人之道”能够作为普世价值，在逻辑上取决于圣人在“以物观物”的情境下可以把“我与他”完全统一起来，继而做到对他者的充分尊重和体谅，而不取决于圣人先行具有的权威地位。

按照邵雍对圣人和“圣人之道”的理解，圣人在源起上仅仅是人之“多”中之一而已，所以也就没有任何先行具有的权威可言。与此相关的是“圣人之道”能够作为普世价值，不仅在理论上没有依赖于圣人先行具有的权威地位，而且，结合历史事实还可以发现，权威主义和“圣人之道”在现实中往往是两种格格不入的取向：

> 秦二世，万乘也，求为黔首而不能得；汉刘季，匹夫也，免为元首而不能已。万乘与匹夫，相去有间矣。然而有时而代之者，谓其天下之利害有所悬之耳。天之道，非祸万乘而福匹夫也，谓其祸无道而福有道也；人之情，非去万乘而就匹夫也，谓其去无道而就有道也。万乘与匹夫，相去有间矣。然而有时而代之者，谓其直以天下之利害有以悬之耳。（《观物篇五十八》，《皇极经世书》，第500页）

就“秦二世”与“汉刘季”（刘邦）而论，前者是万乘之君，具有至高无上的权威，而后者则仅仅为一介匹夫，“万乘与匹夫，相去有间矣”。在邵雍看来，“秦二世”最终走向覆没，主要是由于他无视“天下之利害”，依凭自己的权威地位为天下立法，因此不为天下人所接受，而“汉刘季”之所以能够得到天下人的普遍认同，在于他把自己视为天下匹夫中一分子，在这个意义上，“天下之利害”也就是他自己的利害。这样，以能否正视“天下之利害”作为判断“有道”与“无道”的价值基准，邵雍认为一种立法要想真正成为普遍立法，在根本上不取决于立法者本身是“万乘”或“匹夫”，而恰恰取决于这种立法在内容上能否做到“我与他”的完全统一，即关照自我和尊重他人的完全统一。

从普遍立法的角度讲，“圣人之道”作为普世价值并不是抽象的，而具有相对确定的形式，在邵雍看来，这种普世价值恰恰浓缩在儒家的相关经典之中：

> 圣人之四府者，《易》、《书》、《诗》、《春秋》之谓也，礼乐污隆于其间矣。……号民之庶谓之万，虽曰万之又万，其庶能出此圣人之四府者乎？（《观物篇五十三》，《皇极经世书》，第490页）
>
> 《中庸》非天降地出，揆物之理，度人之情，行其所安，是为得矣。《中庸》之法，自中者，天也；自外者，人也。（《观物外篇上》，《皇极经世书》，第520页）

《易》、《书》、《诗》、《春秋》无疑是先秦儒家所崇奉的经典，在邵雍看来，这些经典所承载的“礼乐污隆”之道，恰恰是圣人用以规范人之“多”的价值准则。具体来说，“号民之庶谓之万”展示的是人之“多”，尽管这种“多”在数量上呈现为“万之又万”，但这种“多”又无一例外地受到“礼乐污隆”之道的普遍规范。进而言之，儒家经典之所以能够承载普世价值，在根本上取决于经典本身的普遍性意蕴。以《中庸》为例，邵雍指出，“《中庸》之法”的普遍性并非以抽象的“天降地出”为根据，相反，这种普遍性恰好建基于《中庸》本身对“物之理”与“人之情”的充分观照和考量。

所以，《易》、《书》、《诗》、《春秋》以及《中庸》能够成为经典，主要是由于它们本身对“礼乐污隆”之道的经验承载。随着“礼乐污隆”之道在人之“多”中的普遍确立，邵雍把与之相关的“正人伦”视为衡准理想社会的基本价值原则：“三代之世治，未有不治，人伦之为道也；三代之世乱，未有不乱，人伦之为道也。后世之慕三代之治世者，未有不正人伦者也；后世之慕三代之乱世者，未有不乱人伦者也。”（《观物篇五十九》，《皇极经世书》，第501页）把“正人伦”视为衡准理想社会的基本价值原则，意味着邵雍对儒家价值观的充分肯定，与此同时，邵雍还抨击了佛教对人伦之序的无视：

> 佛氏弃君臣父子夫妇之道，岂自然之理哉？（《观物外篇上》，《皇极经世书》，第521页）

显然，在针对佛教的批评中，邵雍把儒家倡导的“君臣父子夫妇之道”视为天经地义的存在。这样，在以“君臣父子夫妇”为观照的现实人伦关系中，“正人伦”意味着个体的人对当然之则的普遍担当。邵雍认为，判断一个社会是否是一个有伦有序的理想社会，关键取决于个体之人能否普遍担当基于人伦关系的当然之则。“三代”与“后世”在历史上能够成为有伦有序的理想社会，在于个体之人对这种当然之则的普遍担当，反过来说，它们之所以最终又沦落于“乱世”之地，同样也是由于个体之人对这种当然之则的普遍无视。

从某种意义上讲，无论是以《易》、《书》、《诗》、《春秋》、《中庸》等为表征的儒家经典，还是基于“君臣父子夫妇”等人伦关系的当然之则，它们都存在于特定的历史境遇中，而作为历史的存在，它们在内容上必然具有历史性痕迹。邵雍对此似乎有所预见，所以在讲到“正人伦”时，他非常强调个体的权变意识：“君子处畎亩则行畎亩之事，居庙堂则行庙堂之事。故无入不自得，变从时而便，天下之事不失礼之大经；变从时而顺，天下之理不失义之大权者，君子之道也。”（《观物外篇下》，《皇极经世书》，第529页）一般而言，个体处畎亩之间，则只能“行畎亩之事”，居庙堂之高，也只能“行庙堂之事”，这样，“正人伦”对人们具有普遍的规范作用。然而，在邵雍看来，“正人伦”所依据的价值原则在形式上不是封闭的，尤其在以“君臣之义”为表征的上下级关系中，一旦上级无视基于人伦之序的当然之则，则下级凭借“从时而便”的权变意识可以进行补正。为此，邵雍举出了汤武伐桀纣的例子：

> 汤放桀，武王伐纣，而不以为弑者，若孟子言“男女授受不亲，礼也；嫂溺则援之以手，权也”。故孔子既尊夷齐，亦与汤武夷齐仁也。汤武，义也。唯汤武则可，非汤武则是篡也。（《观物外篇上》，《皇极经世书》，第520页）
>
> 汤伐桀以放，武伐纣以杀。以放，王也；以杀，亦王也。然而放

> 下一等则入于杀矣。是知时有消长，事有因革。前圣后圣，非出乎一途哉！（《观物篇五十七》，《皇极经世书》，第498页）

从伦序关系上看，桀纣与汤武之间是君臣关系，然而，邵雍并不以“汤放桀，武王伐纣”为“弑君”之举，相反，他把汤武伐桀纣的事迹与孟子主张的“嫂溺则援之以手，权也”合为一谈。由此，邵雍把汤武伐桀纣定性为“顺乎天而应乎人”（《观物篇五十七》，《皇极经世书》，第498页）的义举①。在“顺天应人”、“从时而变”的意义上，邵雍把“圣人之道”在形式上理解为一个有“因”有“革”的开放系统。

把“圣人之道”理解为开放系统，意味着“圣人之道”作为普世价值，其在形式上不是一成不变的，而是不断生成的。在“圣人之道”的不断生成中，“因”强调对合理成分的继承，“革”则强调对不合理成分的否定，正是在这种生生不已的继承与否定中，“圣人之道”保持着自身的活力，继而成为贯穿于整个人类文明历史的普世价值。在邵雍看来，尽管历史上一直发生着价值“因革”的现象，但真正自觉地把这种“因革”与人道观理想的完善联系起来，则源自孔子对先周之“礼”的思考：

> 仲尼曰：“殷因于夏礼，所损益，可知也；周因于殷礼，所损益，可知也；其或继周者，虽百世，可知也。”如是，则何止于百世而已哉？亿千万世皆可得而知之也。（《观物篇五十五》，《皇极经世书》，第493—494页）

按照邵雍的意思，在对夏商周之“礼”的思考中，孔子注意到了“因”与“损益”的普遍存在，由此，孔子断定周之后的“百世”之“礼”必当是一个不断生成的过程。邵雍认为，不仅周之后的“百世”如此，“亿千万世”更是如此。在把“因革”视为完善“圣人之道”的基本形式的同时，邵雍把“孔子之道”视为贯穿于整个人类社会的普世价值：“可以因则因，可以革则革者，万世之事业也。……万世之事业者，非仲尼之道而何？”（《观物篇五十五》，《皇极经世书》，第493页）

可以看出，邵雍所谓的普世价值在内容与形式上是对孔子“忠恕之

---

① “顺乎天而应乎人”出自《易·彖·革》：“汤武革命，顺乎天而应乎人。”

道”与《易传》“生生之道”的折中。通过这种折中，邵雍不但把“圣人之道”在内容上理解成“我与他”的完全统一，而且，在形式上还把它视为一个不断生成的过程，由此赋予儒家人道观以开放性品格。在邵雍看来，儒家“圣人之道”之所以能够成为普世价值，一方面，取决于圣人在“以物观物”的主体间性情境下对“天下”的普遍观照；另一方面，又取决于“圣人之道”自身固有的开放性品格。从这个意义上讲，邵雍对“圣人之道”的阐发是值得肯定的，他超越了汉魏以来理解“圣人之道”的主体性倾向，并在形式上把“圣人之道”视为与时俱进的开放系统。对于整个宋明儒学来说，邵雍对“圣人之道”的普遍之思是非常必要的，他不仅在理论上丰富了儒家“圣人之道”的基本内涵，同时也在人道观向度上推动了宋明儒家对“万物一体”的普遍性重建。

四　圣人与昊天为一道

整体上看，邵雍把“圣人之道”视为一个不断生成的过程不是偶然的，在“学不际天人，不足以谓之学”（《观物外篇下》，《皇极经世书》，第531页）的“问学”层面，“圣人之道”的不断生成与天地万物的生生不已表现出某种相关性。按照邵雍先天学的观点，天地万物由于在本然层面普遍受到“生生之理”的宰制，继而使生生不已对它们而言具有必然性。所以，在“际天人”的“问学”层面，“圣人之道”的不断生成，是圣人对“生生之理”的后天则效：“先天之学，心也；后天之学，迹也。……后天乃效法耳。”（《观物外篇上》，《皇极经世书》，第518页）。从这个意义讲，“圣人之道”的不断生成与天地万物的生生不已之间是一种间接的关系，而这种关系的维系建基于圣人对“生生之理”的后天则效。

事实上，在儒家传统中存在两种不同形式的则效，一种是孔子主张的“则天”：“唯天为大，唯尧则之。”（《论语·泰伯》）另一种则是《易传》提及的“爻也者，效天下之动者也”（《易·系辞下》）。前者试图在本然的天道与应然的人道之间达成某种沟通，而后者则仅仅是指作为主体的人对“天下之动”的一种逻辑摹效。当然，无论是前者还是后者，它们都以人对天地万物的理解为基础，邵雍显然注意到了这一点：“人皆知仲尼之为仲尼，不知仲尼之所以为仲尼。不欲知仲尼之所以为仲尼则已，如其必欲知仲尼之所以为仲尼，则舍天地将奚之焉?”（《观物篇五十五》，《皇极经世书》，第494页）也就是说，要想领会“圣人之道”的真精神，绝不能拘囿于孔子表面的所作所为，更应当从形成“圣人之道”的本原处（“仲尼之所以为仲尼”）着手。在邵雍看来，尽管“圣人之道”的真精神显现于孔子既有的所作所为中，但是其本原绝不限于孔子表面的所作所为，而恰恰来自于孔子对天地生生不已的形上之思。

以言说圣人对“生生之理”的后天则效为契机，邵雍在一多关系的层面系统展开了其所宣示的“际天人之学”：

> 天之能尽物，则谓之曰昊天；人之能尽民，则谓之曰圣人。谓昊天能异乎万物，则非所以谓之昊天也；谓圣人能异乎万民，则非所以谓之圣人也。万民与万物同，则圣人固不异乎昊天者矣。然则，圣人与昊天为一道。圣人与昊天为一道，则万民与万物亦可以为一道。……昊天以时授人，圣人以经法天，天人之事当如何哉？（《观物篇五十三》，《皇极经世书》，第490页）

在一多关系的层面，“昊天”是万物之“多”的本然根据，圣人则是人之“多”（“万民”）的应然根据，关于这两种形式的一多关系，前文已有详论，此处不再赘述。有所不同的是，邵雍在这里以一种更加抽象的一多关系在逻辑上统一了上述两种不同形式的一多关系。依邵雍之见，尽管“昊天”之于万物、圣人之于“万民”，分别归属于本然与应然两种不同形式的一多关系，但结合“昊天以时授人，圣人以经法天”的现实可以发现，“天人之事”在本原处都以“生生之理”为其至极的根据。基于此，邵雍认为，由“圣人与昊天为一道”能够推绎出“万民与万物亦可以为一道”。

无论“圣人与昊天为一道”，抑或“万民与万物为一道”，它们在逻辑上都指向一种更加抽象的一多关系，在这种关系中，邵雍不仅把指称“生生之理”的“道”视为天地万物本然固有的根据，还视为“圣人之道”实现自我完善的价值源泉。这样，邵雍在形式上建立了一个“包括宇宙、自然、社会历史乃至人生哲学在内的完整的思想体系，并把‘道’

称作是贯穿于整个体系的至高法则”①。基于“道”对天地万物的本然宰制，生生不已于是成为天地万物普遍必然的命运，而圣人对“生生之理”的后天则效，则使“圣人之道”在形式上成为一个不断生成的开放系统，由此，在人道观向度上强化了“圣人之道”的普适性意蕴。所以，“圣人与昊天为一道”不仅意味着“道”对天人在应然与本然两个层面的涵摄，还预示着作为普世价值的“圣人之道”在形式上的“从时而变”：“时有消长，经有因革。”（《观物篇五十五》，《皇极经世书》，第493页）也就是说，随着“天时”的更续，承载“圣人之道”的经典也相应地有所调整（“因革”），由此，使作为普世价值的“圣人之道”在形式上完成了必要的“损益”。

须要指出，在“圣人与昊天为一道”的论域下，由于天道对天地万物的本然宰制具有客观性，所以，天地万物本然的生生不已在逻辑上不以人的主观意志为转移。然而，在人道观向度上，天道能够成为“圣人之道”实现自我完善的价值源泉，离不开圣人对天道的德化理解。以天道的德化理解为基点，圣人展开了对人道的应然省思，由“圣人以经法天”等话语可以断定，邵雍本人显然意识到了这一点。因此，“圣人与昊天为一道”同时也意味着圣人在人道观向度上对天道的现实则效。在这种现实则效中，与其说天道与人道在形式上是权变的，不如说它们在内容上都以关爱他者（他人和他物）为指向：“夫变也者，昊天生万物之谓也；权也者，圣人生万民之谓也。非生物，非生民，而得谓之权变乎？”（《观物篇五十四》，《皇极经世书》卷十一，第492页）在邵雍看来，天道成就万物的变易是本然如此，而人道成就“万民”的权变在逻辑上恰好是圣人“移昊天生兆物之德而生兆民”（《观物篇六十二》，《皇极经世书》，第506页）的结果。

圣人对人道的权变并不意味着圣人目无原则，而是指圣人在成就“万民”的日用常行中，能够以具体问题具体对待的开放态度应变复杂的人世格局：“时有消长，事有因革，非圣人无不尽之。所以仲尼曰：‘可与共学，未可与适道。可与适道，未可与立。可与立，未可与权。’”（《观物篇六十》，《皇极经世书》，第502—503页）即是说，对于权变需要区别对待，在“可与立”的一般情境下，原则是不允许权变的，然而

① 唐明邦：《邵雍评传》，南京大学出版社1998年版，第96页。

在“顺天应人”的“适道”境遇下，圣人对原则的权变不仅是合理的，而且也是必要的。在邵雍看来，以“适道”作为权变的前提，意味着这种权变并非以圣人的一己之“偏”为中心，而恰恰是圣人对其一己之“偏”的某种超越。为此，邵雍又举出了孔、孟的例子：

> 孔子时清时和，时行时止，故得圣人之时，显诸仁，藏诸用。
>
> 孟子善藏其用乎？圣人之难，在不失仁义忠信而成事业，何如？则可在于绝四：毋意、毋必、毋固、毋我。合而言之则一，分而言之则二。合而言之则二，分而言之则四。始于有意，成于有我。有意然后有必，必生于意。有固然后有我，我生于固意。（《观物外篇上》，《皇极经世书》，第519—520页）

在以上事例中，邵雍认为孔、孟之所以能够在“时清时和，时行时止”的权变中“不失仁义忠信而成事业”，在于他们对“绝四”的践履。就“绝四”所涉及的四个方面而论，邵雍认为“始于有意，成于有我”。换言之，一个人在人我关系和物我关系的认识上之所以会堕入主体性蔽障，和他一开始固执于自我的主观臆断具有必然联系。在对“绝四”的具体阐述中，邵雍指出，由于孔、孟在精神世界上超越了拘囿于“任我”、“任意”的一己之“偏”，所以，他们在人我关系和物我关系的认识上形成了一种“毋必”、“毋固”的开放态度。由此他们不仅在现实的日用常行中坚守了儒家“仁义忠信”的价值原则，而且，还以“仁民爱物”的实际行动成就了其人生“事业”。

以言说圣人超越一己之“偏”和“不失仁义忠信”为基点，邵雍敞开了他自己对人生理想的展望：“尽道之谓圣，如天之谓仁。如何仁与圣，天下莫敢伦。”（《仁圣吟》，《伊川击壤集》，第94页）“尽道”主张自我对当然之则的现实担当，“如天”则展现为自我对天下万物的普遍成就。在“尽道之谓圣，如天之谓仁”的表述中，“圣”作为总的方向，强调“尽道”应当成为“万民”一生一世的“事业”，而“仁”作为“如天”的内容则是对“尽道”的明确限定。以“仁圣合一”为指向，“圣人与昊天为一道”，无疑是邵雍对理想人生境界的一种形象表达。在这种美妙绝伦的“如天”境界下，由于自我超越了一己之“偏”，所以能够以一种“我亦人也，人亦我也”、“何物不我，何我不物”的主体间性态度，化解“我与他”之间的紧张关系，继而做到对他人与他物的充分尊重和体谅。随着这种紧张关系的化解，人我关系和物我关系因此也突破了拘囿于自我主体性蔽障的主客对立，进而转化为对等的“我”—“我”关系。在这种对等关系中，每一他者（他人和他物）不仅都是一个独立的存在，而且都和我处于同等的位格之上，由此使得“我和他”之间的沟通在理论上成为可能。

当然，邵雍向往的“如天”境界也不乏对自我的关照。按照邵雍的意思，在“如天”境界下，由于自我超越了一己之“偏”，故而不会受到任何私己之欲的困扰，与此相应，自我在精神上达致一种“无贱无贫，无富无贵。无将无迎，无拘无忌”（《安乐吟》，《伊川击壤集》，第 187 页）的“安乐”状态。从邵雍哲学的整体上看，追求精神上的这种“安乐”自足，同时也构成了其“际天人”之学的最终诉求：“学不至于乐，不可谓之学。记问之学，未足以为事业。凡人为学，失于自主张太过。”（《观物外篇下》，《皇极经世书》，第 531 页）以精神之“乐”作为“正学”的基准，邵雍在理论上否定了一般的“记问之学”。在邵雍看来，“记问之学”由于只注重于知识的获取和经验的累积，故而不能上达“天人之际”，以便提升自我的精神境界。这样，在满足自我精神需求的意义上，邵雍把“记问之学”从“学”中排除了出去。

在“尽道”与“如天”相统一的论域下，“无贱无贫，无富无贵”展现的是自我对富贵贫贱的超越，其在义理上与孟子所讲的“富贵不能淫，贫贱不能移，威武不能屈”（《孟子·滕文公下》）相一致。也就是说，自我只有超越了贫贱富贵之后，在精神上才可以真正做到“无将无迎，无拘无忌”，继而达致那种与物同在的“如天”境界。所以，“无将无迎，无拘无忌”，在理论上并不意味着取消一切形式的“将迎”或“拘忌”，而是主张不“将迎”于富贵，不“拘忌”于贫贱，由此使得关爱他人与他物（“尽道”）成了自我唯一的“将迎”。随着关爱他人与他物成为自我唯一的“将迎”，自我也由原初那个作为“万民”之一分子的“一人之人”，升格为一个“能推己心达人心”（《天人吟》，《伊川击壤集》，第 195 页）的“兆人之人”，进而在当下生活中像圣人那样“用天下之目为己之目”，“用天下之耳为己之耳”，“用天下之口为己之口”，“用天下之心为己之心”。这样，自我在“知”、“行”两方面实现了“我与他”的完全统一。

可见，邵雍所讲的“无将无迎，无拘无忌”与孔子晚年提出的“从心所欲不逾矩”（《论语·为政》）有同工之妙，其在内涵上不仅指向一种理想的人生境界，同时还预示着自我对“仁民爱物”之人道观理想的现实担当。无论是“无贱无贫，无富无贵”，抑或“无将无迎，无拘无忌”，在根本上都和道家那种虚无主义的态度是异趣的。邵雍本人在吟论其“安乐”之境时，尤其强调这种“无拘无忌”的儒家性格：“安乐窝中虽不拘，不拘终不失吾儒。”（《安乐窝中吟》，《伊川击壤集》，第134页）如果说，“安乐不拘”展示出一种泰然自足的精神境界，那么，“不失吾儒”无疑是邵雍对这种精神境界在价值关怀的层面所作的一种具体限定。简言之，在邵雍那里，“安乐不拘”与“不失吾儒”的并论，意味着精神境界与人文关怀之间的某种互渗和统一。从这个意义上说，邵雍在人道观向度上所展示的“万物一体”，完全是一种儒家的立场。尽管其“观物”之法在形式上借鉴了道家提出的（尤其是《庄子》外篇）“以道观之”，但是也须要看到，他们讲“观物”的旨趣迥然有别：道家是“要把人消融在天地万物之中”，实现人向自然的归化；邵雍“则要把天地万物消融在人之中（纳入人的道德胸怀——引者注），所以成其为儒”，① 体现出“仁”、“圣”统一的理想诉求。

① 钱穆：《中国思想史》，台湾学生书局1988年版，第177页。

第四章

《正蒙》中的气化之道与存没关切

在某种程度上讲，“万物一体”的天道观向度之所以可能，取决于人对天地万物生生不已现象的普遍洞见。然而，对于作为生命存在的人来说，理解万物必然的生生不已具有特殊的意义，因为和洞见生生不已相关的，是人对人固有一死的预见。当死亡成为人不可回避的命运时，省思人生意义的问题因此而变得豁显起来。与此相应，佛、老试图超越现实的人伦日用，进而在“出世”观照下追求“长生”或“不灭”，① 而儒家则强调对人生使命的积极担当，且以此求取精神上的安顿。张载作《正蒙》，显示了儒家的豪情。基于对气化之道的本原性诠释，张载把万物本然的生生不已还原为一个气化流行的过程，并由此展开了他对“死生之说”的哲学阐发。以人生意义的积极追寻为视域，张载又引出了“万物一体”的人道观向度——“民胞物与”。正是通过这种生存论自觉，张载把两种不同向度上的“万物一体”在实质的层面统一了起来。

一 气化之道的建立

《正蒙》系张载晚年的哲学著作，浓缩了张载毕生思想的精华。按照门人范育在序文中的交代，张载作《正蒙》旨在端正人们长期以来对儒家普遍持有的偏见：“自孔孟没，学绝道丧千有余年，处士横议，异端间作，若浮屠老子之书，天下共传，与《六经》并行。而其徒侈其说，以为大道精微之理，儒家之所不能谈，必取吾书为正。世之儒者亦自许曰：‘吾之《六经》未尝语也，孔孟未尝及也’，从而信其书，宗其道，天下

① 尽管道教和道家都希图超越现实的人伦日用，但是在追求长生不死这一点上，道教表现得尤为突出。相反，在以文本《庄子》为代表的道家那里，则明确承认人固有一死的必然性。

靡然同风；无敢置疑于其间，况能奋一朝之辩，而与之较是非曲直乎哉！”（《正蒙·范育序》，《张载集》，第4—5页）也就是说，在佛、老盛行的境遇下，儒家不能谈“大道精微之理”，这既是佛、老之徒对儒家的一致看法，亦是世儒对《六经》与孔孟所作的普遍检讨。面对这种特殊的理论格局，张载不但没有放弃其光大儒学的信念，而且，还把视角转向作为《六经》之一的《周易》，试图在“生生之道”的系统层面阐发真正属于儒家的“大道精微之理”。

逻辑上讲，“大道精微之理”内蕴着人对天地万物最一般的理解，这种理解不仅在形式上具有高度的抽象性，同时也在内涵上突破了天人、物我之分野。《正蒙》对“太和之道”的形上之思，无疑展现出一种“合内外，平物我”（《经学理窟·义理》，《张载集》，第273页）的本体论视域：

> 太和所谓道，中涵浮沉、升降、动静、相感之性，是生絪缊、相荡、胜负、屈伸之始。其来也几微易简，其究也广大坚固。起知于易者乾乎！效法于简者坤乎！散殊而可象为气，清通而不可象为神。不如野马、絪缊，不足谓之太和。语道者知此，谓之知道；学《易》者见此，谓之见《易》。不如是，虽周公才美，其智不足称也已。（《正蒙·太和篇》，《张载集》，第7页）

在“太和所谓道”的阐释中，无论是“浮沉、升降、动静、相感”，抑或“絪缊、相荡、胜负、屈伸”，都是张载对气在本始状态上给出的“象”化理解。在张载看来，气在本始状态上不仅是清虚抽象的，同时也是流行不息的：“气坱然太虚，升降飞扬，未尝止息，《易》所谓‘絪缊’，庄生所谓‘生物以息相吹’、‘野马’者与。”（《正蒙·太和篇》，《张载集》，第8页）“野马”和“生物之以息相吹”是《庄子·逍遥游》中的两个观念，通过对这两个既成观念的借用，张载说明了气在本始状态上流行不已的一面，对此张载本人显然也是承认的。基于气本始的流行不已，张载把“太和之道”界定为一个气化流行的过程，“由气化，有道之名”（《正蒙·太和篇》，《张载集》，第9页）。而作为气化流行的过程，“太和之道”虽然“细微而易简”，但它“终究成为广大而坚定，即成为万事万物运动变化的形式”①，在这个意义上，张载的“太和之道”与《易传》“生生之道”表现出相似的内涵，它们在形式上都是对万物生生不已的形上之思。

不过，张载的“太和之道”在内容上似乎更进一步。具体地说，《易传》讲“生生之道”，只是笼统地以“天下之动”为视域，至于“天下之动”如何开启或发生，《易传》只是以素朴的阴阳范畴作了比示，而没有给出相对明细的说明。有见于此，张载把“太和之道”界定为一个气化流行的过程，并希望借此来克服《易传》讲“生生之道”的那种笼统性。在“散殊而可象”的层面，张载指出，“太和之道”表现为气在万事万物间的聚散不已：“气聚则离明得施而有形，气不聚则离明不得施而无形。”（《正蒙·太和篇》，《张载集》，第8页）“气聚”之时，气以有形之物的方式进入人的视觉，而“气散”之际，气又成为无形之物，故而不为人的视觉所感知。在“清通而不可象”的抽象层面，“太和之道”超越了气在万事万物间的聚散不已，继而成为抽象的“神”。“神”在张载的“太和之道”中是一个相当重要的概念，“神者，太虚妙应之目”（《正蒙·太和篇》，《张载集》，第9页）。也就是说，“神”首先指示“太虚”本身与万事万物之间的一种抽象对应关系，而“太虚”又是“气之本体”（《正蒙·太和篇》，《张载集》，第7页）。这样，当气在万事万物间聚散不已时，“神”依托“太虚”的“本体”位格，继而成为统摄“天下之动”的总根源：“惟神为能变化，以其一天下之动也。人能知变化之道，其必知神之为也。”（《正蒙·神化篇》，《张载集》，第18页）“一天下之动”展示出一种本体论的路向，在“惟神为能变化”的论域下，“神”无疑是策动“天下之动”的本原性因素，无论是天地之变化，抑或是万物之生生，都内在地根源于“神”的主使作用，所以从“神”的意义上说，天地万物之间是相互贯通的。以“神”对天地万物的抽象贯通为基点，张载展开了他对“变化之道”的哲学沉思。

从“变化之道”的意义上讲，“神”能够成为策动“天下之动”的本原性因素，在理论上依赖于“阴阳之气”的变转不息：“气有阴阳，屈伸相感之无穷，故神之应也无穷；其散无数，故神之应也无数。虽无穷，其实湛然；虽无数，其实一而已。”（《正蒙·乾称篇》，《张载集》，第66

① 朱伯崑：《易学哲学史》第二册，华夏出版社1995年版，第291页。

页）由于气在内在结构上处于无穷的“屈伸相感”状态，所以气自身就蕴含有变转不息的本性。① 随着“阴阳之气”的变转不息，“神”因此对万事万物的应对具有了“无穷”、“无数”的内涵。而作为“无穷”、“无数”的内涵，“神”内蕴于气化流行的过程中，更内蕴于天地万物生生不已的现象中：“凡可状，皆有也；凡有，皆象也；凡象，皆气也。气之性本虚而神，则神与性乃气所固有，此鬼神所以体物而不可遗也。”（《正蒙·乾称篇》，《张载集》，第 63 页）在“可象”层面，万事万物的存在都与气的聚散息息相关，而气的聚散又与气本身对“神”的蕴含密不可分，由此在物、气、“神”之间形成一种特殊的关系：“显，其聚也；隐，其散也。显且隐，幽明所以存乎象；聚且散，推荡所以妙乎神。”（《正蒙·大易篇》，《张载集》，第 54 页）尽管在气聚为“显”、气散为“隐”的论域下，万事万物的变化都依赖于气化流行的过程，但在更为本原的意义上，这种变化则是“神”使然的结果。在“神”的统摄下，气“聚且散”，与之相应，万事万物的具体存在则表现出“显且隐”的性征。

分析地看，“聚且散”展示出一种有聚必有散的必然关系，在对物、气、“神”关系的进一步澄清中，张载尤其强调气有聚、有散的必然性：“气之为物，散入无形，适得吾体；聚为有象，不失吾常。太虚不能无气，气不能不聚而为万物，万物不能不散而为太虚。循是出入，是皆不得已而然也。然则圣人尽道其间，兼体而不累者，存神其至矣。”（《正蒙·太和篇》，《张载集》，第 7 页）相对于整个气化流行的过程而言，“散入无形”与“聚为有象”都没有背离有聚必有散的变化常态。在变化成为常态的情况下，“气不能不聚而为万物，万物不能不散而为太虚”，由此使气在万事万物之间的聚散成为“不得已而然”的事情。气为什么会聚散不息？从“变化之道”的至极立场看，气的聚散不息无疑取决于气对“神”的蕴含：“一物两体，气也；一故神，（自注：两在故不测。）两故化（自注：推行于一。），此天之所以参也。”（《正蒙·参两篇》，《张载集》，第 10 页）在“一物两体”的阐述中，“天”象征着最高的存在，以解析天道生生为标志，“一物两体”不仅在本原处阐发了气流行不已的必然性，而且，还以“一”、

① 由此可以认为，蒙培元把张载的“神”范畴理解成“阴阳二气的对立统一”，是值得肯定的，他已然注意到了张载言说“气化之道”的结构性考量。（参见蒙培元《理学范畴系统》，人民出版社 1989 年版，第 104 页）。

“两”对待的方式揭示出万事万物生生不息的内在机制。

就万事万物的生生不息而论，它们普遍地根基于气在虚实、动静、聚散、清浊等之间的必然转化：“两不立则一不可见，一不可见则两之用息。两体者，虚实也，动静也，聚散也，清浊也，其究一而已。”（《正蒙·太和篇》，《张载集》，第9页）在这里，实、动、聚、浊都意味着气向万事万物的转化，而虚、静、散、清则预示着万事万物向“气之本体”的还原。在张载看来，如果没有虚实、动静、聚散、清浊等之间的对待，那么，气化流行的过程在形式上是难以理解的；相反，离开气化流行的过程，则虚实、动静、聚散、清浊等之间的对待就会成为一种绝对关系，继而在形上之域不能把它们一以贯之。从“一物两体”的表达中，可以发现，作为“一物”的气与作为“两体”的虚实、动静、聚散、清浊等在形式上不能截然分离。“一故神”意味着气不是静态的“无”，而是在虚实、动静、聚散、清浊等之间流行不已的真实存在；“两故化”则是指虚实、动静、聚散、清浊等之间的变化，这种变化不是任何抽象意义的变化，而是“推行于”气的流行不已。

通过对“一物两体”的阐发，张载立足于气化流行的视域把“神”、“道”、“易”等哲学范畴统一了起来：

> 体不偏滞，乃可谓无方无体。偏滞于昼夜阴阳者物也，若道则兼体而无累也。以其兼体，故曰“一阴一阳”，又曰“阴阳不测”，又曰“一阖一辟”，又曰“通乎昼夜”。语其推行故曰“道”，语其不测故曰“神”，语其生生故曰“易”，其实一物，指事而异名尔。（《正蒙·乾称篇》，《张载集》，第65—66页）

昼夜在这里是一种形象的说法，昼夜即阴阳也。分而言之，昼与夜仅仅象征着“一物”之气所表现出的两种互相对待的状态（“两体”），“其聚其散，变化之客形尔”（《正蒙·太和篇》，《张载集》，第7页）。在气化流行的意义上，“神”所指示的“太和之道”既非昼（阳），亦非夜（阴），而呈现为“一阴一阳”式的昼夜变通，基于此，张载把“太和之道”视为“兼体”。从内在结构上讲，张载所谓的“兼体”不是指“两体”的静态并致，而是强调“两体”之间的变转不息。按照张载的意思，如果片面地拘囿于静态的立场，那么，在理解上必然会“偏滞于昼夜阴阳”之一端，因而也就不能在整体上领会“无方无体”的“太和之道”。作为气化流行的过程，“太和之道”根基于“阴阳之气”的“推行”，由此奠基了其“道”的意蕴；由于“阴阳之气”的“推行”，使得“太和之道”具有了变转不息的性质，由此也就奠基了其“神”的意蕴；另外，“阴阳之气”的变转不息，意味着气本身的生生不已，而在生生不已的意义上，“太和之道”即是“易”。在张载看来，尽管“神”、“道”、“易”在意蕴上各有偏重，但它们都以气化流行的过程作为其统一的言说立场。基于“神”、“道”、“易”相统一的哲学立场，张载以气化流行的过程统一了人对天地万物的理解问题。

关于气化流行的过程与人对天地万物的理解之间的关系，张载指出：“阴阳之气，散则万殊，人莫知其一也；合则混然，人不见其殊也。”（《正蒙·乾称篇》，《张载集》，第66页）这就是说，当“阴阳之气”凝聚成天地万物时，一般人往往会拘囿于这种万殊之差，进而不能在本原层面把它们贯通起来；相反，当“阴阳之气”回归于气之本初状态时，气尽管以抽象之“太虚”的形式存在，但阴阳两端依旧“混然”存在。在张载看来，这一点通常也不为一般人所洞见。由于对以上两方面内容的忽视，因此，对于一般人而言，他们显然无法理解气化流行之过程对于天地万物之生成的基础意义。“游气纷扰，合而成质者，生人物之万殊；其阴阳两端循环不已者，立天地之大义。”（《正蒙·太和篇》，《张载集》，第9页）在相对具体的层面，人与物之间表现出“万殊”之差，然而，在本然层面，他们都是气化流行的产物。这样，在张载那里，气化流行的基础意义不限于阐释人与物的动态变化，同时也延伸到人对天地之道的一般洞见中。

由于普遍推行于气在“阴阳两端”的“循环不已”，所以，变化也就成了天地、人、物共通的本性：“万物形色，神之糟粕，性与天道云者，易而已矣。”（《正蒙·太和篇》，《张载集》，第10页）在气化流行的意义上，“万物形色”能否具体地呈现出来，依赖于阴阳之气的聚散，而阴阳之气的聚散在根本上又是变化之“神”使然的结果，由此张载把“万物形色”的呈现视为“神之糟粕”。当然，“糟粕”在这里不指渣滓，而是指“万物形色”由于气聚的缘故而得以具体成形。与此同时，张载也把儒家关注的“性与天道”问题纳入气化流行的统一理解中。换言之，由于气化流行之过程在人对“性与天道”的理解方面表现出一定的基础意义，故而使“性与天道”在内涵上具有了“生生之谓易”的规定性。

这样，在“神”、“道”、“易”相统一的论域下，“万物形色”和“性与天道”逻辑地面向一个统一性根据。在这种内在根据的支配下，天地万物普遍必然地处于生生不已的过程之中，由此使得各自独立的天地万物成为相通相联的存在。易言之，在张载那种在以“气化之道”为中心的过程论视域下，此一物的生生不已和另一物的生生不已之间是一体贯通的。

二 气化流行与知死必矣

在儒家传统中，天地万物尽管指示人所理解的一切存在，但是从内涵上讲，天地与万物并非属于同一序列，这主要因为在他们看来，天地化育了万物，所以和万物相比，天地是更为根本性的存在。张载显然有见于此，故而在对“性与天道”的阐发中，他尤其强调“天道”生生不已的逻辑优先性：“易不可见，则是无乾坤。乾坤，天地也；易，造化也。圣人之意莫先乎要识造化，既识造化，然后其理可穷。彼惟不识造化，以为幻妄也。不见易则何以知天道？不知天道则何以语性？”（《横渠易说·系辞上》，《张载集》，第206页）乾坤象征着天地，“易”则指示天地对万物的具体造化作用。依照张载的意思，天地对万物的这种造化作用不是人为思辨的结果，而恰恰真实地呈现于“万物生生”的现象中，在更为本原的意义上也可以说，这种造化发端于“气化之道”的流行不已。这样，以气化流行的统一性为理解视域，张载不仅在理论上阐释了天地对万物的普遍造化作用，同时还在天道观向度上揭示了万物生生不已的本性，由此张载在本原层面批评了佛教以造化为“幻妄”的说法。

其实，张载在阐释天与“太虚”之关系时，已经初步表露出他对天的这种本原性思考：①“由太虚，有天之名。”（《正蒙·太和篇》，《张载

① 就天、道、易等之间的统一关系而论，张岱年的理解无疑有其可取之处。根据张岱年的理解，在张载的“宇宙本根论（本体论——引者注）”中，有四个“最根本的观念”，即气、太和、太虚、性；另外，还有四个“次根本的观念”，即天、道、易、理。不过，张岱年把天、道、易、理等之间的统一关系置于“本根论”之下的气论部分，而并没有置于“大化论”之下。（参见张岱年《中国哲学大纲》，中国社会科学出版社1982年版，第42—43页）。事实上，在“万物一体”的天道观向度上，气、太和、太虚、性等范畴和天、道、易、理等范畴是统一的，因为张载讲气、太和、太虚、性等范畴，并不是要在本体论上彰显某种静态的物质性实体，而是通过思考气、太和、太虚、性等的流行不已，试图在本体论层面展示出天、道、易、理等范畴的动态性品格。

集》，第9页）按这一思路，天地表现出的生生不已在根源上归功于气所具有的生生本性，在“易即天道”的论域下，张载又把“天道”视为“性”在本然层面生生不已的根源。当然，从理论渊源上讲，张载赋予“性”以生生不已的内涵并没有偏离儒家对“性”的本然理解，这是因为在先秦儒家文献中，《中庸》与《易传》对“性”的本然性思考几乎都表现出生生不已的意蕴。相形之下，张载思考“性”，似乎是在有意避开《中庸》的笼统性，以及《易传》的抽象性，更多地突出了气化流行之过程对于“性”的本原意义：“合虚与气，有性之名。”（《正蒙·太和篇》，《张载集》，第9页）

既然“太虚”是“气之本体”，那么，“合虚与气”无疑意味着气聚气散的整体展开，在聚散不息的整个过程中，由于气本身对变化之“神”的内蕴，故而使生生不已成为“性”的基本规定。“气之聚散于太虚，犹冰凝释于水，知太虚即气，则无无。故圣人语性与天道之极，尽于参伍之神变易而已。诸子浅妄，有有无之分，非穷理之学也”（《正蒙·太和篇》，《张载集》，第8—9页）。在气化流行的意义上，张载把气之聚向无形之“太虚”的散隐，比作凝冰向水的融释，继而立足于“太虚即气”的统一性，否定了绝对之“无”的存在。这样，以气化流行的过程为统一视域，张载在逻辑上批评了道家“有有无之分”的思想基础，同时也把变化之“神”视为理解“性与天道”的至极根据。

由批评佛、老之“妄”到力陈“性与天道”的生生不已，张载不仅在理论上阐发了气化流行之过程对于天地万物的呈现所具有的本体论意义，同时也坚持了其言说“大道精微之理”的儒家立场：

> 知虚空即气，则有无、隐显、神化、性命通一无二，顾聚散、出入、形不形，能推本所从来，则深于《易》者也。若谓虚能生气，则虚无穷，气有限，体用殊绝，入老氏“有生于无”自然之论，不识所谓有无混一之常；若谓万象为太虚中所见之物，则物与虚不相资，形自形，性自性，形性、天人不相待而有，陷于浮屠以山河大地为见病之说。此道不明，正由懵者略知体虚空为性，不知本天道为用，反以人见之小因缘天地。明有不尽，则诬世界乾坤为幻化。幽明不能举其要，遂躐等妄意而然。不悟一阴一阳范围天地、通乎昼夜、三极大中之矩，遂使儒、佛、老、庄混然一涂。语天道性命者，不罔

于恍惚梦幻，则定以“有生于无”，为穷高极微之论。（《正蒙·太和篇》，《张载集》，第 8 页）

在更为根本的层面，张载指出，虽然“虚空”具有“不可状”、“不可象”等特征，但它不是绝对的“无”，而是气所持存的本然状态，基于气化流行之过程的本体论意义，张载提出了“有无混一”的观点。须要指出，张载讲“有无混一”，始终没有离开过气化流行的过程，在气化流行的意义上，“有无”意味着气在“聚散、出入、形不形”等状态下的“显”和“隐”。这样，就人对天地万物的理解而论，张载以绝对的“有”替代了绝对的“无”，由此在本原层面否定了“体用殊绝”的观点。就儒家“大道精微之理”的阐发而论，张载对“体用殊绝”的否定，是非常必要的，通过这种否定，张载不仅在体用之维确立了“物与虚”的“相资”关系，同时也在天人之间达成一种“相待”关系。

在“物虚相资”的论域下，气化流行的过程不再是抽象的，而是真实地发生于天地万物生生不已的过程中；另一方面，天地万物的生生不已不是毫无根据的，而恰恰根基于气化流行的过程。立足于“物虚相资”的立场，张载认为，万物与“虚空”之间绝不是一种对立的有无关系，而是一种以“气之散”和“气之聚”为表征的“幽明”关系：“方其聚也，安得不谓之客？方其散也，安得遽谓之无？故圣人仰观俯察，但云‘知幽明之故’，不云‘知有无之故’。”（《正蒙·太和篇》，《张载集》，第 8 页）在《易传》文本中，“幽明之故”表征着昼夜之间的运化不已，但在张载的阐释中，“幽明之故”则更多地偏向于气聚气散的意蕴。也就是说，“明”指示气聚使万事万物成形，“幽”则强调万事万物向“虚空即气”的还原，在这个意义上，“幽明之故”无疑展示出“太和之道”在“可象”与“不可象”两个层面的对立统一。

如果站在“由太虚，有天之名”的立场上，那么，不难发现，张载讲“天人相待”和其讲“物虚相资”具有内在的一致性，只是前者偏向于揭示“太虚”与万物之间的统一关系，而后者则侧重于阐发“太虚”与人之间的统一关系。由于“太虚”与天的这种异名同谓关系，所以在“天人相待”的论域下，理解人自身的本然存在不能离开气化流行的过程，“聚亦吾体，散亦吾体，知死之不亡者，可与言性矣”（《正蒙·太和篇》，《张载集》，第 7 页）。从气化流行的意义上讲，人之生是气聚的结果，人之死则是气散为“太虚”的结果，概而言之，人由生走向死，意味着气在存在状态上由“明”转向“幽”，而不是气的彻底消亡。就这一点而论，“知死之不亡者”仅仅指涉人之死与气之散之间的某种统一关系，但这同时并不预示着个体生命的永生。就人作为生命的存在而论，张载认为人是有限的存在，正是由于这个缘故，死对人而言成为必然的事情，在这一点上，张载明显站在了原始儒家“死生有命”（《论语·颜渊》）的立场上：“故论死生则曰‘有命’，以言其气也。”（《正蒙·诚明篇》，《张载集》，第23页）显然，张载理解儒家的“死生有命”，是从气“聚且散”的必然性方面入手的，基于气聚气散的必然性，进而阐释了死亡对于生命存在的必然性。

以言说“物虚相资”与“天人相待”为先导，张载不仅基于气化流行的本原层面展开了他对对象世界的理解，同时也展开了对人自身的本然理解。在变化之“神”统摄“天下之动”的意义上，张载认为，人归向死亡的命运，既不是偶然的，亦不是孤立的，而恰恰与对象世界的生生不已具有同根同源的关系，即都是“虚气”聚散不息使然的结果。“无所不感者虚也，感即合也，咸也。以万物本一，故一能合异；以其能合异，故谓之感；若非有异则无合。……在天在人，其究一也。惟屈伸、动静、终始之能一也，故所以妙万物而谓之神，通万物而谓之道，体万物而谓之性。”（《正蒙·乾称篇》，《张载集》，第63—64页）在以“虚气”为本原的情境下，“感”所指涉的不是一般意义上的“合”，而是展现在“屈伸、动静、终始”等过程中的动态之“合”。无论对“无所不感者”的思考，抑或对“万物本一”的言说，都反映着张载基于“虚气”聚散的层面对天地、人、物之存在所给出的本体论证明。

从理论渊源上讲，以气之聚散说明人的生死不是张载的原创，《庄子》外篇对此早有论述：“生也死之徒，死也生之始，孰知其纪！人之生，气之聚也；聚则为生，散则为死。”（《庄子·知北游》）可以看到，在气聚为生、气散为死这一点上，《庄子》外篇的观点是非常明确的。张载对死生问题的本体论证明无疑是由此而来的：他们不仅都承认死亡的必然性，且都把生和死纳入气聚气散的范畴之列。关于这一点，张载《正蒙》中显然没有给出相应的说明，或许，在张载那里，以气聚气散释说人的生死只是一个视域，而由此视域出发阐发儒家的生死观才是他所关注的核心议题。

表面上看，张载对死生问题在本体论层面的说明显得有些多余，因为就经验所及而论，人固有一死显然是常人不争的事实。然而，在佛教和道教以彼岸世界为基点理解死亡的境遇下，从本体论层面澄清死亡的必然性，无疑具有重要的现实意义。关于这一点，范育在《正蒙序》中明确指出：

> 至于谈死生之际，曰“轮转不息，能脱是者则无生灭”，或曰“久生不死”，故《正蒙》辟之曰：“太虚不能无气，气不能不聚而为万物，万物不能不散而为太虚。”夫为是言者，岂得已哉！（《正蒙·范育序》，《张载集》，第5页）

在死亡对人而言成为经验事实的前提下，佛教和道教以思辨的方式追求个体生命的“无生无灭”或“久生不死”，而张载则展示出一种理解生命存在的本体论视域。按照这种本体论的观点，由于人首先是万物之一分子，所以他在本原处“不能不散而为太虚”，与这种理论相对应的是，死亡对人而言在现实层面成为必然的事情。以此为基点，张载在理论根基上回应了佛教和道教对于生命不死的“痴迷”和“妄想”：

> 《易》谓“原始反终故知死生之说”者，谓原始而知生，则求其终而知死必矣，此夫子所以直季路之问而不隐也。（《正蒙·乾称篇》，《张载集》，第65页）

毋庸置疑，“知死必矣”是张载对死亡在本体论层面所作的一种必然性预见。按照张载本人的发挥，对“知死必矣”的这种本体论预见，不仅明确反映在《易传》“原始反终”的命题中，同时也隐含在孔子答季路“问死”的话语中。事实上，《易传》对“死生之说”的阐发的确展示出某种本体论的视域，不过，在孔子对“未知生，焉知死”（《论语·先进》）的言说中，似乎不能直接看到其对“知死必矣”的预见，相反，在“死生之说”的议题方面，这一言说倒是突出了生存问题的优先性。也正是在《易传》“原始反终”的意义上，张载批驳了佛教和道教对于生命不死的“痴迷”和“妄想”，并借此张扬了儒家“死生有命”的理性主义立场。

当死亡变成人必然的命运之后，人生在世就是死亡的尚未完成或尚未发生，① 道家和儒家显然对此有所洞见，只是相比而言，道家更认同死亡的尚未完成，而儒家在理论上则趋向于死亡的尚未发生。从形式上看，尽管这两种洞见都以“尚未”为其前缀，但是，它们所展示的是两种完全不同的生死观。道家基于尚未完成的视域，把死亡理解成一个过程性的展开，由此使生和死具有了同样的性质——在形式上呈共时并进的关系。庄子对“方生方死，方死方生”（《齐物论》）的辨析，显然展示出这种生死齐一的理解倾向。在儒家尚未发生的论域中，死亡仅仅是一个瞬息即逝的点，随着死亡的发生或临降，生命即刻走向终结，所以对于儒家而言，生死是截然二分的。“人之将死，其言也善”（《论语·泰伯》），恰恰展现了死亡的尚未发生和生存之间的某种同一关系，这是因为从“将死”的意义讲，死亡是不能在生命的当下进行或延续的，而仅仅是一个用以表示生命结束的点。当然，也不能在理解上把完成和发生彻底割裂，从而认为“完成说”不讲发生，或“发生说”无视完成。相反，“完成说”也讲发生，只是“完成说”认为在死亡的发生和完成之间，间隔着一个完整的人生历程，而对于“发生说”来说，死亡的发生即是完成，它们之间并不存在任何时间上的间隔，所以死亡是不能在生命的当下进行或延续的。也正是由于理解上的反差，最终在儒、道之间形成两种迥异的认识——生死二分和生死齐一。

所以，对于儒家而言，死亡无疑是一个界限，思考人自身作为生命的存在，显然不能超越死亡这一界限，如果死亡一旦发生，那么，关于人自身的思考必须就此打住。② 张载对“死生之说”的思考，无疑坚持了儒家理解生命存在的这种理性主义传统。在佛教和道教大肆渲染彼岸世界的情

---

① 海德格尔尽管也把死亡理解成一种“尚未”，但是在他那里存在着明显的理解混乱，具体表现为他把尚未发生和尚未完成在使用上混同了起来：时而把死亡说成是一种尚未发生，时而又把死亡说成是一种尚未完成。如在“死亡不是尚未现成的东西，不是减缩到极小值的最后亏欠或悬欠，它毋宁说是一种悬临”中，死亡无疑是一种尚未发生，又如在“作为向其死亡的存在者，此在实际上死着，并且只要它没有到达亡故之际就始终死着”这一论断中，死亡显然是一种尚未完成。（参见海德格尔《存在与时间》，陈嘉映、王庆节译，生活·读书·新知三联书店 2006 年版，第 287 页、第 297 页）。

② 死亡作为生命的界限，在维特根斯坦那里也有非常深刻的洞见：“在死亡方面，世界没有发生改变，而是就此终止。死亡不是生命中的一件事情，我们是无法活着经历到死亡的（We do not live to experience death）。”（Ludwig Wittgenstein, *Tractatus Logico – Philosophicus*, Translated by D. F. Pears and B. F. McGuiness, Oxon and New York: Routledge, 2001, p. 87）。

境下，张载断言死亡在根本上仅仅意味着生命存在向“太虚”本体的必然还原，而绝不预示着生命存在由此岸之“前身”向彼岸之“后身”的转化。基于此，张载在本体论层面否定了佛教对彼岸世界的超验性思辨：“形聚为物，形溃反原，反原者，其游魂为变与！所谓变者，对聚散存亡为文，非如萤雀之化，指前后身而为说也。”（《正蒙·乾称篇》，《张载集》，第66页）以否定佛教关于“前身”、“后身”的“轮回再生”为进路，张载开启了他自己对于有限人生的应然省思。

三 存没关切与人生意义省思

一般来说，哲学探讨死亡不在于揭示它发生的科学依据，这是生物学和医学的任务，相反，和死亡相对的生存问题则成了这一课题的主旨。这是因为当人固有一死超越常人的经验而成为基本的哲学洞见之后，从更为根本的层面思考生命存在的问题似乎显得非常必要。就这一点而论，儒、佛、道三家无疑都不能例外。① 随着人是有限的生命存在成为一个经验事实，佛教和道教对此表现出非同寻常的担忧和不安，也正是由于这种担忧和不安，才使得他们最终选择了彼岸世界，继而试图通过超验性思辨获致自我生命的永生。道家虽然强调对命运的绝对顺应，但是，这种顺应是以生死的齐一为前提的，在“齐生死”的论域下，他们不仅主张超越对死的困顿，同时还否定了生本身所具有的价值意义，所以，道家的态度完全是虚无而消极的。相比之下，儒家尽管也主张坦然面对“死生有命”的必然事实，但是这种坦然不是建立在对死的超验性思辨之上，更不是以否定生本身的价值意义为前提的，相反，它恰恰建基于自我对人生使命的积极担当。张载对“存没关切”的思考，无疑表现出浓厚的儒家情怀。

关于“存没关切”的议题，张载明确指出：“存，吾顺事；没，吾宁也。”（《正蒙·乾称篇》，《张载集》，第63页）在“存”—“没”标界人生在世的整个历程的论域下，“存，吾顺事”强调自我在有生之年对人生使命的积极担当，而“没，吾宁也”则预示着自我面对即将到来的死

① 海德格尔对此似乎也有所预见，“此岸的、存在论的死亡阐释先于任何一种存在者层次上的彼岸的思辨”。（海德格尔：《存在与时间》，陈嘉映，王庆节译，生活·读书·新知三联书店2006年版，第285页）。

亡的泰然自若。在张载看来，无论是“存，吾顺事”，抑或“没，吾宁也”，它们之所以成为可能，在根本上建基于自我对“死生有命”的自觉。为此，张载举出了孔子的例子：

> 常人之学，日益而不自知也。仲尼学行、习察异于他人，故自十五至于七十，化而裁之，其进德之盛者与！穷理尽性，然后至于命；尽人物之性，然后耳顺；与天地参，无意、必、固、我，然后范围天地之化，从心而不踰矩；老而安死，然后不梦周公。从心莫如梦。梦见周公，志也；不梦，欲不踰矩也，不愿乎外也，顺之至也，老而安死也，故曰“吾衰也久矣”。（《正蒙·三十篇》，《张载集》，第40页）

按照张载的意思，常人为学，大多只重视知识的增加和积累，而无视自我德性的完善，所以常人为学往往是“不自知”的；然而，孔子为学则明显表现出不同于常人之处，即其为学与“进德”相辅相成。具体来说，通过“穷理尽性”的功夫，孔子知解了“死生有命”的必然性；面对有限的人生历程，孔子并未陷于常人的恐慌，而是主张以理性的态度去担当人之为人与人之为物的规定性（“尽人物之性”）。就人之为人的规定性的担当而论，恪守当然之则构成其核心要义，而“欲不踰矩”无疑是自我恪守当然之则的最高境界；就人之为物的规定性的担当来说，廓清“万物不能不散而为太虚”的必然性，在一定意义上有助于自我正视死亡的必然性，随之而来的是“老而安死”成为自我面对死亡的一种基本态度。这样，经由“死生有命”到“欲不踰矩”，再到“老而安死”，张载把“存，吾顺事”与“没，吾宁也”统一在了自我对“死生有命”的自觉中。也就是说，由“知死必矣”可以成就出一种“欲不踰矩”的人生态度，进而促成一种“老而安死”的完美人生结局。

从生存论意义上讲，“存，吾顺事”与“没，吾宁也”也不能截然分开。一方面，“存，吾顺事”的提出，源于自我对完美人生的追求；另一方面，“没，吾宁也”的达致，在逻辑上建基于自我对人生使命的积极担当。也就是说，在自我认清自身的有限性之后，如何获得心灵的安顿对于自我而言变得豁显起来，在这个意义上，“存，吾顺事”也就成为自我获致“没，吾宁也”的基本路径。这样，就自我心灵的安顿而论，“没，吾宁也”指示一种完美的人生结局，而作为完美的人生结局，“没，吾宁也”的实现，在理论上有待于自我对整个人生历程的完美评价。严格地说，自我是不能评价自我的整个人生历程的，因为评价一个人的整个人生历程，在逻辑上只能是其本人亡故之后的事情。所以对于自我而言，评价他人的整个人生历程是可能的，但绝无可能评价自我本身的整个人生历程，这样，毋宁说，“没，吾宁也”意味着自我在死亡即将到来的时刻对自我已有人生经历的完美评价。

在以“没，吾宁也”为基本关切的前提下，“存，吾顺事”不再是抽象的泛泛而谈，而是有着相对具体的所指。事实上，先秦儒家对“存，吾顺事”已经有过阐发，如孟子在讲到“正命”理想时，无不表露出对“存，吾顺事”的关切：“莫非命也，顺受其正。是故知命者，不立乎岩墙之下。尽其道而死者，正命也。桎梏死者，非正命也。”（《孟子·尽心上》）有见于人固有一死的必然性，孟子呼吁人生在世应当尽量避免不必要的“岩墙之灾”和“桎梏之死”，进而主张在“尽其道而死”的境遇下“顺受”命运之正。张载在讲“存，吾顺事”时，显然也意识到了孟子“正命”理想的重要性：“‘莫非命也，顺受其正’，顺性命之理，则得性命之正，灭理穷欲，人为之招也。”（《正蒙·诚明篇》，《张载集》，第24页）在张载看来，由于死亡是自我不可逆转的命数，所以“顺性命之理”不仅是自我省思人生意义一种的基本方式，同时也是自我获致“性命之正”的理论担保。与“顺性命之理”相对的，是张载对以“灭理穷欲”为意向的“人为之招”的否定。

须要指出，在气化流行的本体论层面，“性”与“命”仅仅指涉气化之道与万物生生不已之间的一种必然关系：“天所性者通极于道，气之昏明不足以蔽之；天所命者通极于性，遇之吉凶不足以戕之；不免乎蔽之戕之者，未之学也。性通乎气之外，命行乎气之内，气无内外，假有形而言尔。故思知人不可不知天，尽其性然后能至于命。”（《正蒙·诚明篇》，《张载集》，第21页）所以，作为一种普遍存在于气化之道与万物生生不已之间的必然关系，“性”与“命”本身尚不具有价值的意蕴。然而，在“存没关切”的视域下，穷究“性命之理”往往与人生意义的追问密不可分。也就是说，随着“性命之理”的朗然呈现，人首先意识到自我是有限的生命存在，由此激发了自我对人生意义的省思。张载显然注意到了这一点，故而在对“性命之理”的进一步阐发中，尤其强调与之相关的价值眷注："义命合一存乎理，仁智合一存乎圣。"（《正蒙·诚明篇》，《张载集》，第20页）在"义命合一存乎理"的意义上，张载认为，穷究"性命之理"承载着自我对于价值的眷注，而追求"仁智合一"无疑构成了自我确立人生目标的具体所指。①

在儒家传统中，追求"仁智合一"具有深远的历史渊源。孔子在讲到"进德修己"时，无不表露出对"仁智合一"的重视："知者不惑，仁者不忧，勇者不惧。"（《论语·子罕》）"不惑"、"不忧"与"不惧"，在这里不仅指示一种积极的人生态度，同时也意味着孔子对自我人生历程的清醒判断，以"不惑"、"不忧"与"不惧"为基本观照，"仁智合一"则强调自我对人生使命的理解与担当。按照张载的理解，颜渊、乐正子分别作为孔、孟所偏爱的门徒无疑做到了这一点：

> 中正然后贯天下之道，此君子之所以大居正也。盖得正则得所止，得所止则可以弘而至于大。乐正子、颜渊，知欲仁矣。乐正子不致其学，足以为善人信人，志于仁无恶而已；颜子好学不倦，合仁与智，具体圣人，独未至圣人之止尔。（《正蒙·中正篇》，《张载集》，第26—27页）

当"中正"取代"得性命之正"而成为普遍的价值眷注之后，"得所止"随之在人道观向度上成为权度自我"正"与"不正"的基本衡准，进而对天下人具有普遍的规范意义。在张载看来，乐正子、颜渊之所以能够与人为善或"好学不倦"，在于他们都能够以"仁"作为其"所止"的价值目标，并在"仁智合一"的理论高度自觉地担当自我本己的人生使命。

以"得所止"为关切，"存，吾顺事"逻辑地指向自我现实的日用常行。《大学》在阐释"知其所止"时，明显以自我当下的伦序生活为关注之点："为人君，止于仁；为人臣，止于敬；为人子，止于孝；为人父，止于慈；与国人交，止于信。"（《大学》第三章）与《大学》有所不同，

① 张君劢认为，"张载对仁爱的观念与其关于气的理论毫无关系"。（张君劢：《新儒家思想史》，中国人民大学出版社2006年版，第123页）。然而，从"存没关切"的角度看，张君劢的这一观点值得进一步商榷。

张载对“存，吾顺事”的阐释不再拘囿于狭义的人伦之序，同时还延伸在自我对自然秩序的态度上：“生有先后，所以为天序；小大、高下相并而相形焉，是谓天秩。天之生物也有序，物之既形也有秩。知序然后经正，知秩然后礼行。”（《正蒙·动物篇》，《张载集》，第19页）就人伦之序的顺应而论，“正经”与“行礼”无疑构成了其核心要义。在张载看来，人伦之序对自我而言之所以成为必要，在形式上类似于“天序”与“天秩”在万物之间的普遍存在。而与“天序”、“天秩”相关的，是“先后”、“小大”及“高下”等关系因此而成为万物不可逆转的客观现实。这样，对于张载而言，“正经”与“行礼”不仅是自我顺应人伦之序的需要，同时也是自我作为万物之一分子顺应“天序”与“天秩”的具体见证。

作为自然秩序的总括，“天序”与“天秩”在万物之间的推行依赖于普遍必然的因果法则，所以，对于万物来说，遵循“天序”与“天秩”是自然而然的事情。张载对天地关系的析理，无不表现出对这种因果法则的洞见：“地，物也；天，神也。物无逾神之理，顾有地斯有天，若其配然尔。”（《正蒙·参两篇》，《张载集》，第11页）在天指示“神”、地指示“物”的言说语境下，“物无踰神之理”本身就表征一种既定的自然秩序。不难发现，张载对自然秩序的阐释，显然站在了《易传》“天尊地卑”的立场上，因为在“天地”与“神物”相互对应的前提下，主张“物无踰神之理”，无异于肯定“天尊地卑”的既成关系。在“物无踰神之理”的意义上，人作为万物之一分子也不能置身于自然秩序之外：“理不在人皆在物，人但物中之一物耳，如此观之方均。故人有见一物而悟者，有终身而悟之者。”（《张子语录上》，《张载集》，第313页）作为普遍必然的因果法则，自然秩序无疑是人与万物共同面对的命运，然而，相对于万物对自然秩序的机械遵循而言，人对自然秩序的顺应也可以是自知（“悟”）的。

对于自我而言，了悟自然秩序无疑具有非常重要的意义。当自我了悟到气之屈伸、动静、聚散等是人与万物共同面对的命运后，自我必然会以一种“无所争”的态度顺应这一必然的命运：“‘君子无所争’，知几于屈伸之感而已。‘精义入神’，交伸于不争之地，顺莫甚焉，利莫大焉。”（《正蒙·至当篇》，《张载集》，第36页）在张载看来，自我对命运的顺应不是消极的，而是以省思人生意义的形式表现在当下的日用常行中：

"知崇，天也，形而上也；通昼夜之道而知，其知崇矣。知及之而不以礼性之，非己有也；故知礼成性而道义出，如天地设位而易行。"（《正蒙·至当篇》，《张载集》，第37页）"知崇"在这里展示的是自我对形上之"天序"与"天秩"的认识与顺应，简言之，"知崇"就是自我对"昼夜之道"的理解和会通。

如前所述，理解与会通"昼夜之道"，可以使自我在根本上把握"死生有命"这一命题所蕴含的生存论意义。在张载看来，真正意义上的"知崇"，并不预示着自我对"死生有命"的消极顺应，而恰恰表现为自我对有限人生的积极担当。就自我对有限人生的积极担当而论，"知礼成性"无疑构成其核心议题。如果仅仅局限于对"昼夜之道"的表层理解，而不能把它转化为自我对有限人生的积极担当，那么，"死生有命"所蕴含的生存论意义对于自我而言依然是隐匿的（"知及之而不以礼性之，非己有也"）。由"知礼成性"的表述可以发现，人作为有限的生命存在，远非一般意义上受因果法则所支配的自然存在，而是往往与自我人生使命的自觉联系在一起。以肯定自然秩序与人伦之序的存在为前提，张载认为人对自我使命的自觉具有二重性：一方面，作为"物中之一物"，人必须顺应物我共同面对的命运（"聚散生死"），由此也就担当了人作为物的使命；另一方面，作为"得天地之最灵"（《横渠易说·系辞上》，《张载集》，第195页）者，人可以通过省思自我本己的人生意义而顺应人伦之序，继而担当其作为人的使命。

随着人之为物的使命与人之为人的使命成为自我之自觉，"顺性命之理"在张载那里取得了更加明确的规定："神不可致思，存焉可也；化不可助长，顺焉可也。存虚明，久至德，顺变化，达时中，仁之至，义之尽也。"（《正蒙·神化篇》，《张载集》，第17页）从"存神顺化"的角度讲，由于"虚明变化"之理的普遍存在，故而使自我对人之为物的使命的担当具有必然性。也就是说，即便在不自觉的情况下，自我依然要顺应死亡这一物我共同面对的命运。相形之下，自我对人之为人的使命的担当，则以自我对"人应当做什么"的反思为条件。在自我对这一应然的人生使命没有任何自觉的情境下，"仁之至"与"义之尽"，对自我而言完全是或然的存在。以自我对整个人生使命的自觉为依托，人之为物的使命与人之为人的使命具有了逻辑的一致性。也就是说，当"聚散生死"作为物我必然的命运敞向自我对自我本身的理解时，担当应然的人生使命由此也就成了人生在世的唯一眷注。

自我对整个人生使命的自觉担当，一方面表现为自我想到死亡的心安理得，另一方面则表现为自我对人生在世的应然省思：“惟君子为能与时消息，顺性命、躬天德而诚行之也。”（《正蒙·大易篇》，《张载集》，第51页）“与时消息”在这里反映的，是自我对于“固有”之死的泰然自若，而“顺性命”与“躬天德”则展示出自我对人生意义的积极关切。基于自我对人生意义的积极关切，厘清人之为人的规定性由此显得非常必要：“知微知彰，不舍而继其善，然后可以成人性矣。”（《正蒙·神化篇》，《张载集》，第17页）显然，张载对人之为人的规定性的界说，是接续《易传》“继善成性”的观点讲的。因为在张载的理解中，“善”对人而言之所以成为可能，并非建基于先天的人性根据，而是以自我对整个人生使命的自觉（“知微知彰”）为担保。

这样，就人性与“善”的关系而论，张载与《易传》有着相同的洞见，即都强调“善”的后天性品格，而反对人性的本然之“善”：

> 性于人无不善，系其善反不善反而已，过天地之化，不善反者也；命于人无不正，系其顺与不顺而已，行险以侥幸，不顺命者也。
>
> 形而后有气质之性，善反之则天地之性存焉。故气质之性，君子有弗性者焉。（《正蒙·诚明篇》，《张载集》，第22—23页）

在以上文字中，张载尽管讲到了“性于人无不善”，但是这里所谓的“善”显然不是直接的“本有”之“善”，而恰恰是自我反思的结果。从自我反思的角度看，“善”对人而言能够成为必要，完全依赖于自我对“天地之化”的间接反思。在自我反思“天地之化”的境遇下，死亡作为必然的命运在自我对自我本身的理解中变得清晰起来，伴随着对死亡的领会，顺应这一必然的命运对自我而言成为自觉。而与这种自觉相关的，是自我对应然的人生使命的深度反思。依张载之见，“善”何以必要，既取决于自我对本然使命的自觉顺应，又源于自我对人生意义的积极追寻。由反思“天地之化”所成就的这种“善”的规定性被张载称作“天地之性”，而与“天地之性”相对的又是“气质之性”。在张载看来，“天地之性”作为“善”的规定性，是自我反思的结果，它关乎人作为有理想、有道德的存在；“气质之性”则是指那种与“饮食男女”（《正蒙·乾称篇》，《张载集》，第 63 页）相关的生物本性，它本身不具有任何道德的意蕴，所以，张载把“气质之性”视为“君子有弗性者焉”。①

当“天地之性”成为人的自觉之后，对“气质之性”进行约束或规范，无疑成为一种必需。因为从一定意义上讲，完全顺应“气质之性”，则必然会在逻辑上导向善恶并存的理论困境：“性未成则善恶混，故亹亹而继善者斯为善矣。”（《正蒙·诚明篇》，《张载集》，第 23 页）从维系生命延续的方面讲，“饮食男女”为人所必需，所以是人的正当需求，然而从“逐欲”的角度看，沉溺于“饮食男女”不仅会为自己带来不必要的损伤，同时也会为他人带来灾难。基于“气质之性”在现实生活中的复杂性，张载主张通过“亹亹而继善”的方式，持存人之为人的规定性，进而实现自我对有限人生的完美安顿：“学者当须立人之性。仁者人也，当辨其人之所谓人。学者学所以为人。”（《张子语录中》，《张载集》，第 321 页）在“学者当须立人之性”的言说中，张载把人生在世的使命以“立人之性”的形式表述了出来，以“仁者人也”为“人之所谓人”的界说，“立人之性”则意味着自我对“仁”的践行。这样，在人生使命的担当方面，张载最终以“仁”总结了问题的全部。

四　民胞物与和责任担当

从“存没关切”的意义上讲，张载以“仁”总括人生在世的使命并非出于偶然，早在《论语》中，曾子也曾表达过类似的观点：“士不可以不弘毅，任重而道远。仁以为己任，不亦重乎？死而后已，不亦远乎？”（《论语·泰伯》）“弘毅”指示一种宽厚而坚毅的道德品格，以“弘毅”为担保，践行“仁”于是成为自我终生的志向，“鞠躬尽瘁，死而后已”，由此也就强化了人生在世的使命感。当然，曾子把“仁”视为人生在世的使命，是接着孔子言说人生使命的旨趣而来的：“子贡问曰：‘有一言而可以终身行之者乎？’子曰：‘其恕乎！己所不欲，勿施于人。’”（《论语·卫灵公》）在对答子贡问“终身行之者”时，孔子明确把以“己所不

① 关于“气质之性”与“天地之性”的区分，在程颐、朱熹那里有更进一步的发展。如程颐把它们理解为“‘生之谓性’与‘天命之谓性’”（《河南程氏遗书》卷二十四，《二程集》，第 312—313 页）的关系，程颐认为，前者讲的是“性”的“禀受”问题，而后者则只关注“性之理”。程颐之后，朱熹讲“气质之性”与“天地之性”的区分，基本上沿袭了这种理论格局。

欲，勿施于人”为核心的“忠恕之道”作为人生在世的伟业。由“忠恕之道”所成就的不仅是自我对人生使命的身体力行，还包括自我对他人的理解与包容。

这样，就人我关系的定位而言，以“仁”为“终身行之者”，预示着自我在有生之年对他人的尊重和关爱。张载在谈及人我关系时，尤其强调自我对于他人的这种厚重态度：

> “己所不欲，勿施于人”，能恕己以仁人也。“在邦无怨，在家无怨”，己虽不施不欲于人，然人施于己，能无怨也。
>
> “敬而无失”，与人接而当也；“恭而有礼”，不为非礼之恭也。（《正蒙·有德篇》，《张载集》，第45页）

“己所不欲，勿施于人”，展示出自我对他人的同情性理解，通过这种理解，自我在现实层面能够以一种将心比心的方式避免对他人的无谓劳扰，进而对他人做到充分的尊重和体谅。按照“恕己以仁人”的思路，自我对他人的同情性理解在事实层面必然会导向自我对他人的关爱。以关爱他人为指向，可以为自我成就出一种“在邦无怨，在家无怨”的人生态度。在尊重他人方面，张载特别强调“敬而无失”、“恭而有礼”等人道观原则的重要性，即既不卑躬屈节，亦不唯唯诺诺，而是主张参照“礼”的具体规定，自觉地践行自我现实的伦序本质。

在先秦儒家那里，自我对“仁”的践行表现出较强的等差性原则。《中庸》在“修身正己”的层面对此作过相关阐发：“故为政在人，取人以身，修身以道，修道以仁。仁者人也，亲亲为大；义者宜也，尊贤为大；亲亲之杀，尊贤之等，礼所生也。”（《中庸》第二十章）按照《中庸》中的观点，“仁”能够成为人的基本规定，在根本上取决于“亲亲”之情的普遍存在。以“亲亲为大”为根基，“行仁讲义”因此在形式上被烙上了等差性印迹，无论是“亲亲之杀”或“尊贤之等”，都展示出自我尊重和关爱他人的等差性原则。如果说，《中庸》展露的是自我对待他人的等差性原则，那么，孟子无疑把这种等差性原则扩大到了自我对待他物的态度上：“君子之于物也，爱之而弗仁；于民也，仁之而弗亲。亲亲而仁民，仁民而爱物。”（《孟子·尽心上》）就孟子的区划而言，“亲”、“仁”、“爱”分别指向不同的对象：“亲”只限于自我对待亲人的态度，

"仁之而弗亲"则是自我对待他人("民")的态度,"爱之而弗仁"即自我对待他物("物")的态度。这样,在孟子那里,自我对待"亲"、"民"、"物"三者的态度表现出明显的轻重厚薄之别。

值得一提的是,张载在讲到自我人生使命的担当时,非但没有凸显先秦儒家行"仁"的等差性原则,而且,还在刻意打通他们在"亲"、"民"、"物"三者之间所设立的这种厚薄界限:

> 乾称父,坤称母;予兹藐焉,乃混然中处。故天地之塞,吾其体;天地之帅,吾其性。民吾同胞,物吾与也。大君者,吾父母宗子;其大臣,宗子之家相也。尊高年,所以长其长;慈孤弱,所以幼吾幼。圣其合德,贤其秀也。凡天下疲癃残疾、惸独鳏寡,皆吾兄弟之颠连而无告者也。(《正蒙·乾称篇》,《张载集》,第62页)

在《正蒙》文本中,乾坤不仅象征着天地,同时还指示着阴阳两极。由乾坤与阴阳的这种特殊关系可以断定,张载对"亲"、"民"、"物"的打通,显然是由思考"气化之道"的本原性入手的。无论是"乾称父,坤称母"或"予兹藐焉,乃混然中处",它们都预示着自我在本然层面对阴阳之气的某种依赖。这样,在气化流行的意义上,"天地之塞,吾其体"与"天地之帅,吾其性",一并彰显出自我与天地万物的同根同源关系:"性者万物之一源,非有我之得私也。惟大人为能尽其道,是故立必俱立,知必周知,爱必兼爱,成不独成。彼自蔽塞而不知顺吾理者,则亦未如之何矣。"(《正蒙·诚明篇》,《张载集》,第21页)基于自我与天地万物的这种同根同源关系,张载在"立必俱立,知必周知,爱必兼爱,成不独成"的统一层面,摒弃了由"有我之得私"而造成的自我"蔽塞",继而在省思"知顺吾理者"的人道观向度上提出了"民胞物与"理想。

随着"民胞物与"理想的提出,张载关注问题的视角因此也由本然之思进至于应然追问。乍看起来,张载的"爱必兼爱"在字面上颇似墨子的"兼爱说",然而,只要细加甄别,不难发现,张载与墨子对"兼爱"的理解具有根本不同。首先,在墨子"兼爱说"中,"兼相爱"的提出不是以自我对"人之所谓人"的自觉为条件,而是以反思人我关系上存在的"交相恶"为基点的。基于自我对这种"交相恶"的反思,墨子把“兼相爱”视为获致自我与他人“交相利”的基本路径：“凡天下祸篡怨恨，其所以起者，以不相爱生也，是以仁者非之。既以非之，何以易之？子墨子言曰：‘以兼相爱交相利之法易之。’然则兼相爱交相利之法将奈何哉？子墨子言：‘视人之国若视其国，视人之家若视其家，视人之身若视其身。’”（《墨子·兼爱中》）对于墨子而言，主张人我之间的“兼相爱”并不是无条件的，而恰恰以“交相利”为基本前提：“夫爱人者，人必从而爱之；利人者，人必从而利之；恶人者，人必从而恶之；害人者，人必从而害之。”（《墨子·兼爱中》）墨子讲“兼相爱”的背后，隐含着强烈的利害算计，以利害计较为指向，“爱人”与“利人”在墨子那里完全是被动的，所以也就尚未自觉到人生使命的高度。

其次，墨子讲“兼爱”仅仅局限于人我之间，但是，在张载言说“民胞物与”的语境下，“爱必兼爱”不仅意味着自我对他人的关爱，同时也蕴含着自我对待天地万物的态度。从“爱”的内涵上看，张载的“爱必兼爱”无疑是由孟子“仁民爱物”的观念推扩而来的，既重视“爱人”，亦强调“爱物”。这一点在墨子那里显然是找不到的。从理论根源上看，“爱”在张载那里能够由“人”延及到“物”，是以了悟自我与天地万物的同根同源关系为担保的。换句话说，在张载那里，“爱人”与“爱物”的统一建基于自我对“万物一气”的母子（父子）化想象，以“万物一气”为根据，自我与天地之间呈现为“吾其一体”的亲情关系。

立足于“吾”—“其”之间的这种亲情关系，张载主张以平等“一体”的态度来对待天地万物。由此也就促成了自我对天地万物的普遍关爱：

> 大其心则能体天下之物，物有未体，则心为有外。世人之心，止于闻见之狭。圣人尽性，不以见闻梏其心，其视天下无一物非我，孟子谓尽心则知性知天以此。天大无外，故有外之心不足以合天心。见闻之知，乃物交而知，非德性所知；德性所知，不萌于见闻。（《正蒙·大心篇》，《张载集》，第24页）

“大其心”强调自我道德之心的推扩。从内涵上讲，自我道德之心绝不拘囿于“人我之别”的打通，同时也推扩为自我对“物我之隔”的突破，所以，这里的“体天下物”囊括了天地之间的一切存在。基于“天下无一物非我”的道德胸怀，张载指出，宇宙间的一切存在都在自我的同情与关爱之列，由此也就在人道观向度上构设出一种“万物一体”的人生态度。就人的现实存在而言，“万物一体”在人道观向度上成为人生态度仅只是一种可能，并不意味着必然如此。按照张载的意思，常人或“世人”由于受到“见闻之知”的辖制，因此他们往往难以上达“体天下物”的普遍之境；相反，在圣人那里，由于自觉到了“人之所谓人”的规定性，故而可以超越“见闻之狭”，在“德性所知”的应然层面树立起“仁民爱物”的伟大人格。在“仁民爱物”的意义上，圣人实现了自我道德之心向“天地之心”（“天心”）的推扩。

其实，在张载那里，“天地之心”（“天心”）只是对自我道德之心的一个形象说法而已，但绝不是说天地本身就具有某种道德的意蕴。关于这一点，张载本人曾经给出过非常醒目的说明：

> 老子言“天地不仁，以万物为刍狗”，此是也；“圣人不仁，以百姓为刍狗”，此则异矣。圣人岂有不仁？所患者不仁也。天地则何意于仁？鼓万物而已。圣人则仁尔，此其为能弘道也。（《横渠易说·系辞上》，《张载集》，第188—189页）

天地本身究竟有没有道德之心？对于这一问题，儒家和道家一开始就颇有争议，就其实质而言，他们主要的分歧在对天地与万物关系的理解上。如何理解天地对于万物的成就？儒家首先把它释说成一种德化关系，从孔子的“百物生焉”到《易传》中的“天地之大德曰生”，这些命题都无一例外地把天地对万物的成就理解成一种德化关系。由这种德化关系所展开的是儒家在人道观上对“则天”的重视，即强调自我以无所不包的天地胸怀对天下万物的普遍成就。和儒家不同，道家则把这种成就关系看成是一种自然自在的发生，其间并没有蕴含任何道德的意味，受这种认识的影响，他们在人道观上尤其强调人的自然自在性，继而形成了一种超越人文价值的人道观理想。道家对这些问题的澄清，主要浓缩在老子“天地不仁，以万物为刍狗；圣人不仁，以百姓为刍狗”（《老子》第五章）的观点中。根据这一观点，天地成就万物是完全自然的，没有任何“仁”的意蕴，圣人对于百姓也是一副自然无为的态度，所以不存在圣人崇尚“仁”的事实。道家虽然在人道观上不太重视人文的意味，但是，他们对天道观的阐释显然要比儒家更具有说服力。

张载不但把天地本身看成是完全自在的存在，而且还把天地对万物的成就视为一种自然关系，所以在天道观上，他非常赞同老子“天地不仁，以万物为刍狗”的论断。与天地—万物间的自然关系不同，张载把圣人和百姓的关系视为一种自觉关系，即圣人能够自觉地以“无一物非我”的道德胸怀兼爱天下，进而上合“天地之心”（“合天心”）。以肯定“天地不仁”和否定“圣人不仁”为表征，张载不仅在理论上克服了先秦以来儒家对本然之天地的泛道德思辨，还把以仁爱为核心的价值关切限定在了人对人自身的道德自觉中。从哲学史的视角看，张载既保存了儒家人道观理想上厚重的一面，亦吸收了道家在天道观方面的合理成分，所以是值得肯定的。

在“天地不仁”的意义上，由“大其心”所达致的“天地之心”（“天心”），显然不是关于天地本身的“心”，而是自我道德之心的无限放大。这是因为在张载看来，天是至大无外的存在（“天大无外”），万物都收摄于其包容之中，所以在自我道德之心的构建中，应当有一种“天地之心”作为总的方向，以便追求圣人那种普遍的“无外之心”：

> 能通天下之志者为能感人心，圣人同乎人而无我，故和平天下，莫盛于感人心。（《正蒙·至当篇》，《张载集》，第 34 页）

感即合也，“感人心”即合天下人之心。在“不以见闻梏其心”的境遇下，由于圣人超越了“有我之得私”，故而能够以至大无外的“天地之心”包容和接纳天下人之心。于是在人我关系上，圣人超越了人我之别，从而在认识上达到一种“同乎人而无我”的境界。由于没有了“人我之别”，所以对于圣人而言，天下没有任何一个人和我是对立的（“天下无一人非我”），这样，在圣人眼中，天下完全是一个和平共处的共同体。从一定意义上讲，张载所讲的圣人“和平天下”，是对孟子“仁人无敌于天下”（《孟子·尽心下》）构想的进一步诠释，它们都强调“仁”在化解“人我之隔”方面的重要作用。

在张载的言说中，超越“有我之得私”，是消解“人我之别”的主要方式，同时也是沟通“物我之隔”的基本路径。张载对“无我而后大，大成性而后圣，圣位天德不可致知谓神”（《正蒙·神化篇》，《张载集》，第17页）和“无我然后得正己之尽，存神然后妙应物之感”（《正蒙·神化篇》，《张载集》，第18页）的言说，显然表露出超越“有我之得私”的尝试。在这种尝试中，“无我”即超越“有我之得私”，只有在“无我”之境下，自我才可以树立起至大无外的“天地之心”，进而像圣人那样理解和包容万物。以追求圣人的“无外之心”为指向，张载进一步展开了关于自我人生使命的思考：“为天地立心，为生民立道，为去圣继绝学，为万世开太平。”（《近思录拾遗》，《张载集》拾遗，第376页）① 既然天地本无心，那么，“为天地立心”不再是张载对天地本身的某种泛道德思辨，而是强调自我对圣人“无外之心”的承续和借鉴。这样，在“内圣外王”构架下，可以把“为天地立心”理解为一种“内圣”功夫，与之相应，“为万世开太平”则可被理解为一幅“外王”图景。以弘扬“内圣外王”之道为理想，“为去圣继绝学，为万世开太平”，毋宁说是表达了张载本人的远大志向。

通过对“有我之得私”的超越，“人和万物之间，同样也包括人与人之间，也就不再是各自独立的存在，而是相通、相亲的关联”②。与这种“相通、相亲”相关的，是善与不善在物我之间和人我之间的普遍通达：

> 君子于天下，达善达不善，无物我之私。循理者共悦之，不循理者共改之。改之者，过虽在人如在己，不忘自讼；共悦者，善虽在己，盖取诸人而为，必以与人焉。善以天下，不善以天下，是谓达善达不善。（《正蒙·中正篇》，《张载集》，第29页）

“达善达不善”展示出一种荣辱与共的责任意识。依张载所见，在“无物我之私”的境界下，自我之善与他人之善是相互达通的，因为即使“善虽在己”，但由于自我与他人的相亲相通，所以，自我“循理为善”对他人来说同样是值得愉悦的（“共悦之”）。从“达不善”的角度看，

---

① 关于张载对人生使命的言说，历史上有过不同的表述，如《张载语录》：“为天地立志，为生民立道，为去圣继绝学，为万世开太平。”（《张载语录中》，《张载集》，第320页）此处所引，是由朱熹《近思录》而来的。和《张子语录》相比，尽管首句存在着“立心”、“立志”之别，但无论“立心”或“立志”，它们都是针对人的道德意识而言的。所以，不管采纳“立心”说或“立志”说，都不影响对张载思想的理解。

② 朱承：《治心与治世：王阳明哲学的政治向度》，上海人民出版社2008年版，第65页。

“无物我之私”又意味着他人之不善与自我之不善的相互达通；另一方面，即使不善之“过”是他人所为，但在“民胞物与”的意义上，自我依然不能逃脱干系，也就是说，他人之不善同时也会让自我蒙羞受辱。基于这种荣辱与共的责任意识，张载强调“循理者共悦之，不循理者共改之”。据程颢回忆，张载本人在日用常行中的确是按照“达善达不善”的价值标准要求自己的：“张子厚闻生皇子，喜甚；见饿莩者，食便不美。”（《河南程氏遗书》卷三，《二程集》，第60页）在程颢提及的这一案例中，“生皇子”是他人的幸福，“饿莩者”又是他人的痛苦，以“闻生皇子”为喜和以“见饿莩者”为“不美”，展现了张载乐人之喜和忧人之痛的天地胸怀。

北宋五子中，强调这种心怀天下的责任意识者并非张载一人，周敦颐在讲到“圣贤气象”时，亦有类似见解：“圣希天，贤希圣，士希贤。伊尹、颜渊，大贤也。伊尹耻其君不为尧、舜，一夫不得其所，若挞于市。”（《通书·志学》，《周敦颐集》，第22—23页）在“圣希天，贤希圣，士希贤”的精神追求中，伊尹作为贤者能够胸怀天下，并与天下之人休戚与共，所以，面对“一夫不得其所”的困境，如同蒙受“挞市”之辱一般。就“民胞物与”作为责任意识而论，它不仅关注“一夫不得其所”的问题，还顾及“一物不得其所”的问题。在这一点上，张载的确发挥了《中庸》“成己成物”的思想：“尽其性能尽人物之性，至于命者亦能至人物之命，莫不性诸道，命诸天。我体物未尝遗，物体我知其不遗也。至于命，然后能成己成物，不失其道。”（《正蒙·诚明篇》，《张载集》，第22页）“体物不遗”即“大心体物”，在“我体物未尝遗”的语境下，急他人与他物之困无疑也成了自我人生使命的题中之意。以关切他人和他物为基点，“民胞物与”被设定为自我人生在世的至极理想。

对于张载而言，践行“民胞物与”之理想，既是对“人之所谓人”的一种现实演绎，亦是自我获取完美人生结局的唯一路径：“至当之谓德，百顺之谓福。德者福之基，福者德之致，无入而非百顺，故君子乐得其道。”（《正蒙·至当篇》，《张载集》，第32页）“至当之谓德”是对“人之所谓人”的最高规定，“百顺之谓福”则强调人生在世的完满感。在“民胞物与”成为“至当之德”后，顺应“至当之德”与人生在世的完满感之间因此具有内在的一致性：“德者福之基，福者德之致。”这里，“德”指示自我对他者的责任担当，“福”则意味着担当责任在精神层面对自我的回报。在张载看来，“德”、“福”之间是统一的：一方面，幸福感首先是和责任担当联系在一起的，如果没有责任担当，那么，幸福感就会失去其赖以存在的现实根基；另一方面，责任担当必须以追求人生的完满感为指向，如果排除了对人生完满感的追求，那么，单纯的责任担当就会成为生命的负累，继而对自我构成压迫。以“德”、“福”的统一为视域，“存没关切”问题随之被张载以“无入而非百顺，故君子乐得其道”的方式表述了出来。这样，在“德”、“福”统一的意义上，张载把“存没关切”问题转化为一个关于责任感（使命感）与幸福感（完满感）相统一的问题。

张载以气化之道的方式展开他自己对“万物一体”的系统之思，在理论上的确表现出一定的创见。基于对“气化之道”的本体论阐发，张载把天地、人、物的存在，在根本上还原为一个气化流行的必然过程。这样，他不仅在“死生之说”的维度上光大了先秦儒家“死生有命”的理性主义立场，而且，还在理论基础上非常有力地回应了佛教和道教对于彼岸世界的超验性思辨。在“人固有一死”超越常人的经验而成为一般哲学洞见的意义上，张载肯定了儒家对于自我人生意义的积极追寻，进而在生存论层面回答了“仁民爱物”的人道观理想对自我何以必要的问题。

第五章

从一本天理到圣人气象

作为系统的哲学思考，“万物一体”在北宋五子那里确乎受到普遍重视，然而，北宋五子中明确提出“万物一体”之观点者当推二程兄弟。二程对“万物一体”的直接言说，首先奠基于他们对“天理”在天道观向度上的统一阐发。以“即事尽天理便是易”为视域，二程展开了他们对“生生之谓易”的本原性思考。在生生不已成为天地万物普遍必然的自然法则的前提下，二程展开了对道德法则的普遍构设，由此在普遍之维完成了由“物理”之思向“人理”之思的转化。随着这种转化的完成，“人理”于是取代了“天理”而成为范导人伦日用的普遍法则。然而，“人理”作为普遍的实践法则仅仅表现为形式上的应当，其在实质层面并非必然如此，出于对“人理”的必然性考量，二程既强调“识仁”明理，又主张玩味“圣人气象”。在人道观向度上，“识仁”明理所展示的是“人应当做什么”的问题，而玩味“圣人气象”则是对“人应当成为什么”的一种深沉关切。无论是“识仁”抑或是“体圣”，它们在精神上最终都指向无所不包的“大我”之境。

一　即事尽天理便是易

“天理”或“理”是二程哲学的核心范畴，程颢曾经指出：“吾学虽有所受，‘天理’二字却是自家体贴出来。”（《河南程氏外书》卷十二，《二程集》，第424页）程颢此处强调的，是“天理”作为一个重要的哲学范畴何以被提出的问题，而无意于张扬他们兄弟对“天理”二字的首创。① 作为备受推崇的提问方式，“体贴”在根本上不同于一般的经验性观察。从认识结构上说，一般的经验性观察把天人关系在主客二分中对立了起来，而“体贴”则以超越天人之间的划界为指向。当然，“体贴”不能没有经验性观察，这主要因为后者是更为基本的认识方法，只是“体贴”不满足于后者在认识上的那种琐碎支离，故而主张以某种一以贯之的范畴在天人物我之间达成某种统一性认识。概而言之，“体贴”之为“体贴”，在于它是一种贴己察物的整体性认识。以超越天人之间的划界为视域，“天理”因此在理解上对天地、人、物具有了普遍的规范作用。按照二程的意思，“天理”之所以对天地、人、物具有普遍的规范作用，在现实层面取决于“天”对万物的普遍包容：“有一个包涵遍覆底意思，则言天。”（《河南程氏遗书》卷二上，《二程集》，第30页）在天包容万物的意义上，“天理”论既有对自然自在之物的思考，亦有对能思能虑之人的关注。这样，通过对天地、人、物的整体性“体贴”，二程把对人自身的追问同时也统一在了其对天地万物的形上之思中。

理论上讲，超越天人之间的划界，必须以人的某种自觉为前提，不过，在二程看来，这种超越在本然层面也不是没有根据：“天人本无二，不必言合。”（《河南程氏遗书》卷六，《二程集》，第81页）“天人本无二”强调天人之间的本然统一，在“天人本无二”的意义上，超越天人之间的划界，对天人关系而言不再是人有意而为的附加，而恰恰是对它的一种本然回归。当然，“天人本无二”能够被提出，在根本上取决于二程对天人关系的认识：“天地安有内外？言天地之外，便是不识天地也。人之在天地，如鱼在水，不知有水，直待出水，方知动不得。”（《河南程氏遗书》卷二上，《二程集》，第43页）在“天地安有内外”的追问中，天

① 从历史的维度看，“天理”二字的出现，可追溯至先秦时期的道家典籍《庄子》，如《庄子·天运》曰：“夫至乐者，先应之以人事，顺之以天理，行之以五德，应之以自然，然后调理四时，太和万物。”另外，作为儒家的重要文献之一，《礼记》也明确提到过“天理”二字：“好恶无节于内，知诱于外，不能反躬，天理灭矣。夫物之感人无穷，而人之好恶无节，则是物至而人化物也。人化物也者，灭天理而穷人欲者也。”（《礼记·乐记》）不仅如此，甚至在北宋五子中，邵雍与张载也明确讲过“天理”二字，如邵雍说：“循理则为常，理之外则为异矣。能循天理动者，造化在我也。”（《观物外篇下》，《皇极经世书》，第529页）张载也说：“上达反天理，下达徇人欲者与！”（《正蒙·诚明篇》，《张载集》，第22页）所以，在程颢那里，言说“天理二字却是自家体贴出来”，旨在强调“天理”二字背后所隐含的哲学创见，而不在标界他们兄弟对“天理”二字的首创。

地显然指示一种至大无外的存在，而与这种至大无外相关的，又是天地对人、物的普遍包容和承载。所以，在理解天地本身时，不能以“内外”这样的概念去限定它们。一个人如果执意要“言天地之外”，那么，对于天地之为天地的道理，他根本是一无所知的。

按照二程的意思，天地与人、物之间虽然存在包容和承载关系，但在一般情况下，这种关系对人来说是全然不知的。不过，随着人对“理”的自觉，“天人本无二”于是也由原初的全然不知变得明朗起来：

> 所以谓万物一体者，皆有此理，只为从那里来。“生生之谓易”，生则一时生，皆完此理。人则能推，物则气昏，推不得，不可道他物不与有也。人只为自私，将自家躯壳上头起意，故看得道理小了佗底。放这身来，都在万物中一例看，大小大快活。（《河南程氏遗书》卷二上，《二程集》，第33—34页）

这里明确提出了“万物一体”的构想。何为“万物一体”？在二程的认识中，这一问题无疑是对“天人本无二”在理论上的进一步深化和扩充。在“万物一体”的论域下，天地、人、物之间之所以是相互关联、一体相通的，在于他们“皆有此理”，即面向一个共通的根据。而作为“万物一体”的统一性根据，“理”在内容上不是抽象的，而恰恰以“生生之谓易”为其基本规定。

不可否认，把“生生之谓易”理解为“万物一体”的统一性根据可以迎合人的某些经验认识，因为在事实层面，生生不已的确是天地、人、物普遍必然的命运。然而，在一般情况下，由于人自身的主体性蔽障，使得人在理解上弱化了“生生之谓易”的整体性意蕴。因此，只有在完全没有主体性蔽障的情况下，人才可以把自身视为“万物中一例”，继而在“生生之谓易”的普遍之维与万物打成一片：“若不一本，则安得‘先天而天不违，后天而奉天时’？”（《河南程氏遗书》卷二上，《二程集》，第43页）“本”即根据，“一本”即强调根据的统一性，在以“理”为根据的意义上，“一本”就是至极的“天理”。以“一本天理”为言说背景，预示着二程对天地、人、物在本体论层面的某种打通，而且，这种打通不是纯粹抽象意义上的人为断想，而是一种以“天理”为其统一性根据的纵贯。基于“一本天理”的统一性视域，二程在理论上展开了他们对

《易传》“生生之道”的哲学阐释。

在《易传》的言说语境中，“先天而天弗违，后天而奉天时”（《易·乾·文言》）的提出，建基于天、地、人“三才”在事实层面普遍的生生不已，出于对生生不已的形而上考量，《易传》以“生生之道”统一了人对天地万物的本然理解。二程对“一本天理”的思考，显然是接着《易传》“生生之道”的观点而来的。通过发明“体贴”之方法，二程不仅走出了《易传》对“仰观俯察”之路径的过分依赖，还把“万物一体”由自然自在的天道层面提升到了人的自觉之中。这样，在理解上大大降低了《易传》言说“生生之道”的抽象性。在关于“易是个甚”的自问自答中，二程指出：

> “天地设位，而易行乎其中矣”；“乾坤毁，则无以见易”。“易不可见，则乾坤或几乎息矣”。易是个甚？易又不只是这一部书，是易之道也。不要将易又是一个事，即事尽天理，便是易也。（《河南程氏遗书》卷二上，《二程集》，第31页）

这就是说，回答“易是个甚”，不宜拘囿于《易》“这一部书”，而应当走出《易》之文本，在天地、人、物的具体存在中去体认“生生之道”（“易之道”）的真实所指。“不要将易又是一个事”是说，“生生之道”不是超然于天地、人、物之上的独立存在，而是内蕴于天地、人、物之中，并成为他们先天俱足的品格。在这个意义上，“即事尽天理便是易”，即是二程对《易传》“生生之道”在统一性层面所做的进一步阐发。显然，在“易之为书”和“易之为道”之间，二程更趋向于对“道”的阐释和说明，以此为方向，他们把关注之点转向对“道”与万事万物之关系的考察。

从统一性层面讲，“即事尽天理”强调“天理”和万事万物之间的相即不离。在“理事相即”的意义上，“天理”不再是空洞无物的抽象形式，而是内蕴于万事万物的具体存在中。另一方面，万事万物的存在同时也不是偶然无序的，而正好以“天理”为其统一的根据，用二程自己的话说，“道之外无物，物之外无道，是天地之间无适而非道也”（《河南程氏遗书》卷四，《二程集》，第73页）。从理论内涵上讲，“天地之间无适而非道也”无疑具有全称判断的意蕴，然而，结合“道之外无物，物之外无道”等命题还可发现，二程言说“天地之间无适而非道也”的意旨，更在于彰显“道”和万事万物之间的一体无间：“彻上彻下，不过如此。形而上为道，形而下为器，须著如此说。器亦道，道亦器，但得道在，不系今与后，己与人。”（《河南程氏遗书》卷一，《二程集》，第4页）虽然在形而上与形而下的分野中“天理”和万事万物之间表现出“道”、“器”之不同，但是在“器亦道，道亦器”的意义上，“天理”和万事万物的具体存在之间又是一体无间的。这样，由“即事尽天理”到“天地之间无适而非道也”，二程以一种特别的方式展示了“生生之道”对万事万物的普遍宰制，以及万事万物对“生生之道”的普遍蕴含。

程颢在阐释“至诚之道”时，尤其强调“天理”或“道”与天地、人、物之间的这种一体无间：

> 道，一本也。或谓以心包诚，不若以诚包心；以至诚参天地，不若以至诚体人物，是二本也。（《河南程氏遗书》卷十一，《二程集》，第117页）
>
> 至诚可以赞天地之化育，则可以与天地参。赞者，参赞之义，“先天而天弗违，后天而奉天时”之谓也，非谓赞助。只有一个诚，何助之有？（《河南程氏遗书》卷十一，《二程集》，第133页）

“至诚”是《中庸》中的一个主要范畴：“至诚无息。”（《中庸》第二十六章）依《中庸》所见，“至诚”是对生生不已的一种抽象表述。而作为对“天理”或“道”的附释，“至诚”无疑是程颢对《易传》“生生之道”的另一种言说。按照程颢的理解，无论是“以心包诚”或“以诚包心”，也无论是“以至诚参天地”或“以至诚体人物”，它们都以“天理”与天地、人、物的互相对待（“二本”）为前提①，这与“即事尽天理”的“一本”路向完全是异趣的。在“至诚无息”的视域下，由于天地、人、物都“只有一个诚”，所以在“生生之道”的统一性层面上，天

① 牟宗三无疑也注意到了这些关系之间的不同，所以他把程颢提及的“一本”说阐释为“圆顿之一本”，与此相对，牟宗三认为“以心包诚”和“以诚包心”在理解上“皆有一个包的关系”，而“以至诚参天地”和“以至诚体人物”同样也具有“彼此之对待”的意蕴，所以它们所展示的是一种“二本”的进路。（参见牟宗三《心体与性体》中册，上海古籍出版社1999年版，第91页。）

地、人、物之间的生生不已没有先天后天之别，相反，它们只是以“参赞一体”的方式在事实层面共同发生着。

程颐在梳理“天理”与天地、人、物之关系时，也承认“生生之道”的普遍有效性：

> 道一也，岂人道自是人道，天道自是天道？《中庸》言：“尽己之性，则能尽人之性；能尽人之性，则能尽物之性；能尽物之性，则可以赞天地之化育。”……天地人只一道也。才通其一，则余皆通。（《河南程氏遗书》卷十八，《二程集》，第182—183页）

须要说明，这里所讲的“人道”不是人道观意义上的人道，而是特指人本身所蕴含的“生生之道”，所以，是针对天地、人、物在天道观向度上的统一性而言的。在天地、人、物互相通达的前提下，“天地人只一道也”，与之相关的是“天道”与“人道”之间的类推成为可能：“才通其一，则余皆通。”以澄清“生生之道”的普遍性意蕴为基点，程颐阐发了“天理”对万事万物的普遍贯通：“万物皆是一理，至如一物一事，虽小，皆有是理。”（《河南程氏遗书》卷十五，《二程集》，第157页）在形而上形而下相贯通的意义上，“万物皆是一理”，无疑是程颐对“万物一体”在天道观层面的具体展开，这样，就天地、人、物的本然存在而言，不论高下大小，它们都必然面向一个共通的形而上根据——“天理”。

就“理”、“事”、“道”、“器”之本然关系的澄清来说，二程尽管各有偏重，但是在“万物一体”的主题上，他们表现出明显的一致性。依据“即事尽天理便是易”的原理，二程同时也把儒家所讲的“死生之说”还原为一个“天理”绵延的过程：

> 死生存亡皆知所从来，胸中莹然无疑，止此理尔。孔子言“未知生，焉知死”，盖略言之。死之事即生是也，更无别理。（《河南程氏遗书》卷二上，《二程集》，第17页）
>
> 原始则足以知其终，反终则足以知其始，死生之说，如是而已矣。故以春为始而原之，其必有冬；以冬为终而反之，其必有春。死生者，其与是类也。（《河南程氏遗书》卷二十五，《二程集》，第

324 页）

以上两段分别是程颢、程颐对“死生之说”的本体论证明。表面上看，程颢接续的是孔子的言语，程颐引用的是《易传》的观点，然而他们对于人固有一死的洞察，是完全一致的，即都是由“天理”普遍必然的绵延来敞开的。在程颢看来，“死生存亡”虽然表现为不同的形式，但是就其发生的根源（“所从来”）而论，它们都是“生生之道”（“天理”）使然的结果，所以生之“理”即是死之“理”。程颐对《易传》“原始反终”的关注，更是突显了“生生之道”（“天理”）对于“死生之说”的本体论意义。在“天理”宰制万物存在的前提下，人作为万物之一分子，也必然卷入生生不已的命运大流中，这不仅是先秦儒家在天道观方面的一个基本立场，同时也是二程对“即事尽天理便是易”的深层阐发。

以死生的本体论证明为进路，二程批评了佛、老对于“死生之说”的虚妄思辨。程颐就此明确指出：

> 天地之间，有生便有死，有乐便有哀。释氏所在便须觅一个纤奸打讹处，言免死生，齐烦恼，卒归乎自私。老氏之学，更挟些权诈，若言与之乃意在取之，张之乃意在翕之，又大意在愚其民而自智，然则秦之愚黔首，其术盖亦出于此。（《河南程氏遗书》卷十五，《二程集》第 152 页）

这就是说，在“即事尽天理便是易”的论域下，死亡是人不可避免的命运：一切活着的人，不论尊卑贵贱，都必须要亲自担当这一必然的命运，所以，面对人固有一死的命运，任何人为的努力都不能阻隔死亡的必然临降。在这个意义上，程颐指出，佛、老所渲染的“免死生”或“齐烦恼”，不仅在理论上是一种充斥着错讹与权诈的无稽之谈，而且在现实层面，这种“邪说”更容易把人们带入贪生怕死、自私自利的深渊。相比于邵雍与张载而言，二程批评佛、老“死生之说”，不再拘囿于本体论层面的阐发，同时还重在揭露隐含在其中的理论欺诈和利己主义蔽障。

须要指出，“天理”虽然是天地、人、物至极的根据，但是在二程的理解中，“天理”从未脱离过天地、人、物的具体存在。程颐基于“生生之谓易”的视域分疏“理”、“事”关系时指出：“至微者理也，至著者象也。体用一源，显微无间。”（《易传序》，《周易程氏传》，《二程集》，第689页）就“生生之谓易”的理解而论，“体用一源，显微无间”，预示着作为本体的“生生之道”（“天理”）在天地、人、物之间的普遍蕴含，这种普遍蕴含表现为“天理”在时空序列上的无处不在和无时不有。换句话说，任何时间，对于任何事物而言，没有无“理”之“象”，也没有无“象”之“理”。据此程颐认为，抽象的（“微”）“天理”与万事万物的具体存在（“显”）之间绝不是一般的包含关系，而是一种一体无间的内蕴关系。

从“生生之谓易”的角度看，二程对“天理”在本体论层面的思考是值得肯定的。他们不仅注意到了生生不已现象在天地、人、物之间的客观呈现，而且，还试图在形而上的“天理”层面说明这种现象发生的普遍必然性。用程颢的话说：“言天之自然者，谓之天道。言天之付与万物者，谓之天命。”（《河南程氏遗书》卷十一，《二程集》，第125页）在“天道”与“天命”合而为一的意义上，“万物一体”预示着天地、人、物在天道观向度上必然地面向一个共通的根据。至于这一根据如何向人呈现，在程颐那里则有详细的说明：“生生之谓易，理自然如此。‘维天之命，于穆不已’，自是理自相续不已，非是人为之。如使可为，虽使百万般安排，也须有息时。只为无为，故不息。”（《河南程氏遗书》卷十八，《二程集》，第225—226页）就“天理”作为天地、人、物生生不已的统一根据来说，它首先是不以人的主观意愿而发生改变的自然存在，所以说它必然如此。进而言之，无论是“维天之命，于穆不已”的发生，抑或是人和万物的生生不已，它们都不是通过人为的努力而“百万般安排”的结果，在更为本原的意义上讲，这些现象的发生以普遍必然的自然法则（包括生物规律）为其根据。

作为普遍必然的自然法则，一方面，“天理”既是裁成天地、人、物生生不已的共通根据，又普遍地内蕴于天地、人、物之中，并成为他们本然具有的内在基质，二程对“万物一体”在天道观向度上的思考正是由此而展开的。另一方面，“天理”能够成为自然法则，不是人为思辨使然的结果，而恰恰建基于天地、人、物生生不已现象在经验层面的真实发生，因为任何一个法则，只有当它在事实上被严格遵循之后，“它才成其为法则”①。所以，在二程那里，由“即事尽天理便是易”所揭示的，无疑是关于万物生生不已的自然法则，它（自然法则）在人的认识与理解之中，且不为人为意愿所掌控或改变。就这一法则的存在而论，它在万物之间的发生完全是自然自在的，没有任何人化的意蕴掺杂其间。在严格遵循的意义上，“天理”作为自然法则，普遍见证于万事万物的具体存在中，与此相应，万事万物的生生不已皆可在人对“天理”的想象中得到先行的理解和说明。不难看出，在“即事尽天理便是易”的言说中，二程已然注意到了“天理”对万事万物生生不已现象的这种先天统摄作用。

二 天理与人理的互通

二程对“天理”在本体论层面的思考依然是初步的，尽管他们都意识到生生不已是天地、人、物不可抗拒的必然命运，但是他们并未就此建立起任何关于生生不已本身的系统知识。事实上，二程本人似乎也无意于此，只是借助于思考“天理”在本体论层面宰制天地、人、物生生不已的普遍必然性，他们试图开启“天理”对日用常行的积极意义。在二程看来，“天理”作为法则，不限于对天地、人、物的一般性表达，同时也适用于对日用常行的普遍性构思：“天地生物，各无不足之理。常思天下，君臣、父子、兄弟、夫妇，有多少不尽分处。”（《河南程氏遗书》卷一，《二程集》，第 2 页）这就是说，“天理”不仅现实地宰制着生生不已现象在天地、人、物之间的自然发生，同时还普遍存在于人们当下的日用常行中，因为就人的现实存在而言，君臣、父子、兄弟、夫妇等作为相对稳定的伦序关系，都表现出“理”的规定性。

在人的日用常行中的确存在某种相对稳定法则，这种法则在实践哲学中被称作道德法则。与自然法则相比，道德法则是出于对道德原则的普遍性思考，即在“我应当做什么”的议题上，道德法则对人表现出普遍的规范作用。康德在讲到道德法则时，尤其关注这种法则在形式上的普遍适用性。通过对自然法则在普遍性和必然性维度上的深层反思，康德在形式上把自然法则视为道德法则的理想“模型”，进而在道德法则的构思中把

① 弗格森：《道德哲学原理》，孙飞宇，田耕译，上海人民出版社 2005 年，第 37 页。

普遍性与必然性互相等同起来。① 然而，在自然法则与道德法则的形式置换中，普遍性与必然性之间的关系是需要区别对待的：在自然法则中，普遍性与必然性之间是完全统一的，即作为普遍的法则，其发生具有必然性，且不以任何人为的意愿而改变；在道德法则中，普遍性与必然性之间的统一必须以人的道德自觉为前提，如果缺失了必要的道德自觉，那么，即使在形式上承认法则的普遍性，但在实践中仍然难以确保其发生的必然性。康德对道德法则的构思显然欠缺这方面的考虑。所以，他把法则在形式上具有的普遍性和其在实践层面的必然性完全等同了起来。② 二程讲“天理”，同样也涉及“天理”的普遍性与必然性问题，只是相比而言，在“天理”作为道德法则的意义上，二程更强调人对“天理”的道德自觉。

如前所述，“天理”作为自然法则，普遍存在于天地、人、物之间，并为它们所严格遵循。对此，二程无疑有着深刻的认识。因而，在思及人的日用常行时，他们非常重视“天理”作为道德法则在形式上的普遍性：

> 理则天下只是一个理，故推至四海而准，须是质诸天地，考诸三王不易之理。故敬则只是敬此者也，仁是仁此者也，信是信此者也。又曰：“颠沛造次必于是。”（《河南程氏遗书》卷二上，《二程集》，第 38 页）

就“天理”作为规范日用常行的最高准则而言，“理则天下只是一个理”。任何人，在任何时间或任何地点，都必须以“理”为准绳，遵循“理”的基本规定，由此二程在形式上确立了“天理”作为道德法则的普遍性。随着“天理”成为普遍的价值准则，其对人的现实生活于是具有

---

① 关于自然法则对道德法则在形式上的示范意义，可参见《实践理性批判》第一卷第二章对“纯粹实践判断力的模型论”的论述。另外，关于普遍性与必然性在道德法则中的统一问题，康德讲得比较集中：“道德律（道德法则——引者注）对于一个最高完善的存在者的意志来说是一条神圣性的法则，但对于每个有限的理性存在者的意志来说则是一条义务的法则，道德强迫的法则，以及通过对这法则的敬重并出于对自己义务的敬畏而规定他的行动的法则。”（康德：《实践理性批判》，邓晓芒译，人民出版社 2003 年版，第 112 页）。

② 当然，康德对普遍性和必然性这两个概念的混同使用，后来受到了英国哲学家摩尔的严厉批评：“断言某些行为总是必然采取的行为，从而把道德法则看作同自然法则相似，这就是康德这一最有名的原理所包含的一种错误。”（摩尔：《伦理学原理》，长河译，上海人民出版社 2005 年版，第 121 页）。

了普遍的规范意义，即“敬则只是敬此者也，仁是仁此者也，信是信此者也”。甚至，即使在特殊境遇下，“天理”的至上性依然不能受到挑战，借用孔子的话来说，“造次必于是，颠沛必于是”（《论语·里仁》）。

实践地说，一种法则要想在日用常行中对人具有普遍的规范意义，则必须以承认其客观性为前提。当然，这里所谓的客观性并不是说法则完全外在于人的视域而成为独立自在的存在，这主要因为在具体的日用常行中，任何实践法则在本原处都是人为设定的结果。所以，在道德法则的理解方面，强调法则自身的客观性，意味着法则一经成型，则不能随便为任何个人意愿所改变。在二程那里，“天理”作为普遍的道德法则，其在存在形式上同样也具有客观性意味。而且，这种客观性是不以任何个体的意愿而转移的：

> 天理云者，这一个道理，更有甚穷已？不为尧存，不为桀亡。人得之者，故大行不加，穷居不损。这上头来，更怎生说得存亡加减？是佗元无少欠，百理具备。（《河南程氏遗书》卷二上，《二程集》，第31页）
>
> “万物皆备于我”，不独人尔，物皆然。都自这里出去，只是物不能推，人则能推之。虽能推之，几时添得一分？不能推之，几时减得一分？百理具在，平铺放着。几时道尧尽君道，添得些君道多；舜尽子道，添得些孝道多？元来依旧。（《河南程氏遗书》卷二上，《二程集》，第34页）

就“天理”作为道德法则而言，其客观性显然是非常确定的，一经成型，则会成为经久不变的道理，“不为尧存，不为桀亡”，所以说“天理”在内容上是“不加”、“不损”的。另一方面，相对于个体的存在而言，“天理”作为道德法则，其本身就表现出一定的独立性品格。无论是“尧尽君道”或“舜尽子道”，他们都只是迎合了“君君、臣臣、父父、子子”（《论语·颜渊》）的道理而已，但是，他们对于君臣父子之道在内容上并未有丝毫的增减。在无“存亡加减”的意义上，“天理”摆脱了个体的辖制，进而在日用常行中成为相对独立的行为准则。这样，“天理”在形式上具有了理性主义的意蕴。

当然，二程强调“天理”的独立性，仅仅是就“天理”相对于个体之人的存在而言，但是，这并不意味着“天理”超越于人的知行之外而成为完全自在的存在。[1] 在现实的日用常行中，人无时无刻不以伦序关系为其参照，除去具体的伦序关系外，绝不存在任何抽象意义上的独立自在之人。随着伦序关系成为人基本的存在方式，遵循人伦之序于是成为基本的价值准则而对人具有普遍的规范作用，“为君尽君道，为臣尽臣道，过此则无理”（《河南程氏遗书》卷五，《二程集》，第77页）。就人作为道德的存在而论，遵循人伦之序的确是其中的一部分内容，不过，以遵循人伦之序为先导进而促成人对实践法则的自觉，似乎是更为关键性的问题。关于这一点，二程显然有所自觉：

> 即父子而父子在所亲，即君臣而君臣在所严，以至为夫妇、为长幼、为朋友，无所为而非道，此道所以不可须臾离也。然则毁人伦，去四大者，其分于道也远矣。故“君子之于天下也，无适也，无莫也，义之与比”。若有适有莫，则于道为有间，非天地之全也。（《河南程氏遗书》卷四，《二程集》，第73—74页）

按照二程的理解，人作为道德的存在，不能离开现实的伦序关系。与之相关的是，在以君臣、父子、夫妇、长幼、朋友等关系为表征的日用常行中，人必须自觉地接受人伦之“理”对他的约束或规范，由此使得“道”或“理”对人而言成为“不可须臾离也”的实践法则。另外，在错综复杂的人伦关系中，人伦之“理”对人的规范作用并非固化为某一种具体关系，随着人伦之序的变更，它往往表现出不同的价值规定，“即父子而父子在所亲，即君臣而君臣在所严”。这就是说，在现实的日用常

---

① 晚近以来，冯友兰热衷以柏拉图的“理念”阐释二程（尤其程颐）的“天理”概念。如在其早期著作《中国哲学简史》中，他明确指出：“全部的理都永恒地在那里，无论实际世界有没有它们的事例，也无论人是否知道它们，它们还是在那里。”不仅如此，在同书第二十五章，冯友兰甚至直接以“The School of Platonic Ideas（‘柏拉图式理念’学派）”为该章主标题，来指称程颐—朱熹一系的“理学”。（参见冯友兰《三松堂全集》第6卷，河南人民出版社2001年版，第242页、第248页）。就传统哲学的现代转向而言，冯友兰对“天理”概念的阐释具有较强的逻辑性，是值得肯定的，然而直接套用柏拉图的理念模式，显然是忽视了二程讨论“天理”问题的复杂性。当然，冯友兰对“天理”概念的阐释也受到了同行的质疑，如张君劢批评道，冯友兰以柏拉图式的理念阐释“天理”概念，“完全是他个人的想象”，而由此把二程思想截然二分，更是“带有相当大的误会”（张君劢：《新儒家思想史》，中国人民大学出版社2006年版，第129—130页）。

行中，每一种价值规定对应于不同的人伦关系："亲"适用于父子之间，但不适用于君臣之际；"严"虽存在于君臣之间，却不适用于界定父子关系。不同的价值规定之间的"有适有莫"，意味着它们各自有着不同的适用范围，也就是说，相对于具体的人伦关系而言，不同的价值规定之间通常是不能进行互调的。这样，在"有适有莫"的意义上，一切价值规定都是相对具体的存在，而绝无可能成为"放之四海而皆准"的实践法则。有鉴于此，二程特意引出了孔子对"君子之于天下也，无适也，无莫也，义之与比"（《论语·里仁》）的言说，以期构设出一种相对普遍的价值准则。不难发现，在"无适无莫"的语境下，"义"（应当）无疑超越了特定的人伦之序，进而在抽象意义上成为人应当普遍遵循的实践法则。

由"有适有莫"到"无适无莫"，二程关注人作为道德化存在的视角发生了根本性的转变，即由考察相对具体的人伦之序开始，继而着手于关注人应当普遍遵循的道德法则问题。对此，程颢曾经有过暗示："学者不必远求，近取诸身，只明人理，敬而已矣，便是约处。"（《河南程氏遗书》卷二上，《二程集》，第20页）就内涵而论，"人理"特指人之为人的普遍道理。在程颢的整个暗示中，"只明人理"之所以能够成为其强调的重中之重，在根本上取决于程颢本人对"人理"和人伦关系的深刻认识。具体来说，在"博约"的意义上，一切错综复杂的人伦关系都可归约在"人理"的统摄之下，而在"远近"的意义上，人之为人的普遍道理同时也涵盖了那些相对具体的人伦规范。尽管这些人伦规范在现实的日用常行中表现出各自不同的价值规定，但是在人之所以为人的抽象层面，它们显然和"人理"是统一的。

历史地看，由遵循人伦之序上达"人理"的进路，在孟子那里也有初步的表达："人之所以异于禽兽者几希，庶民去之，君子存之。舜明于庶物，察于人伦，由仁义行，非行仁义也。"（《孟子·离娄下》）在孟子的认识中，遵循人伦之序无疑是人之为人的基本存在方式，以此认识为视域，孟子区分出了"人化存在"与"兽化存在"之间的外在差异。值得注意的是，孟子认为"人禽之别"不止于外在的存在方式，从纵深层面看，这种区别更表现为人对"仁义"法则的自觉。如果在认识上仅仅滞留于外在的存在方式，那么，对人之为人的现实洞见往往会下堕为重视后果的"行仁义"（Act According to Benevolence and Right）层面。所以，就人作为价值的主体而言，"仁义"不是偶然的存在，而是恰恰出于人对人之为人的深切体察。“仁义”成为人之为人的基本规定之后，“由仁义行”（Act out of Benevolence and Right）于是成了人彰显人化存在的基本形式。沿循孟子所开创的这条道路，二程把“仁义”视为人之为人的“天理”所在——“人理”。由之而来的是人理解人之所以为人的根据不再限于具体的人伦之序，而代之以人对“仁义”法则的自觉。

程颐明确把“仁义”视为“人理”的基本内涵：“君子所以异于禽兽者，以有仁义之性也。苟纵其心而不知反，则亦禽兽而已。”（《河南程氏遗书》卷二十五，《二程集》，第323页）“仁义”上升为“人理”的基本规定，预示着作为人必须要遵循“仁义”法则，任何背离“仁义”法则的选择都会使人堕入与禽兽无别的境地。这样，“仁义”充任了实践法则，并一举成为人之为人的价值抉择：“唯仁与义，尽人之道。”（《河南程氏遗书》卷二十五，《二程集》，第326页）相对于具体的人伦之序而言，“仁义”充任实践法则，其在形式上是抽象的，所以不再局限于具体的时间、地点以及伦序关系。基于“仁义”在形式上的这种抽象性，程颢指出：“仁者无对，放之东海而准，放之西海而准，放之南海而准，放之北海而准。”（《河南程氏遗书》卷十一，《二程集》，第120页）作为抽象的实践法则，“仁”不是针对某某人、某某事、某某时间，或者某某地点而提出一种具体规范（“仁者无对”），与此相反，它所承载的恰好是“放之四海而皆准”的普遍价值。

应当注意的是，程颢在这里只讲到“仁”，而并未提及“义”，但是事实上，其讲“仁”也不乏对“义”的关注。这是因为按照二程的意思，“仁”是“全体”，其中涵摄了包括“义”在内的其他几种价值准则：“仁、义、礼、智、信五者，性也。仁者，全体；四者，四支。仁，体也。义，宜也。礼，别也。智，知也。信，实也。”（《河南程氏遗书》卷二上，《二程集》，第14页）所以，二程把“仁”和“义”、“礼”、“智”、“信”之间的关系形象地比喻为“全体”和“四支”关系，是有其特殊用意的，作为“全体”，“仁”在最一般的意义上指明了人之为人的总方向，而其他四者则从不同侧面分别确保着“仁”的实现。在“仁”是“全体”的意义上，强调“仁”的普遍性就是强调其他四者的普遍性。当然，“仁”的普遍性在某种程度上来自于人的设定，也就是说，在实践层面，“仁”应当成为所有人普遍遵循的道德法则。

三　人理的必然性考量

从应当的层面讲，“仁”作为普遍的道德法则仅仅是指明了人设身处地的总方向，但这绝不等于说，人在现实的日用常行中必然会严格遵循“仁”的规定性。由前文二程对“颠沛造次必于是”的言说可以看出，二程讲“仁”也不乏对必然性的考量。然而应该明确，这种必然性在形式上依然是主观的，而且必须以人的道德自觉为前提①，用二程自己的话来说：“心要在腔子里。”（《河南程氏遗书》卷七，《二程集》，第96页）一个人在心不在焉（道德意识淡薄）的情况下，无论在形式上为他构设出多么完善的道德原则，在实质层面这一切最终都形同虚设。二程对此无疑都有着深刻的洞察，所以，在讨论如何确保“人理”的必然性时，他们尤其强调人对“仁”的认识与自觉：

> 学者须先识仁。仁者，浑然与物同体。义、礼、知、信皆仁也。识得此理，以诚敬存之而已，不须防检，不须穷索。若心懈则有防，心苟不懈，何防之有？理有未得，故须穷索。存久自明，安待穷索？此道与物无对，大不足以名之，天地之用皆我之用。孟子言“万物皆备于我”，须反身而诚，乃为大乐。若反身未诚，则犹是二物有对，以己合彼，终未有之，又安得乐？《订顽》意思，乃备言此体。以此意存之，更有何事？“必有事焉而勿正，心勿忘，勿助长”，未尝致纤毫之力，此其存之之道。若存得，便合有得。盖良知良能元不丧失，以昔日习心未除，却须存习此心，久则可夺旧习。此理至约，惟患不能守。既能体之而乐，亦不患不能守也。（《河南程氏遗书》卷二上，《二程集》，第16—17页）
>
> 问仁。曰：“此在诸公自思之，将圣贤所言仁处，类聚观之，体

① 不可否认，自然法则和道德法则在普遍性维度上的确表现出某种相似性，但是同时也需要看到，它们实际上所展示的是两种不同性质的普遍性。根据哲学家摩尔的理解，只有自然法则的发生具有客观必然性，即“在一切情况下都会发生”，至于道德法则，则仅仅指示“在一切情况下都是善的”，然而在大多数场合下，“由于人们十分自然地会把这种相似加以扩大，从而认为‘这在一切情况下都是善的’这一断言同‘这在一切情况下都会发生’这一断言”是一种全等关系，由此他们常常把道德法则的必然性误判为一种客观必然性。（摩尔：《伦理学原理》，长河译，上海人民出版社2005年版，第120页）。

认出来。孟子曰：‘恻隐之心，仁也。’后人遂以爱为仁。恻隐固是爱也。爱自是情，仁自是性，岂可专以爱为仁？孟子言恻隐为仁，盖为前已言‘恻隐之心，仁之端也’，既曰仁之端，则不可便谓之仁。退之言‘博爱之谓仁’，非也。仁者固博爱，然便以博爱为仁，则不可。”（《河南程氏遗书》卷十八，《二程集》，第182页）

又问：“为仁先从爱物上推来，如何？”曰：“不敬其亲而敬他人者，谓之悖礼，不爱其亲而爱他人者，谓之悖德，故君子‘亲亲而仁民，仁民而爱物’。能亲亲，岂不仁民？能仁民，岂不爱物？若以爱物之心推而亲亲，却是墨子也。”（《河南程氏遗书》卷二十三，《二程集》，第310页）

以上三段，首段为程颢所言，后两段则出自程颐与门人的对话。在程颢看来，“识仁”具有非常重要的意义，因为在“仁”是“全体”的意义上，“识仁”即是对“义”、“礼”、“智”、“信”四者的认识。当然，“识仁”不限于对“仁是什么”的一般性认识，同时也蕴含着对“仁者人也”（《中庸》第二十章）的认识与理解。依据“仁者人也”的道理，“仁”是对人之为人的基本规定，而作为基本规定，“仁”在现实中必须为人所自觉。基于人与“仁”的这种特殊关系，程颢主张以“诚敬”的方式实现人对“仁”的持存，通过这种持存，人因此在认识上不再把“物”看成是和我相对的存在，而是结成一个与我共处的统一体。由此，人不仅对物我关系的认识有了新的突破，同时也为自己成就出一种“天地之用皆我之用”的博大胸怀。程颢认为，“识仁”所成就的这种“浑然与物同体”的道德境界，不仅在孟子“万物皆备于我”的观点中有所表露，而且还在张载《订顽》中有较为详备的说明。

其实，在孟子与张载之间，强调“与物同体”具有不同的旨趣。尽管二者都隐含着“天地之用皆我之用”的意蕴，但在孟子那里，“万物皆备于我”揭示的是一种物我同在的关系，即“上下与天地同流”（《孟子·尽心上》）的关系；相形之下，在张载《订顽》中，“民胞物与”明显弱化了物我同在的关系，而更趋向于关注自我对待他人与他物的态度。就程颢对“与物同体”的言说而论，其中无疑涵摄了以上两方面的旨趣，而且，他把这两方面的内容看作是统一的：“万物之生意最可观，此元者善之长也，斯所谓仁也。人与天地一物也，而人特自小之，何耶？”（《河南程氏遗书》卷十一，《二程集》，第120页）“万物之生意”指万物生生不已的现象，程颢把这种生生不已归功于天地之“仁”（天地化育万物）使然的结果。从近代哲学的立场看，讲天地之“仁”纯粹是无谓的泛道德思辨而已，其中并没有任何实质性的意义，但是在人与天地同在的论域下，讲天地之“仁”则预示着“仁”应当是人普遍持守的基本价值规定。以仰慕天地化育万物为视域，自我于是具有了成就他人与他物的使命：“成己须是仁，推成己之道成物便是智。”（《河南程氏遗书》卷六，《二程集》，第82页）这样，在自我成就他人与他物的视域下，人作为道德化的存在不仅在人生态度上消解了人我之别与物我之别，而且，还把“行仁”与天地之“仁”看作是一种同在关系。

与程颢相比，程颐认识与自觉“仁”，采取一种分析的态度。按照程颐的观点，“仁”是一个抽象的概念，且具有多重规定，所以对于“圣贤所言仁处”，切不可以字面意思进行妄断，而应当结合具体情境“体认出来”。在释说孟子“恻隐之心”的过程中，程颐对传统的“仁”、“爱”关系给出了自己的看法，即“爱自是情，仁自是性”。当然，以“性”、“情”阐释“仁”、“爱”，在程颐那里不是偶然的，而恰恰根源于他对人性的特殊洞见：“性无不善，而有不善者才也。性即是理，理则自尧、舜至于涂人，一也。才禀于气，气有清浊。禀其清者为贤，禀其浊者为愚。”（《河南程氏遗书》卷十八，《二程集》，第204页）就人性洞见而言，程颐无疑是一个“性善论”者。根据这种“性善论”的观点，人在具体的“才”方面虽然有“贤愚之差”，但是就人性本身而言，无论是尧舜还是“涂人”，他们都是完全相同的。显然，程颐对人性的理解是思辨的，然而这种思辨并不影响其对“仁”、“爱”关系的澄清：“人性皆善，所以善者，于四端之情可见。”（《河南程氏遗书》卷二十二上，《二程集》，第291页）从相对具体的层面看，人具有“四端”之情，“爱”便是其中的一个方面，但是，在更为本原的意义上，以“爱”为表征的“四端”之情正好是“善性”（“仁”）的一种外化。基于对“性”、“情”关系的分疏，程颐把“仁”置于比“爱”更为根本的位置。进一步说，“仁”具有比“爱”更为广阔的内涵，而“爱”则仅仅是“仁”在日用常行中的具体践行，因此决不能“专以爱为仁”。这样，通过对“仁”、“爱”关系的析别，程颐批评了“后人”（尤其韩愈）“以爱为仁”的观念：“仁”包含有“博爱”的价值规定，即“仁者固博爱”，但绝不能像韩愈那样直接说“博爱之谓仁”，如果依从韩愈的路向，那么在“仁”、“爱”关系上无异于把本末倒置。

须要指出，在程颐那里，“爱”虽然不是“仁”的唯一，但却是“为仁”（“行仁”）的具体进路。也就是说，要使“仁”在现实的日用常行中具有可能性，那么，必须先从“爱”的具体践行开始。这种“爱”不仅落实在以“亲亲”、“仁民”为表征的人伦之序中，还被推扩至以“爱物”为表征的物我之间。从这个意义上说，程颐在“爱”的践行方面是同意韩愈的“博爱”说的，只是程颐讲“博爱”非常有限，因为在“亲亲而仁民，仁民而爱物”的具体推度中，尽管“爱”在外延上是广博的，但这种推度依然具有先后之分。首先，以“亲亲”为根基，可以促成自我对他人之“亲”的关爱，“唯能亲亲，故‘老吾老以及人之老，幼吾幼以及人之幼’”（《河南程氏遗书》卷二十五，《二程集》，第326页）。由此，自我在人伦之“爱”方面实现了由“亲亲”向“仁民”的转化。现实的人伦之“爱”有了保障之后，接下来才可以谈“爱”如何向“物”推度的问题。在“爱”向他物的推度中，程颐认为必须坚持“亲亲而仁民”的优先性，否则，任何绕开人伦之“爱”而直接关注“爱物”的尝试，都必将在现实中堕入墨子功利主义的泥潭。

程颐把这种以“亲亲”为基点的“爱”无限放大，进而还原为一种普遍的道德意识：“恻隐之心，人之生道也，虽桀、跖不能无是以生，但戕贼之以灭天耳。始则不知爱物，俄而至于忍，安之以至于杀，充之以至于好杀，岂人理也哉?”（《河南程氏遗书》卷二十一下，《二程集》，第274页）由于“恻隐之心”的先天（“生”）存在，故而使得人对他人与他物的关爱成为可能。此处所谓的先天（“生”）存在即是说，“恻隐之心”普遍存在于人心之中，即使是桀、跖之徒都不能无是“心”。只是，由于他们自身残害了这种天性，因此其所固有的“爱物”之心一天天地隐匿了起来，继而失去了忍让之心，乃至沉溺于“好杀”而不能自拔，这完全背离了“人理”的基本规定。须要指出，程颐把“恻隐之心”理解为人的普遍天性，是缺乏理论根据的，因为关于人性善恶的话题本身是一个具有争议的问题。而且，自孟、荀以来，这一问题一直为思想界所争论。然而，他把“好杀”与“人理”断然割裂，是值得肯定的，因为它不仅在内容上充实了人之为人的应然规定，而且也在实践层面印证着人作为道德化存在的崇高性。

不可否认，二程阐释“人理”，都程度不同地存在着思辨性倾向，不过，这种思辨在理论上无碍于他们对“人应当做什么”的澄清。如在对“万物无一物失所，便是天理时中”（《河南程氏遗书》卷五，《二程集》，第77页）的表述中，二程不仅为人在道德意义上构设出了理想化的归所，而且也把万物具体的存在方式视为它们必须遵循的应然规程。为了使问题能够得到更加透彻的说明，二程引述了《大学》“格物致知”的观点：

> 致知，但知止于至善，为人子止于孝、为人父止于慈之类，不须外面，只务观物理。（《河南程氏遗书》卷七，《二程集》，第100页）
>
> “致知在格物”。格，至也，穷理而至于物，则物理尽。（《河南程氏遗书》卷二上，《二程集》，第21页）

在《大学》之中，“格物致知”首先揭示的是物我之间“各有所止”的事实，然后在万物“知其所止”的意义上，试图开启人对其“所当止”的道德自觉。① 二程释说“格物致知”，已然触及到了《大学》的用意。这样，通过用“知其所止”来阐释“格物致知”，他们在应然层面把“人理”与“物理”统一了起来。

如所周知，本然的“物理”世界不存在任何道德的意蕴，然而，通过对万物应然规程的设定，可以赋予万物“知其所止”的事实以道德自觉的性质。这样，在道德自觉的意义上，穷究万物“各有所止”的道理无疑蕴含着人对“人理”的省察。程颢引用《中庸》“鸢飞鱼跃”的事例很能说明问题：“‘鸢飞戾天，鱼跃于渊，言其上下察也。’此一段子思吃紧为人处，与‘必有事焉而勿正心’之意同，活泼泼地。会得时，活泼泼地；不会得时，只是弄精神。”（《河南程氏遗书》卷三，《二程集》，第59页）“鸢飞鱼跃”描述的仅仅是万物“各有所止”的事实，然而结合“上下察也”的语境，似乎可以得出这样的结论：万物不仅在认识上可以做到“知其所止”，而且在事实上也都严格遵循着它们“各有所止”的应然规程。对程颢而言，体察万物的“各有所止”，最终是为了成就自我对当然之则的自觉。也就是说，在领会“鸢飞戾天，鱼跃于渊”的过

① 参见本书第一章第二节相关部分的内容。

程中，自我所获得的不只是关于万物“各有所止”的常识，更是自我对应然归所的道德自觉：“各止其所，父子止于恩，君臣止于义之谓。”（《河南程氏遗书》卷十一，《二程集》，第133页）

关于“物理”与“人理”关系的阐释，程颐也指出：“人患事系累，思虑蔽固，只是不得其要。要在明善，明善在乎格物穷理。穷至于物理，则渐久后天下之物皆能穷，只是一理。”（《河南程氏遗书》卷十五，《二程集》，第144页）在这里，“要”指示人之为人的要义，即“人理”。在“要”与“人理”互通的情况下，“要在明善”意味着“善”对“人理”的普遍规范作用。按照程颐的理解，“善”不仅规范着“人理”，同时也构成“物理”的核心要义。这样，在“善”的导引下，“人理”与“物理”具有了统一的规定性，并由此使得人与“物”的存在具有了迎合“善”的一面。在“各有所止”的意义上，人对“善”的迎合表现为人对“人理”的自觉，而“物”对“善”的迎合则表现为“物”对其存在方式的必然因循。事实上，前者只有在人的道德自觉下才具有可能性，而后者则在任何情况下都会必然发生。二程对此无疑有所洞察：“随其所止而止之，人多不能止。盖人万物皆备，遇事时各因其心之所重者，更互而出，才见得这事重，便有这事出。”（《河南程氏遗书》卷十八，《二程集》，第201页）基于“人多不能止”的现状，探讨“人理”的具体落实问题无疑显得特别必要。

为了确保“人理”之“善”的落实，程颐取道于《大学》“格物”之路向：“格，至也，如‘祖考来格’之格。凡一物上有一理，须是穷致其理。……须是今日格一件，明日又格一件，积习既多，然后脱然自有贯通处。”（《河南程氏遗书》卷十八，《二程集》，第188页）这就是说，要确保“人理”的落实，首先须从“格物”的功夫处入手。而且，只有借助于“格物”的功夫，自我对万物之“理”才能有较为深刻的体认。须要看到，程颐体认万物之“理”，既重视方法上的循序渐进，亦强调“理”在物我之间的“脱然贯通”。在“物理”与“人理”贯通的意义上，“格物”不再是自我对万物之“理”的认识，而是自我对“人理”所作的一种深层省察：“观物理以察己，既能烛理，则无往而不识。”（《河南程氏遗书》卷十八，《二程集》，第193页）“观物理以察己”展示出一种道德沉思的进路。值得一提的是，这种进路不限于程颐一人，程颢体认“鸢飞鱼跃”采纳的也是同一进路。这样，在二程看来，只有依据“观物理以察己”的进路，人才可在“格物致知”的具体行程中完成自我对“人理”的自觉。

四 圣人气象与人理的现实达致

“人理”的澄清是一项艰巨的理论工作，对于一般的道德思考来说，做好这项工作具有十分重要的意义，然而，探讨“人理”的实现决不能拘囿于抽象的理论层面，因为人毕竟是现实的存在。如果无视人的现实性，进而片面地在理论阐发上做功夫，那么，即便在理论上构设出非常完备的“人理”系统，但在实践层面依然难以确保“人理”与人的具体存在之间的一致性。① 事实上，在二程那里，“人理”作为人之为人的道理，是有其现实性品格的，且被完整地演绎于圣人具体的日用常行中。程颐对此说得非常明确：“圣人，人伦之至。伦，理也。既通人理之极，更不可以有加。”（《河南程氏遗书》卷十八，《二程集》，第182）当然，把圣人视为“人伦之至”是孟子的观点：“规矩，方员之至也；圣人，人伦之至也。”（《孟子·离娄上》）表面上看，“人伦之至”和“人理之极”在意思上特别接近，其差别似乎只是字面上的不同，然而，程颐把“人伦”说成“人理”是另有用意的：通过这种字面上的转化，圣人本身的范导意义不再局限于相对具体的人伦关系中，而是被普遍地延伸至现实的价值层面。

在圣人与“人理之极”互通的意义上，“人理”存在的意义远远超越了对人之为人的抽象说教，而是将一副伟大的人格形象完整映现于圣人的具体言行中。与之相应的是，在“人理”的实现方面，学习圣人或向圣人无限靠近成为达致这一目标的基本要求。如何向圣人学习？从哪里着手？是停留在那些记载着圣人言行的文字表面？还是深入到圣人内在的精神世界？对于这些问题，程颐明确给出了自己的看法：

---

① 就现代哲学而论，尼采针对基督教伦理的批评，无疑展示出对人的现实存在的重视。按照尼采的观点，基督教凭借“一种洛可可的趣味”，把《新约全书》“与《旧约全书》胶合成一本书，作为《圣经》，作为‘自在的书’，这也许是最大的冒险，是文学上的欧洲在良心上所具有的‘违背精神的罪恶’”。尼采的意思是说，由于基督教伦理在根本上脱离了人的现实存在，所以它不仅成为人的重负，更对人的现实存在构成压迫。（尼采：《善恶之彼岸：未来的一个哲学序曲》，程志民译，华夏出版社1999年版，第54页）。

> 学者不学圣人则已；欲学之，须熟玩味圣人之气象，不可只于名上理会。如此，只是讲论文字。(《河南程氏遗书》卷十五，《二程集》，第 158 页)

“熟玩味圣人之气象”，强调进入圣人精神世界的深层。依程颐之见，要学习圣人，切不可盯着那些记载着圣人说了什么和做了什么的具体章句作字面辨析。如果一味地胶着于“辨名析理”，那只是形式层面的“讲论文字”而已，在领悟圣人那种广博的道德胸怀和醇厚的精神气质方面终无所获。所以，“凡看文字，非只是要理会语言，要识得圣贤气象”（《河南程氏遗书》卷二十二上，《二程集》，第 284 页）。有见于玩味“圣人气象”对于践行“人理”的这种积极意义，二程把关注之点转到了对于圣人一言一行的具体考察上。

圣人是儒家理想人格的范型。关于何谓圣人、有无圣人等问题，儒家从一开始就持肯定态度。如孔子讲“久矣吾不复梦见周公”（《论语·述而》），“大哉尧之为君”（《论语·泰伯》），孟子“言必称尧舜”（《孟子·滕文公上》）等，都把尧、舜、周公视为他们所企及的圣人化身。孔孟之后，儒学的发展经历了汉唐儒家的推动，与此相应，圣人概念在外延上也得以拓展。迄“北宋五子”为止，圣人概念在外延上被放大到伊尹、孔子、颜渊、曾子、孟子，等等。① 面对诸多不同的圣人面孔，选择何者作为玩味对象，对二程来说具有非同寻常的意义，因为这关乎“人理”能否完满实现的问题。如前文所言，“人理”的核心要义是“仁”，在这个意义上，“人理”的实现问题也就是“仁”的践行问题。所以从根本上讲，玩味“圣人气象”，也就是要了悟“仁”在圣人精神气质上如何彰显的问题。当然，把握圣人精神气质离不开对圣人具体言行的体认，只是这种体认不再是单纯地了解圣人表面上说了什么和做了什么，而是要由此出发，深入到圣人说话、做事的内心世界中去。

在以上所罗列的圣人阵营中，孔子作为儒学的开创者不仅最先提出了“仁”的观念，而且也一直关注着“仁”的践行问题。就“仁”的理解和践行而言，先秦儒家阵营中除了孔子外，颜渊和孟子无疑是两个最具有代表性的人物。相比来说，颜渊对“仁”的践行，是接着孔子对“仁”

---

① 当然，此处所谓的圣人，是北宋五子在相对宽泛的意义上对古圣先贤的总称。

的言说而展开的，而孟子讲“仁政”，似乎更偏重于对“尧舜之道”的阐扬。二程对此不仅有较为清醒的认识，而且还都表现出一种一以贯之的态度，无论是程颢或程颐，他们在这一点上都站在了颜渊的立场上。如程颢说：

> 孟子才高，学之无可依据。学者当学颜子，入圣人为近，有用力处。(《河南程氏遗书》卷二上，《二程集》，第19页)
>
> 学者要学得不错，须是学颜子。有准的。(《河南程氏遗书》卷三，《二程集》，第62页)
>
> 程颐也反复强调：
>
> 颜、孟虽无大优劣，观其立言，孟子终未及颜子。(《河南程氏遗书》卷二十二上，《二程集》，第280页)
>
> 颜、孟之于圣人，其知之深浅同，只是颜子尤温淳渊懿，于道得之更渊粹，近圣人气象。(《河南程氏遗书》卷十五，《二程集》，第151页)

颜渊与孟子虽然同列圣门，但就何者之气象更接近圣人（特指孔子）而论，二程几乎都认可颜渊，而放弃了孟子。就内中原因来说，程颢认为孟子“才高”，“言必称尧舜”，且在其实际生活中看不到对“仁”的具体践行，所以学起来显得有些无据可循；而颜渊则明显不同，他不仅以自己的实际行动身体力行着“仁”的原则，而且还在现实中深得孔子之赏识，因此学习颜渊在操作层面似乎显得更“有准的”。和程颢相比，程颐尽管也站在了颜渊一边，但是他并不认为颜、孟在实质层面存在着明显的高下之别，只是在“立言”及“温”、“淳”、“渊”、“懿”等这些表层特征上，颜渊更接近于圣人。这样，通过颜、孟之间的具体比较，二程把颜渊的地位在圣门之中凸显了起来。

表面上看，二程选定颜渊作为步入圣人之境的基本路向，似乎和他们共同的老师周敦颐指引“寻孔颜乐处”直接相关：“昔受学于周茂叔，每令寻颜子、仲尼乐处，所乐何事。”（《河南程氏遗书》卷二上，《二程集》，第16页）但是对于周敦颐本人来说，“寻孔颜乐处”似乎不是通达圣人之境的唯一路径，因为除了提议“学颜子之所学”（《通书·志学》，《周敦颐集》，第23页）外，周敦颐还非常关注“志伊尹之所志”（同上）的问题。所以，就二程来说，选定颜渊作为通达圣人之境的基本路径，更多地取决于他们自己对颜渊气象的赏识和认同，至于他们共同的老师周敦颐的指引，最多也只能算一个外缘性的因素。

既然玩味“圣人气象”的本旨，在于了悟“仁”在圣人精神气质上如何彰显的问题，那么，考究颜渊“近圣人”之处，也就是审视颜渊本人在精神气质上“近仁”的一面：

> “默而识之”，乃所谓学也，惟颜子能之。故孔子曰：“吾与回言终日，不违如愚。”“退而省其私”者，言颜子退而省其在己者，亦足以发此，故仲尼知其不愚，可谓善学者也。(《河南程氏遗书》卷九，《二程集》，第106页)

在对“默而识之”的疏解中，二程把这种特殊的“为学”方法定性为“惟颜子能之”。以“默而识之”为视域，“不违如愚”被二程视为颜渊在气象上“近仁”（圣人）的主要依据。不过，从理论渊源上讲，二程把颜渊这种“不违如愚”的气象定性为“近仁”，也合乎原始儒家的初衷。按照儒家的开创者孔子对“仁”的本来界定，“刚、毅、木、讷，近仁。”（《论语·子路》）“巧言令色，鲜矣仁。”（《论语·学而》）就颜渊这种“不违如愚”的精神气质而言，“不违”展现出一种穷达不弃的坚毅精神，“如愚”又描画了一种远离“巧言令色”的淳厚品格。合而言之，“不违如愚”无疑是颜渊在日用常行中对“刚毅木讷”的一种现实演绎。

尽管颜渊在气象上最“近圣人”，但是“近圣人”毕竟还不能说就是圣人。同样，在颜渊和“仁”的关系上，也只能说他是最“近仁”者，但绝不能说他的所作所为代表了“仁”的全部内容。关于这一点，在程颢那里已经有所预见：“‘造次必于是，颠沛必于是’，‘三月不违仁’之气象也；又其次，则‘日月至焉’者矣。”（《河南程氏遗书》卷十二，《二程集》，第135页）根据程颢的意思，“造次必于是，颠沛必于是”，是“圣人气象”的原型，而颜渊那种“三月不违仁”的气象则稍差一点，至于那些“日月至焉”者，尽管是值得肯定的，但和颜渊气象相比，则显得又差了一点，所以在后两者的相较中，颜渊气象无疑更接近“圣人气象”的原型。

基于对颜渊气象的这种准确定位，程颐在实质层面展开了对颜渊气象的具体认识："颜子所事，则曰'非礼勿视，非礼勿听，非礼勿言，非礼勿动。'仲尼称之，则曰'得一善，则拳拳服膺而弗失之矣'；又曰'不迁怒，不贰过，有不善未尝不知，知之未尝复行也'。此其好之笃，学之之道也。"（《颜子所好何学论》，《河南程氏文集》卷八，《二程集》，第578页）相对于精神上的"不违仁"而言，"非礼勿视，非礼勿听，非礼勿言，非礼勿动"展现的是颜渊在现实的日用常行中对"礼"的严格遵循。也就是说，在颜渊那里，"不违仁"是非常彻底的：凡是他应当做的（"善"），颜渊不仅会铭记于心，而且还在具体行动上必然有所表露。另外，如果他做了不应当做的（"不善"），那么他一定会作深度的反省和认识，并能杜绝这种"不善"的再次发生。有见于颜渊这种表里如一的道德品格，程颐认为学颜渊不仅要学习其穷达不弃的坚毅精神，更要学习他那"好之笃"的做事原则。

按照二程对"退而省其私"的发挥，颜渊之所以能够做到"三月不违仁"，继而在精神气质上更加接近"圣人气象"，和他本人长期以来对自我志趣的省察息息相关：

> 如"盍各言尔志"，子路、颜子、孔子皆一意，但有小大之差，皆与物共者也。颜子不自私己，故无伐善；知同于人，故无施劳。若圣人，则如天地，如"老者安之"之类。（《河南程氏遗书》卷二上，《二程集》，第21—22页）

"盍各言尔志"，是《论语》中的重要篇章。据《论语》载："颜渊、季路侍。子曰：'盍各言尔志？'子路曰：'愿车马、衣轻裘，与朋友共。敝之而无憾。'颜渊曰：'愿无伐善，无施劳。'子路曰：'愿闻子之志。'子曰：'老者安之，朋友信之，少者怀之。'"（《论语·公冶长》）就"盍各言尔志"章中子路、颜渊和孔子对各自志趣的表达而论，二程认为，他们三人在总体上是相投的，即都以自我对他人的关爱为指向，只是在关爱能及的范围上，他们表现出一定的"小大之差"。具体来说，子路讲关爱，以物质资助为主，而且，其关爱对象也只能推扩至"朋友"这么一个特定的范围内，所以子路所讲的关爱依然是很有限的。而颜渊讲关爱，既强调对"善者"的尊重，又主张对"劳者"的体谅，因此它是一种基于善恶判断的道德关爱，在对象上这种关爱突破了以"私己"为基点的既定人伦关系。较之于两位弟子，孔子倡导的“老者安之，朋友信之，少者怀之”，表现出非常丰富的内涵：在关爱形式上既有物质上的投入，又有精神上的顾念；就关爱对象而言，他超越了颜渊对善者和恶者的区别对待，继而强调以一种博施济众的天地胸怀包容一切天下之人。

在对“盍各言尔志”章的相关分疏中，二程的态度明显偏向于颜渊和孔子，这或许是由于颜渊在志趣上更接近孔子的缘故。由剖析孔子博施济众的人生志趣开始，二程进一步展开了颜、孟气象在关爱他人方面所表现出的差异：

> 仲尼，元气也；颜子，春生也；孟子，并秋杀尽见。仲尼，无所不包；颜子示“不违如愚”之学于后世，有自然之和气，不言而化者也；孟子则露其才，盖亦时然而已。仲尼，天地也；颜子，和风庆云也；孟子，泰山岩岩之气象也。观其言，皆可以见之矣。仲尼无迹，颜子微有迹，孟子其迹著。（《河南程氏遗书》卷五，《二程集》，第 76 页）

“元气”代表最本原的存在，以“元气”表征孔子，在二程那里是别有用意的。由此不仅树立了孔子气象的范本地位，还把孔子对他人的关爱放大到“无所不包”的境地，在这个意义上，二程称孔子气象为“天地”。以孔子气象为理想范型，二程对颜渊与孟子气象分别给出他们自己的评价，由“春生”与“秋杀尽见”的表述可以看出，二程更趋于肯定颜渊对待他人的态度。在二程看来，颜渊“不违如愚”的气象往往能给人以自然温和的感受，基于此，他们把颜渊气象比示为“和风庆云”；相反，孟子似乎没有颜渊那样温文尔雅，在待人接物方面，孟子通常显得比颜渊要强硬一些，故而二程以“泰山岩岩之气象”来形容孟子。

概而言之，心怀天下的忧患意识和一以贯之的温文尔雅，是二程对颜渊乃至孔子气象的理想化塑造。就心怀天下的忧患意识而言，二程认为它构成了孔颜人生在世的基本关切，关于这一点，他们在分析《论语》“盍各言尔志”章时说得非常清楚。由于处处以天下为关切，所以对于孔颜来说，保持一贯的温文尔雅几乎是自然而然的事情：

> 颜子在陋巷，“人不堪其忧，回也不改其乐”。箪瓢陋巷非可乐，

盖自有其乐耳。“其”字当玩味，自有深意。(《河南程氏遗书》卷十二，《二程集》，第135页)

以上是程颢通过思考“孔颜之乐”而对“圣人气象”的又一种写照。在那被常人视为是“不堪其忧”的困陋之境中，颜渊却能够“不改其乐”，自然有其内中的原因。依程颢所见，理解颜渊“陋巷之乐”不宜从外在的境遇处看，而应当在“其”字上多加用功。当然，程颢强调对“其”字的玩味是有他自己的道理的：在他看来，一个人如果能够以天下为怀，那么对他而言，“小我”与“无所不包”的“大我”是完全统一的。“不改其乐”的“其”字，恰恰体现了“小我”与“大我”在颜渊身上的这种统一。由此而观之，颜渊之“乐”并非系在“箪瓢陋巷”之上，而在于他在现实中能够以天下为怀，并以一贯的温文尔雅对此付诸践行。公允地说，作为艰涩的境况，“箪瓢陋巷”无疑会给人造成诸多不便，想必颜渊对此不会一无所知，只是在颜渊那里这些似乎都不是问题，相反，实现“无伐善，无施劳”之理想目标才是其关注的重中之重。另外，在“陋巷之乐”的课题中，“乐”虽然指示自我在精神上所呈现出的一种长久满足，但是，这种“乐”本身不能作为一个直接目标加以追求，它在认识上必须以一个更为基础性的目标为前提。在颜渊那里，这一前提就是在现实中确立起自己“无伐善，无施劳”的人生志向。随着这一基础性目标的现实达致，颜渊不仅在精神世界上达成了“小我”与“大我”的完全统一，同时也呈现出一种长久的自足之乐。

关于颜渊“陋巷之乐”所反映的这种“小我”与“大我”的统一，程颐在解释“大而化之”时有过精辟的总结①：

“大而化之”，只是谓理与己一。其未化者，如人操尺度量物，用之尚不免有差，若至于化者，则己便是尺度，尺度便是己。颜子正在此，若化则便是仲尼也。“在前”是不及，“在后”是过之。此过不及甚微，惟颜子自知，他人不与。(《河南程氏遗书》卷十五，《二程集》，第156页)

① “大而化之”出自《孟子·尽心下》“大而化之之谓圣”。根据朱熹的解释，“大而化之”系指圣人之德的“不思不勉”(朱熹:《四书章句集注》，中华书局1983年版，第370页)。

按照程颐的解释，由于颜渊在实质层面能够自觉地以“无伐善，无施劳”为其人生志向，所以他在精神气质上表现出一副“大而化之”的气象。对于颜渊本人而言，这种“大而化之”气象的呈现，意味着他在精神世界上已经实现了化“无伐善，无施劳”之价值原则为自我理想的人生目标，并由此达成“小我”和“大我”的完全统一——“理与己一”。进一步说，在这种“小我”、“大我”相统一的境界下，践行以关爱他人为指向的“无伐善，无施劳”原则，不再成为自我身心的重负，而正好是自我实现自我的一种基本方式：“己便是尺度，尺度便是己。”在孔门弟子当中，程颐认为只有颜渊一人能够准确地把握住蕴含在这种统一关系中的度，其他人则一概不达，或“过之”，或“不及”。

可以说，二程以颜渊比示孔子的过程，是一个重塑“圣人气象”的过程。事实上，在《论语》的记载中，即使被二程视为圣人范型的孔子，其气象同样也不能保持一贯的温文尔雅。如《论语·述而》载：“子温而厉，威而不猛，恭而安。”尽管《论语》讲孔子气象明确用到了“温”、“不猛”、“安”等语词，但是也必须承认，由“温而厉，威而不猛”等句子所描述的孔子气象，毕竟和二程心目中的“圣人气象”（一贯的温文尔雅）之间还是存在较大偏差。因此可以肯定地说，二程描述颜渊气象仍然掺杂了他们仰慕圣人的理想成分，或许，对他们而言，唯此才能使圣人在气象方面更加迎合他们关于“人理”的理想化设定。这样，在圣人与“人理”互通的意义上，澄清“圣人气象”的过程同时也是二程畅想自我的人生理想的过程，对此，程颢更是直言不讳：

> 夫天地之常，以其心普万物而无心；圣人之常，以其情顺万事而无情。故君子之学，莫若廓然而大公，物来而顺应。（《答横渠张子厚先生书》，《河南程氏文集》卷二，《二程集》，第460页）

和张载讲“天地之心”一样，程颢此处讲天地的“心”也是一个形象的说法，其本旨在于比示圣人之“情”的大公无私。在这种比示中，“无心”并非没有心，“无情”亦非没有情，而是用来特别说明圣人没有私己之心，没有私己之情。在程颢看来，由于天地没有私己之心，所以

“其心”是普照万物的大公之心；圣人如天地，没有私己之“情”，因而其情是顺应万物的“廓然”之情。基于圣人“物来而顺应”的品格，程颢指出，一个人要想成就其圣人理想，首先必须要树立起“廓然而大公”的人生志趣。

何谓“廓然而大公”，在程颢那里是一个相对模糊的概念，这或许是由于程颢本人更偏向于以一些形象的事情来比示“圣人气象”的缘故。然而，程颐对此则有着清楚的界定：

> 仁之道，要之只消道一公字。公只是仁之理，不可将公便唤做仁。公而以人体之，故为仁。只为公，则物我兼照，故仁，所以能恕，所以能爱，恕则仁之施，爱则仁之用也。（《河南程氏遗书》卷十五，《二程集》，第153页）

“公”与“私”在义理上是一对恰成相反的范畴，根据程颐的阐释，“公”是理解“仁之道”的不二法门。在“公”与“仁”之间，由于“公”是“仁之理”，因此是更为根本的规定，但同时也要看到，“公只是仁之理，不可将公便唤做仁”。也就是说，“公”也仅仅是“仁之理”而已，但“公”本身毕竟不同于“仁”，“公”只有在和人现实的身体力行发生联系之后，才称其为“仁”。另外，“公”比“仁”在外延方面更为宽泛。具体来说，“公”既可描述形象的天地，亦可描述具体的人，但是“仁”则只能适用于对人的描述。就这一点而言，程颐与张载所持的立场非常相似，他们都扬弃了原始儒家对天地本身的泛道德思辨，进而把“仁”与“不仁”的问题仅仅限定在了对人道的反思中。① 在“只为公”的境界下，由于圣人没有私己之心，也没有私己之情，所以他可以做到

① 张载在总结老子天道观和人道观时指出：“老子言‘天地不仁，以万物为刍狗’，此是也；‘圣人不仁，以百姓为刍狗’，此则异矣。圣人岂有不仁？所患者不仁也。天地则何意于仁？鼓万物而已。圣人则仁尔，此其为能弘道也。”（《横渠易说·系辞上》《张载集》，第188—189页）。张载认为，天地“鼓万物”是自然而然地发生的，所以没有任何“仁”的意蕴，圣人对百姓的成就则完全是道德自觉的结果，因此这一行为具有“仁”的品格。在这个意义上，张载肯定了老子天道观的合理成分，同时也否定了其人道观上重自然的一面。对于张载的这一观点，程颐不仅在分疏“公”、“仁”关系时表现出一定的认同，而且，在另外一处也有专门的论述：“‘鼓万物而不与圣人同忧’，天理鼓动万物如此。圣人循天理而欲万物同之，所以有忧患。”（《河南程氏遗书》卷五，《二程集》，第78页）

“物我兼照”。毋庸置疑，这里所谓“物我兼照”，显然是程颐对“圣人气象”在实质层面所给出的一种具体描述，系指圣人所特有的那种满足自我与关爱他者（他人和他物）相统一的天地胸怀。

所以，程颐对“公”的界定是必要的。通过对“公”的阐释，他不仅澄清了“公”与“仁”之间的内在关系，还把“爱”与“恕”界定为圣人践行“仁”的两种基本方式。对二程而言，一个人只要自觉地践行了“仁”的原则，那么他即可成为圣人：“大抵尽仁道者，即是圣人，非圣人则不能尽得仁道。”（《河南程氏遗书》卷十八，《二程集》，第182页）这样，以“尽仁道”为视域，二程在“万物一体”的人道观向度上展开了他们对“圣人气象”的白描：

> 若夫至仁，则天地为一身，而天地之间，品物万形为四肢百体。夫人岂有视四肢百体而不爱者哉？圣人，仁之至也，独能体是心而已，曷尝支离多端而求之自外乎？（《河南程氏遗书》卷四，《二程集》，第74页）

由于圣人在内心深处是“至仁”无私的，所以，一方面，在人我关系上，圣人那种仁爱之心不受任何外在因素的辖制，“若善者亲之”（《河南程氏遗书》卷二上，《二程集》，第17页），不善者亦爱之，这样，圣人对他人的“爱”，是一种超越了善恶对待的普遍大爱。另一方面，在物我关系上，由于圣人“仁民爱物”的道德胸怀在内涵上包容了一切存在，所以在现实的日用常行中，圣人不仅能够以“天地为一身”，而且，还把万物之存在视为是和自己骨肉相连的“四肢百体”。

作为对“圣人气象”的实质性表述，“万物一体”也是二程对他们自己人生志趣的写照，程颢本人在实际生活中所表现出的气象尤其印证了这一点。据二程门人谢上蔡回忆：“明道先生坐如泥塑人，接人则浑是一团和气。”（《河南程氏外书》卷十二，《二程集》，第426页）如果把谢上蔡描述的程颢气象与二程心目中的“圣人气象”加以比较，那么不难发现，程颢和颜渊不仅在精神气质上非常相似，而且，在以“仁民爱物”为表征的实质层面，他们也表现出颇多雷同之处。具体地说，在精神气质上，程颢“如泥塑人”的气象和颜渊“不违如愚”的气象非常相似，在实质层面，“一团和气”俨然是颜渊那种宽厚仁爱的

“中和”气象。所以，对二程来说，玩味“圣人气象”并非出于一时的浪漫豪情，而恰恰是他们在实质层面对“仁民爱物”作为人道观理想的现实践履。程颢所表现出的气象，无疑是他们践行这种人道观理想的鲜活佐证。

结　语

在佛、老盛行的境遇下，北宋五子基于“万物一体”的天道观向度澄清天地万物生生不已的普遍必然性，有着其现实的理论意义。他们不仅坚持了儒家以“四时行焉，百物生焉”（《论语·阳货》）为表征的理性主义天道观①，而且，还在本体论层面回应了佛教和道教对“死生之说”的“妄断”，由此在理论基础上确保了儒家积极追寻人生意义的正当性。出于对人道观理想在价值之维的普遍性考量，在形式上借鉴“生生之道”具有的普遍性意蕴因此而成了他们的共识。由“太极”而立“人极”，由“天理”而明“人理”，以及邵雍对一多关系的多维辨正，都在一定意义上展示出他们对人道观理想的普遍构造。在把“圣人之道”确立为人道观理想的前提下，“仁民爱物”作为“人应当做什么”的观念化表述，同时也被他们赋予普遍的价值意蕴，而玩味“圣人气象”则是他们自己在实质层面对这种人道观理想的具体践行。

就“万物一体”的人道观向度而论，以关爱他者和满足自我之统一为指向的圣人之境，展示出一种工夫论的视域。在此功夫论视域下，由于自我在精神世界上实现了由“小我”向“大我”的转化，所以自我在实践层面不再受到私己之“偏”的困扰，由此不仅使自我能够以一种大公无私的心境积极践行“仁民爱物”的人道观理想，同时还使自我在精神

① 所谓理性主义，是特就儒家在天道观上承认天地万物的真实存在而讲的，当然，就儒家对天的泛道德思辨而论，这无疑也是他们不可回避的理论瑕疵。另外，在佛教“三法印”中，“诸行无常”似乎也揭示了“万物生生”的普遍必然性，但是其最终诉求在于否定万物自性的存在，继而引出佛教第一谛——“空谛”。相较之下，儒家讲“万物生生”，以承认天地万物本身的真实存在为本，而佛教讲“诸行无常”，则以否定万物自性为宗，在这个意义上也可以说，儒家天道观表现出理性主义的特征。关于儒、佛之间的这种差别，吕思勉把它总结为中国人和印度人在宇宙观上所表现出的不同：“中国人观于宇宙而得其变，印度人观于宇宙而得其空。”（吕思勉：《理学纲要》，东方出版社 1996 年版，第 18 页）。

上成为一个泰然自足的幸福之人。而且，在这种“以天地万物为一体”（《河南程氏遗书》卷二上，《二程集》，第15页）的“仁者”境界下，由于自我在物我关系上能够以“无所不包”的“博厚胸怀”普遍成就天地之间的一切存在，① 所以，自我在人我关系上同样也可以做到对他人的充分关爱或体谅。这样，以“仁民爱物”与泰然自若的共同达致为前提，践行“圣人之道”因此对自我而言具有了德福兼致的意蕴。

相对于一般的道德思考来说，北宋五子借“生生之道”的普遍性在形式上确立儒家“仁民爱物”之价值理想的普遍性，具有一定的前瞻性。这是因为即使在积极关爱的层面自我不能做到关爱他人与满足自我的完全统一，但是，从消极关爱的意义讲，满足自我至少不能以损害他人为前提。这是儒家“己所不欲，勿施于人”（《论语·卫灵公》）的哲学命题所表达的价值关怀，更是全人类应当普遍遵循的黄金规则。就这一点而论，北宋五子“万物一体”论无疑是具有建设性的哲学思考。

毋庸讳言，作为历史中的沉思，北宋五子“万物一体”论亦有其历史性的一面。通过由“太极”而立“人极”，由“天理”而明“人理”，所确立的不只是“仁民爱物”之价值原则的普遍性，同时，他们还把封建色彩浓厚的清规戒律推向普遍之维。如程颐在谈到孀妇再嫁问题时指出：

> 问：“孀妇于理似不可取，如何?”曰：“然。凡取，以配身也。若取失节者以配身，是己失节也。”又问：“或有孤孀贫穷无托者，可再嫁否?”曰：“只是后世怕寒饿死，故有是说。然饿死事极小，失节事极大。”（《河南程氏遗书》卷二十二下，《二程集》，第301页）

站在“立己”的角度看，“饿死事极小，失节事极大”似乎无可厚非，它在某种程度上展示出一种“贫贱不能移”（《孟子·滕文公下》）的伟大人格。然而，在“达人”的意义上说，把“饿死事极小，失节事

① “博厚”出自《中庸》第二十六章：“博厚，所以载物也；高明，所以覆物也”的观点，指示天地对万物的普遍包容和承载。不过，在宋明儒学话语中，“博厚”二字大多被用来表述人应当普遍具有的一种道德胸怀。

极大”确立为“孤孀贫穷无托者”的节操，显然缺失了关爱他人的意蕴，因为在主张她们守节的背后，“是一副对‘下民’非常残忍、冷酷的法官面孔”①。由此可见，程颐对儒家“己欲立而立人，己欲达而达人”（《论语·雍也》）原则的认识，是非常有限的——带有较强的历史性痕迹。所以，在实质层面有必要对其进行相应的批评和清算。

从哲学史的层面讲，北宋五子“万物一体”论，是先秦儒家“天人合一”说的理论延伸，更是对整个宋明儒家“万物一体”论框架的先行开拓。北宋五子之后，借“天理”而明“人理”的方法在朱熹那里得以接续。在其平生用力最勤的哲学著作《四书章句集注》中，朱熹指出：

> 盖至诚无息者，道之体也，万殊之所以一本也；万物各得其所者，道之用也，一本之所以万殊也。以此观之，一以贯之之实可见矣。（《论语集注》里仁，《四书章句集注》，第72页）
>
> 所谓致知在格物者，言欲致吾之知，在即物而穷其理也。盖人心之灵莫不有知，而天下之物莫不有理，惟于理有未穷，故其知有不尽也。是以《大学》始教，必使学者即凡天下之物，莫不因其已知之理而益穷之，以求至乎其极。至于用力之久，而一旦豁然贯通焉，则众物之表里精粗无不到，而吾心之全体大用无不明矣。此谓物格，此谓知之至也。（《大学章句》第五章，《四书章句集注》，第6—7页）

以上两段尽管出自不同的篇章，但是，它们在某种程度上都显示出朱熹理解“万物一体”的不同向度。首先，是“万物一体”的天道观向度。在“万物一体”的天道观向度上，朱熹把“至诚无息”视为万物普遍必然的本体，与之相应，万物的具体存在普遍受到这一本体的宰制。这样，依据“一以贯之”的原理，朱熹为天地万物普遍的生生不已在本体论层面给出了统一性说明。而通过分疏“一本”对“万殊”的普遍贯通，朱熹又展开了其由“物理”而自觉“人理”的“格物论”构想。

就朱熹对《大学》“格物致知”的发挥而论，其本旨在于回答穷究“物理”对于自觉“人理”意味着什么，而不在强调“即物穷理”本身的知识论意义。如此说来，可以把“格物致知”视为一个自我自觉“人

① 冯契：《中国古代哲学的逻辑发展》，上海人民出版社1983年版，第760—761页。

应当做什么”的道德认知过程。在这个过程中，自我不仅以灵明之“心”认识了万物皆有其“理”的必然性，而且，在“至乎其极”的统一层面，自我还洞察到“万物一理”的普遍性。以“万物一体”的天道观向度为视域，依据“豁然贯通”的原理，继而在本体论层面可以达成自我对人之为人的理解和实现。也就是说，在这种“至乎其极”而“豁然贯通”的境界下，自我一方面认识到“物理之极”对万物的普遍宰制，另一方面也自觉到“人理之极”就是自我应当身体力行的当然之则。当然，就朱熹对“人应当做什么”的普遍性寻思而论，在价值层面构造出像自然法则（“物理”）那样具有普遍必然性的道德法则，只是他对道德原则持怀的一个想象而已，因为这并不能在现实层面确保道德原则的普遍达致。

从北宋五子到朱熹，哲学家基于“万物一体”的天道观向度而阐述人之所以为人的理论尝试，一直都没有中断过，甚至，连主张内修心性的陆象山也不能例外。这一点在象山对《易传》“三才之道”的分疏中有所反映：“道塞宇宙，非有所隐遁，在天曰阴阳，在地曰柔刚，在人曰仁义。故仁义者，人之本心也。”（《与赵监》，《陆九渊集》，第 9 页）根据象山的意思，天、地、人“三才”虽然在经验层面呈“鼎三足而立”（《二五以变错综其数》，《陆九渊集》，第 262 页）的情形，但是在“道”的统一层面，他们之间又具有某种内在的一致性。具体来说，“道”在天表现为“阴阳”的互动，“道”在地又表现为“柔刚”的相交，“道”在人则表现为“仁义”的“本心”。这样，通过对“三才之道”在至极层面的贯通，象山在形式上把“仁义”定性为人之为人的基本规定。从逻辑结构上看，象山对“三才之道”的这种贯通，和周敦颐由“太极”而立“人极”的构想几乎完全是相同的，只是在内涵上，象山似乎更进了一步。也就是说，在周敦颐立“人极”的构想中，“仁义”是普遍的道德原则（“人之极则”），而在象山“三才相通”的论域下，“仁义”是人们普遍具有的道德“本心”。所以，相比来说，后者更加重视对“仁义”的现实存养和扩充。当然也不可否认，象山的“本心”概念也有自身的问题，从应当持存的道德意识方面讲，“本心”不仅是可以理解的，而且也是合理的。然而，在本然固有的意义上，讲“仁义本心”无异于是对人性本身的一种抽象思辨，这显然是象山对孟子“心性论”痼疾的一种承续。

不过，最能代表象山上述理论倾向的，莫过于他对《大学》“格物致知”的阐释。在这一阐释中，象山明确把格究“物理”视为端正人心的基本进路：

> 伯敏问云：“以今年较之去年，殊无寸进。”先生云：“如何要长进？若当为者有时而不能为，不当为者有时乎为之，这个却是不长进。不恁地理会，泛然求长进，不过欲以己先人，此是胜心。”伯敏云：“无个下手处。”先生云：“古之欲明明德于天下者，先治其国；欲治其国者，先齐其家；欲齐其家者，先修其身；欲修其身者，先正其心；欲正其心者，先诚其意；欲诚其意者，先致其知；致知在格物。格物是个下手处。”伯敏云：“如何样格物？”先生云：“研究物理。”伯敏云：“天下万物不胜其烦，如何尽研究得？”先生云：“万物皆备于我有，只要明理。”（《语录下》，《陆九渊集》，第440页）

以上对话首先是由象山弟子伯敏“问长进”而引发。在象山看来，真正的“长进”，只能见之于自我对“当为者有时而不能为，不当为者有时乎为之”现象的反省和避免，至于那些通过和他人一比高下而获得的“长进”，只是一种“胜心”罢了，而于进德修业则毫无“长进”。基于这一背景，象山把“格物”理解成一个用以端正人心的“下手处”。通过穷究“物理”之极，可以使人在内心深处彻悟“当为”和“不当为”的“人理”之极，乃至付诸践履。

和朱熹相比，象山对“格物致知”的认识，在形式上明确少掉了“用力之久”和“豁然贯通”两个步骤，且在内容上把“格物穷理”转化成“格物明心”。然而须要看到，象山对“格物致知”的认识也不过仅此而已，其在逻辑结构上依然没有走出程朱借“天理”而明“人理”的理论窠臼。① 直到王阳明为止，格局才发生了根本性的转向，基于早年“格竹未通”的经历，王阳明彻底否定了借鉴自然法则（“物理”）来建立道德理想的进路。对此，王阳明门人有过传奇式的描述：

---

① 象山对传统路径的这种沿袭，后来也受到了王阳明的批评：“致知格物，自来儒者皆相沿如此说，故象山亦遂相沿得来，不复致疑耳。然此毕竟亦是象山见得未精一处，不可掩也。”（《答友人问》丙戌，《王阳明全集》，第210页）

> 因念：“圣人此处，更有何道?”忽中夜大悟格物致知之旨，寐寐中若有人语之者，不觉呼跃，从者皆惊。始知圣人之道，吾性自足，向之求理于事物者误也。(《年谱》一，《王阳明全集》，第1228页)

在王阳明看来，作为自然法则的“物理”，其在实质层面和“人理”的自觉之间不具有任何关联性，因为任何普遍的道德原则，如果没有自我的道德自觉，那么，讨论其普遍性是毫无意义的。所以在王阳明那里，如何保证“理”在形式上的普遍性似乎无关紧要，而达成自我对“理”的现实践行才是问题的根本。

以自我对“理”的现实践行为指向，“万物一体”的天道观向度在王阳明那里不再成为一个重心，而是转向对“万物一体”的人道观向度的考察：

> 大人者，以天地万物为一体者也，其视天下犹一家，中国犹一人焉。若夫间形骸而分尔我者，小人矣。大人之能以天地万物为一体也，非意之也，其心之仁本若是，其与天地万物而为一也。岂惟大人，虽小人之心亦莫不然，彼顾自小之耳。是故见孺子之入井，而必有怵惕恻隐之心焉，是其仁之与孺子而为一体也；孺子犹同类者也，见鸟兽之哀鸣觳觫，而必有不忍之心，是其仁之与鸟兽而为一体也；鸟兽犹有知觉者也，见草木之摧折而必有悯恤之心焉，是其仁之与草木而为一体也；草木犹有生意者也，见瓦石之毁坏而必有顾惜之心焉，是其仁之与瓦石而为一体也；是其一体之仁也，虽小人之心亦必有之。是乃根于天命之性，而自然灵昭不昧者也，是故谓之“明德”。小人之心既已分隔隘陋矣，而其一体之仁犹能不昧若此者，是其未动于欲，而未蔽于私之时也。及其动于欲，蔽于私，而利害相攻，忿怒相激，则将戕物纪类，无所不为，其甚至有骨肉相残者，而一体之仁亡矣。是故苟无私欲之蔽，则虽小人之心，而其一体之仁犹大人也；一有私欲之蔽，则虽大人之心，而其分隔隘陋犹小人矣。故夫为大人之学者，亦惟去其私欲之蔽，以明其明德，复其天地万物一体之本然而已耳；非能于本体之外而有所增益之也。(《大学问》，《王阳明全集》，第968页)

在王阳明看来，“万物一体”仅仅是他对儒家人道观理想的另一种表述，这一命题同时也隐含了他对儒家价值理想的普遍预设。具体来说，这种预设主要体现在王阳明对“大人”和“小人”的区划中：一方面，“大人”所具有的那种道德胸怀是一切人应当持存的对象；另一方面，“小人”的自私狭隘应当受到天下之人的普遍鄙弃。“大人”、“小人”之别不仅是道德认识上的不同，更是精神境界的差异。进一步讲，“大人”之为“大人”，在于他能够“视天下犹一家，中国犹一人”，所以，“大人”的精神世界是一个无所不包的“大我”；“小人”则“间形骸而分尔我”，相应于此，“小人”的精神世界也只是局限于一个独善其身的“小我”而已。

对于王阳明而言，“万物一体”作为价值理想，其普遍性不需要任何来自天道观向度的思考做担保，因为在他看来这种普遍性本身是自明的。“仁民爱物”是人之所以为“大人”的普遍规定，这一点即使对于具体的“小人”而言也是自明的，如果能够不受私己之欲蒙蔽，继而以“仁民爱物”为指向，那么，“小人”也就是“大人”。反之，作为“大人”，如果受到私己之欲的蒙蔽，而不以“仁民爱物”为指向，那么，“大人”也会下堕为“小人”。所以，“大人”、“小人”之别不是王阳明对人的具体存在的绝对分类，而是以能否“以天地万物为一体”为标准甄别“万民”的结果。以人道观向度的“仁民爱物”为指向，王阳明把“去私欲之蔽”视为人生修养的唯一进路。当然，也须要看到，在王阳明那里，“万物一体”由天道观向度向人道观向度的转向是可能的，因为在程朱理学已然成为官方思想的境况下，王阳明不需要面对儒、释、道互相“非难”的问题，相比之下，北宋五子时代的情况则并非如此。

作为一个重要哲学问题，“万物一体”有着绵长而悠久的历史脉络，更有着广泛而庞杂的思想内涵，北宋五子对“万物一体”的思考尤其如此。的确，以系统的思路厘清北宋五子“万物一体”论，是一个不易攻克的理论难题。

附录一

孟子仁政说的正己去治化基质①

在先秦儒者的话语世界里，“政”与“治”是关联而又分殊的一组哲学范畴。基于共同的伦序关照，“政”与“治”总是被相提并论，所以也造就了二者的关联性；但从“政”与“治”所内含的哲学精义方面讲，则二者又各自归属于不同的理论向度：“政者，正也。”（《论语·颜渊》）“少而理曰治。”（《荀子·修身》）显然，在原始儒家看来，“政”指涉一种与道德基准相关的价值权度，这一权度关涉着道德基准的“正与不正”问题。而“治”则是出于合伦合序的一种经验裁制。由“政”之价值权度出发可以达致合伦合序的“治”之指归。因此，可以说，“政”是儒家的所谓“内圣之学”，“治”便是“外王之学”，由“政”达“治”的理论构想坚定了儒者们“内圣开出外王”的理想信念。

一　仁政质疑：仁政不是仁治

在学界传统，关于孟子“仁政”说的理解，论者多从“统治术”的角度来诠释“仁”对“为政”的积极意义，这样便造成“仁政”与“仁治”混而为一的理论格局，从而单纯在政治伦理的层面上把“仁政”说给予泛化处理。如胡适认为，孟子论政治与墨子如出一辙，只是他“不肯公然用‘利’字，故用‘仁政’两字。……总而言之，你须要能善推其所为，你须要行‘仁政’”②。胡适对孟子“仁政”说从“统治术”方面的理解具有开拓性意义，其理论影响也是深远的。尔后，冯友兰对孟子

---

① 原刊于《中州学刊》2008年第3期，第135—138页。其中关于“仁”的释说，经修改后融入“万物一体”的人道观向度部分。

② 胡适：《中国哲学史大纲》，上海古籍出版社1997年版，第216页。

“仁政”说也持类似的见解：“‘仁政’就是统治者根据自己的‘不忍人之心’‘推己及人’的结果。”① 这种从“统治者”（君主）出发处理问题的单一向度，在一定程度上弱化了“仁政”说的普遍性指向。

与传统理解不同，港台学人自觉到“统治术”理解的有限性，所以在对“仁政”说本身进行诠释时，他们试图另辟蹊径。如牟宗三基于“政”与“治”的二分指出：“政道是相应政权而言的，治道是相应治权而言的。中国以前于治道，已进至最高的自觉境界，而政道则始终无进展。”② 牟氏注意到“政”与“治”在哲学义理上的分殊的确是一创见，但如果仅仅在“权”的维度上甄别孟子“仁政”说，则似乎不是特别符合先秦儒家对“政”与“治”哲学义理的原本勘定，因为基于“权”的解释很容易把“仁政”说理解为关于政权运作的一种理论构想。牟氏耳目一新的创见很具有代表性，如台湾学者黄俊杰据“民贵君轻”认为，孟子政治论旨在“人民主体性的建立”，从而突破了“君主主体性”。③ 黄氏的理论划归突破了传统由“君主主体性”出发讨论“仁政”的陈说，但一味地强调“人民主体性”，同时也是对孟子政治哲学在理解上的一种过度诠释。因为“仁政”说从主体性的角度讲是具有普遍性指向的，不必从“统治权”的归属问题上进行划分，所以应当在理论划归上超越“人民”与“君主”的二分。

另外，也有学者对“仁政”说采取分割理解的方式。如劳思光把孟子的政治思想分割为三块：“（一）民本说及孟子对政权转移问题之理论；（二）‘仁政’与‘王道’；（三）‘仁’之效用化及德治观念。”④ 劳氏这种分割处理问题的方式缺失了对“仁政”说的系统性贯通，因为就其所分割出的第一点和第三点而论，只不过是第二点（“仁政”）的补充而已。依此分割，“仁政”说的理解只能停留在“政权”概念的藩篱中，从而不能很好地把握“仁政”说本身的哲学精义。另外，如果按“德治观念”理解，那么，“仁政”就会成为“苛政”的对立面，从而把“政”与“治”在理解上同化。这样，在“仁政”说的理解上，仍然没有走出传统的“统治术”窠臼，从而不能完整地展现“仁政”说所固有的哲学精神。

① 冯友兰：《三松堂全集》第 8 卷，河南人民出版社 2000 年版，第 314 页。
② 牟宗三：《政道与治道》，广西师范大学出版社 2006 年版，第 1 页。
③ 黄俊杰《中国孟学诠释史论》，社会科学文献出版社 2004 年版，第 397 页。
④ 劳思光：《新编中国哲学史》一卷，广西师范大学出版社 2005 年版，第 130 页。

以上诸多观点大致囊括了学界传统对孟子“仁政”说的理解。其间也不乏创见多多，皆能做到是其所是而非其所非。但论者要么将“仁政”说在古代的“统治术”藩篱中加以引申；要么借助近代以来的“政权”概念对“仁政”说给以理论阐发。由“统治术”出发理解“仁政”说，使得“仁政”只能是“苛政”的对立面，这种基于“统治术”的平面化阐发不仅导致了“仁政”与“仁治”在概念理解上的模糊性，而且也不利于我们完整地理解“仁政”说所固有的哲学精神。基于近代“政权”概念诠释传统的方法虽然是富有理论新意的，但这种跨越历史之维的求新在一定程度上也会导致超历史问题，进而促成逻辑差强历史的情形。所以，对孟子“仁政”说根本精神进行重新订正显得尤为必要。

“仁政”说是孟子政治哲学的基本内涵，作为儒家政治哲学的古典理念，其缘起于对孔子关于“仁”与“政”的原创性解释之秉承。孟子“仁政”说将“仁”与“政”合而为一，大大丰富了二者固有的思想内涵。在孟子看来，以“仁”为基准展开“修己”的路向，经由“修己以安人”、“修己以安百姓”（《论语·宪问》）等环节，在客观上可以促成以“政”去“治”的预期效果。这样，“仁政”说的特质不在于彰显“统治术”的伦理性征。与此相反，“仁政”说的特质，在于以“仁”为基准获致自我在伦序生活中的拨乱反正，达到人伦关系的井然有序。先秦儒者就“政”与“治”在哲学精神上的分殊，意味着“善政”与“善治”在精神特质上是各自不同的，这同时也促成了“仁政”与“仁治”在理论向度上的差异。

二　正己归仁:仁政说的普遍性指向

孟子非常重视“仁政”说所涵摄的哲学精神，由对这一哲学精神的阐发开始，“仁政”说被提升到非常重要的地位：“三代之得天下也，以仁；其失天下也，以不仁。国之所以兴废存亡者亦然。天子不仁，不保四海；诸侯不仁，不保社稷，卿大夫不仁，不保宗庙，士庶人不仁，不保四体。”（《孟子·离娄上》）“三代”之兴盛在于人们对于“仁”的重视，皆能以“仁”“正身”，同样，“三代”之废弛也在于人们对“仁”的无视。通过对“三代”进行经验性考察可以获知，“仁”在理论上应该成为一切人的“正身”的操守，于是，“仁政”说被赋予普遍的道德秉性：上至“天子”，下至“士庶人”，背离了“仁”的根本精神，则会丧失其本有的人伦之序。

“仁政”说的哲学精神首先显现在“政”的性格中。透过“政”的宰制，“仁”不再是纯粹的道德理念，而成为一切人在伦序生活中的首要关照。在这一点上，孟子继承了孔子关于“政”的发明。对于“政”的精神特质，孔子曾经指出：“子帅以正，孰敢不正?”（《论语·颜渊》）“其身正，不令而行；其身不正，虽令不从。”（《论语·子路》）显然，在孔子对“政”的理解中，最明显的特质是强调“修身正己”的自觉性，这一自觉性一旦见之于生命个体，就会成为内向反省的主体性（Subjectivity）。当然，孟子把“修身正己”的主体性发挥得更为精辟：“欲为君尽君道，欲为臣尽臣道。”（《孟子·离娄上》）由此来看，孟子“仁政”说所涵摄的主体性就是儒家精神中一贯的道德意识，即“把主体性复加以特殊的规定，而成为‘内在的道德性’，即成为道德的主体性”①。在孟子看来，“仁政”的根本精神也只能是“欲为君尽仁道，欲为臣尽仁道”。概而言之，“仁政”说的普遍性指向在于“欲为人尽仁道”。所以，理解“仁政”说，绝对不能离开孟子对于人之为人的把握。②

《孟子·离娄下》载：“人之所以异于禽兽者几希，庶民去之，君子存之。舜明于庶物，察于人伦，由仁义行，非行仁义也。”孟子对人之为人的思考紧紧扣住内在于人的“仁义”德性，由这一德性扩充可以构筑井然有序的人伦生活。唯有如此，人才能够摆脱兽化的存在（Animal existence），获致一种人化的存在（Humane existence）。所以孟子探讨人性问题的主要志趣在于，通过对人之为人的思考实现对“仁”的把握。“仁”归属于人性，“仁政”说提出的前提是基于对人性的自觉，所以从逻辑上讲，“仁政”说的实现也就是人性的实现，准确地说，是将人性中“仁”的德性彰显于外。

孔子在论述“仁”的实现时，曾提到一个非常明确的路径：“克己复礼为仁。一日克己复礼，天下归仁焉。”（《论语·颜渊》）孔子认为，以“克己”为进路向“礼”归化，最终可以走向“仁”的实现。就孔子的

---

① 牟宗三：《中国哲学的特质》，上海古籍出版社1997年版，第4—5页。

② 毕明良：《人与人的实现：试论孟子的“仁政”思想》，《兰州大学学报》2005年第4期。

这一观点，孟子在“仁政”说中似乎很有发明。因为在“仁政”说中，孟子不再讲“克己”，而只是讲“正己”，即以内在的“仁”为基准去端正自身。故而我们可以把“仁政”看作是一种“切己自反”的“内省功夫”：“行有不得者，皆反求诸己，其身正而天下归之。”（《孟子·离娄上》）所以，在“仁政”说向经验生活投射的过程中，“仁”的实现只能是“仁”的内在复出，而不是目的论意义上所讲的“仁”的达到。“人不足与适也，政不足与间也。”（《孟子·离娄上》）“内省正身”的“功夫”须持之以恒，决不允许出现间断（“间”），因为保持“功夫”的连贯性是确保天下人向“仁”复归的内在依托。

“君子之守，修其身而天下平。”（《孟子·尽心下》）在孟子“仁政”说中，“仁”成为一切人“修身”的内在操守，以此为契机可以通达“正己”之鹄的，继而在整体上实现平治天下之理想。所以，就孟子“仁政”说的哲学精神而论，通过“修身正己”而向“仁”复归是最为重要的，其中隐含的“统治术”关怀则是次要的。如果有人非要说，“仁政”说中隐含有“统治术”关怀；那么我们还可以进一步说，它（“统治术”关怀）绝对不是“仁政”说的根本精神所在。因为从根本上讲，“仁政”说的本旨不在于倡导“统治术”的伦理化，而只是昭示一种以“修身正己”为进路，构筑美好生活的“内省功夫”。

三　仁的展开:政在伦理向度上的达致

对于问题本身的分解有助于进一步简化理解问题的难度。毫无疑问，在对孟子“仁政”说的分解中，关于“政”的理解，我们已经有所确定。于是，要拓展“仁政”说的理解空间，则必须从“仁”的理解中去深究。由于“仁政”说的本旨在于向“仁”的复归，这使得我们的理解有了转机：“仁”在思想内涵上的展开与“政”所要达致的伦理向度成为同而为一者。如此一来，我们会很自然地把视角由“政”的意义分析转到“仁”的精神拓展上来。

从理论渊源上审视，孟子“仁政”说与孔子“仁”学是一脉相承的。因为无论是孔子“仁”学，也无论是孟子“仁政”说，内向性构成了它们共同的精神特质。在孔子“仁”学中，其精神特质的内向性是与“己”

分不开的。① 而在孟子"仁政"说中，"己"也被隐含在其中，只是孟子通过"仁"与"政"的并论，把"仁"归置在了"正己"的伦理向度中，使得"仁"转变成为"己"的最高价值关照。于是随着"仁"的展开，"己"在伦理向度上至少可以端正如下两方面的内容。

第一，由回归本己的亲情而"推恩"，可以使仁爱向天下人推度。在孟子"仁政"说里，这一点明确地表现在他对基于血缘之亲情的重视上："孩提之童，无不知爱其亲者，及其长也，无不知敬其兄也。亲亲，仁也。敬长，义也。无他，达之天下也。"（《孟子·尽心上》）"亲亲"之情是仁爱发端的源头，因为对于一个人而言，父母、兄长作为"切己"之"亲"是绝对不可选择的，所以他们对他而言，具有先天的伦序意义。只有将这一"仁"的源头时时存置于身，追本溯源，端正自我，进而实现"己"向"仁"的复归。"人人亲其亲，长其长，而天下平"（《孟子·离娄上》）。简言之，"仁政"说的要旨意味着，天下所有人都必须要存守"亲亲"这一本原的"爱"，唯有基于这一"亲亲"之源，天下才有可能向"仁"归聚。

孟子抓住了这种宗法亲情的自然性和长效性，并以此为基点，敞开了其潜在的伦理意义："老吾老，以及人之老；幼吾幼，以及人之幼；天下可运于掌。……故推恩足以保四海，不推恩无以保妻子。古之人所以大过人者，无他焉，善推其所为而已矣。"（《孟子·梁惠王上》）显然，"仁政"说落实在"仁义之心"的推度过程中，孟子把这种"仁义之心"的向外推度称作"推恩"，即以"老吾老"之心推及"人之老"，以"幼吾幼"之心推及"人之幼"。这种建立在亲情推度基础之上的"推恩"说具有很大的发展潜力，它可以促成天下人各得其所，互敬互爱。这样，我们也可以把"仁政"说看成是一种主张"向爱还原"的学说，其宗旨在于重塑人对人的关爱之情："爱人，不亲，反其仁。"（《孟子·离娄上》）在孟子看来，仁爱必须要出自真情实感（"亲"），排除情感而掺杂了其他因素，则有悖于仁爱的根本精神。"君行仁政，其民亲其上，死其长矣。"（《孟子·梁惠王下》）"贼仁者谓之贼，贼义者谓之残，残贼之人谓之一夫。闻诛一夫纣矣，未闻弑君也。"（《孟子·梁惠王下》）君如果能够正

① 张美宏：《切"己"与"尽己"：孔子"仁"学诠释的内在进路》，《孔子研究》2007年第3期。

身以“仁”，那么他就会去关爱民，与此相应，民也会反过来爱护君。相反，君如果对民“不仁”，则民反其以“不义”。这里，孟子以君民关系指示了仁爱在人与人之间的普遍互动。

第二，存养本己的“不忍人之心”，可以守持住仁爱固有的纯粹性和高尚性。前面已经提到，“仁政”说是一种“向爱还原”的学说，那么，这种“爱”又具有什么特质？它对于“己”又如何可能？对此，孟子以“不忍人之心”为指引给予了一定的理论阐释：

> 所以谓人皆有不忍人之心者，今人乍见孺子将入于井，皆有怵惕恻隐之心，非所以内交于孺子之父母也，非所以要誉于乡党朋友也，非恶其声而然也……人皆有不忍人之心，先王有不忍人之心，斯有不忍人之政矣。以不忍人之心，行不忍人之政，治天下可运之掌上。(《孟子·公孙丑上》)

孟子所谓的“不忍人之心”是指一种发自内心的“关爱”，这一“关爱”是至纯至真的。因为从其发端处看，孟子已经排除了三重不纯粹的考量，即“内交于孺子之父母”，“要誉于乡党朋友”，“恶其声而然”。在这三重不纯粹的考量中，前两重是与名利相关的，第三重是与身体的外在感受有关的。基于“不忍人之心”的这种“关爱”一方面是没有掺杂任何不纯粹的名利因素；另一方面也不是由外在的身体感受着手的，这一“关爱”从形式上讲只能是一种纯粹的“应当”，所以它是出自“关爱”本身的。关于这一点，我们可从孟子对仁爱的意义疏解中见其重心指向：“由仁义行，非行仁义也。”(《孟子·离娄下》)“由仁义行”指明了仁爱的纯粹性，即出于内心之中的“仁义”本身（Act out of Benevolence and Right），丝毫不为自我内心之外的其他因素所宰制。而“行仁义也”仅仅凸显了外在行为在事实上的合规范化，这只是把“仁义”外在化为一种具有约束性的准绳，这种环节也可以在主体缺失“关爱”意识的前提下被动完成，所以，它只要求外在行为的“合仁义化”（Act According to Benevolence and Right）。孟子肯定了前者，而否定了后者。“人皆有不忍人之心”是说，“不忍人之心”这一德性是人本己的东西，不限于“先王”一人，对于所有人都是可能的。只要人们（包括“先王”）都能够以“仁”端正自身，则天下向合伦序化的回归易如反掌。

孟子讨论“仁政”说是很重视“信验”的。因为无论“不忍人之心”被论述得怎样尽善尽美，它仍然是一套超乎现实的思辨理论。所以在孟子那儿，要使这套理论成为经验生活的必然向导，进而保持住仁爱的纯粹性和必然性，就必须首先创造出保持其纯粹性和必然性的条件。在对答梁惠王问“利国”时，孟子指出：“王何必曰利？亦有仁义而已矣。王曰‘何以利吾国’？大夫曰‘何以利吾家’？士庶人曰‘何以利吾身’？上下交征利而国危矣。”（《孟子·梁惠王上》）即是说，如果“仁政”不是出于“仁义”本身，而是出于“治”的关照，那么就会使“仁政”说为政治所胁迫，进而给“仁政”说蒙上功利色彩，并使得该学说本身被下堕到实用的政治操作层面，因此也就无法显示“仁政”说的真正精神所在。为此目的，孟子在多处强调国家富足的重要性：“夫仁政，必自经界始。经界不正，井地不钧，谷禄不平。是故暴君污吏必慢其经界。经界既正，分田制禄可坐而定也。”（《孟子·梁惠王上》）“仁政”说要成为可能，其先决条件在于“经界之正”，“井地之钧”，“谷禄之平”。这些条件不具备，则“仁政”说无法摆脱政治操作层面上的功利胁迫。这样，国家的富足对于“仁政”说的实现是至关重要的。只有天下人解决了衣食问题，才能使天下人在经验生活中不受衣食问题的困扰，回归本己的“不忍人之心”，进而在当下境遇中皆能做到“由仁义行”。

综上所述，我们可以初步断定，“仁政”在理论内涵上不等于“仁治”。孟子“仁政”说缘起于对孔子关于“仁”与“政”原创性解释的秉承，其真正精神体现在“正己”的伦理向度中。孟子倡导“仁政”说的本旨不在于构建长效性的“统治术”，而只是在宣示一种以“修身正己”为契机，构筑美好生活的“内省功夫”。“政”的经验达致落实在“仁”的伦理展开中，这在一定程度上彰显了“仁政”说固有的去“治”化性格，所以，“仁政”说是一种主张“向爱还原”的学说，其宗旨在于重新找回人对人的关爱之情。

附录二

《易传》中命对生和性的统摄[①]

“性”不仅是儒学的核心范畴，也是中国哲学的一个研究主题。不过，在中国上古典籍中，“遗文”不多讲“性”字，而代之以与其在形象上相近的“生”字。儒家所谓“性”者，“其字义自《论语》始有之，然犹去生之本义为近”[②]。“性”与“生”的这种特殊关系，意味着要在哲学上深究“性”之奥义，“生”则成为不可忽视的意义本原。《易传》有多处讲到“生”和“性”，只是与先秦“遗文”的情况有所不同。《易传外》所谓的“生”和“性”，在意义上既是关联的，又是分殊的。这就是说，对于《易传》所谓的“生”和“性”，应当从多维的视角加以区别和审视。

一　天地之大德曰生：由生敞开命的论域

“生”这一字，就其本意来讲比较宽泛。据《康熙字典》可以断定，它在先秦至少蕴涵以下四层意思：其一是生产的意思；其二是生养的意思；其三在意思上是指“死”的对立面；其四是造出的意思。就“生”所蕴含的这四层意思来说，先秦文献（除《易传》外）都是在最一般的意义上使用的。《易传》虽然多处使用“生”字，但与先秦其他文献相比，《易传》对它的使用超出了以上四层意思，而更多地在哲学层面上赋予“生”以动态的性格：

---

① 原刊于《周易研究》2008 年第 6 期，第 54—59 页。其中在本体论层面对“生生之谓易”的阐发，可以说是“万物一体”的天道观向度之思想雏形。

② 傅斯年：《中国现代学术经典·傅斯年卷》，河北教育出版社 1996 年版，第 10 页。

生生之谓易。成象之谓乾，效法之谓坤。（《易·系辞上》）

天地之大德曰生。（《易·系辞下》）

可以看出，在《易传》中“生生”就是“易”的基本规定，由此规定出发，“生生不已”也就成为天地总的规定性。因为“生”不但揭示天地以拟乾效坤的方式创生万物，而且这种创生一经形成，它就会像草木的生长一样，成为一个“生生不已”的过程。这样，“生”不再是一个瞬息完成的环节，而成为一个具有无限延展性的过程，“生”在本义上发生了转化。

以上是对“生生之谓易”和“天地之大德曰生”的理解。其实，如此之理解并非前无古人，晋人韩康伯就此已开先河：“阴阳转易，以成化生。”① “施生而不为，故能常生，故曰‘大德’也。”② 依韩注，“生”缘起于阴阳之“转易”，并且，这种“生”是以“不为”的方式“常生”不息地进行的，所以称它曰“大德”。对于“天地之大德”，也许有人会问，“生”何以能够“常生”不息？或者说“生”不断地得以延续的根据是什么？只要对韩注进一步分析便可以发现，“生”萌动于阴阳的“转易”，所以“常生”不息在逻辑上只能发端于阴阳“转易”的大化不已：

刚自外来而为主于内。动而健，刚中而应，大亨以正，天之命也。（《易·彖·无妄》）

“刚”与“柔”是相对的，刚动而柔静，“转易”是刚动的表现。从卦象的结构看，无妄表现为乾上震下的形式，所以，“刚自外来而为主于内”是针对震的刚动而言的，即“震之刚从外而来，为主于内，震动而乾健，故能使万物‘无妄’矣”③。如果不拘泥于卦象，而把彖辞当作一个独立的整体，那么单从彖辞本身所蕴含的哲学义理入手，也许能够给以“刚自外来而为主于内”一种富有创意的诠释：“刚自外来”是说，刚动是外在于万物的，这就决定了“转易”对于万物的超越性；刚动虽然外

① 楼宇烈：《王弼集校释》，中华书局 1980 年版，第 543 页。

② 同上，第 558 页。

③ 王弼，孔颖达：《周易正义》，北京大学出版社 1999 年版，第 115 页。

在于万物，但它又“为主于内”，即它同时也是万物存在的内在根据。在这个意义上，作为刚动之表现的“转易”，一方面超越于万物，另一方面还宰制着万物，从而成为形成它们内在基质的根基。另外，刚动也是至“健”的，这就赋予“转易”以大化不已的品格，与此相应，万物在内在基质上也必须承续天地那种“常生”不已的品格。把基于“转易”的外在超越性与内在必然性相统一就是“大亨”，“大亨”之所以可能，是由“命”来实现的。这样，“命”在《易传》中既具有超越的一面，又具有内在的一面。

从超越的角度讲，“命”预示着阴阳之间大化不已的“转易”超然于万物，是它们不可逆转的基本事实；从内在的角度讲，“命”统摄着万物的内在基质，成为它们“生生不已”的力量源泉。《易传》就是通过内外统一的方式把“生”提升到“命”的层面，实现“生”与“命”的并置。在这个意义上，“生”与“命”一并构成了《易传》哲学思想的最高范畴——“生”成为万物之“本根”①。把“生生”与“易”对等齐观是《易传》的首创，据此《易传》把“生”定位为万物必然的命数，并使“生”具有了超越性基质，开拓性地建立了关于“生”的本体论学说：

> 大哉乾元，万物资始，乃统天。（《易·彖·乾》）
>
> 至哉坤元，万物资生，乃顺承天。（《易·彖·坤》）
>
> 夫乾，其静也专，其动也直，是以大生焉。夫坤，其静也翕，其动也辟，是以广生焉。（《易·系辞上》）

乾坤两卦象征着天地，其彖辞映射着对于天地创生万物的基本理解。即天“资”万物以“始”，地“资”万物以“生”，但无论“始”抑或“生”，它们都整体地蕴含着万物从无到有的显现。而且，这一显现一经完成，仍然在“生生不已”地接续着天地的创发性过程。天地的这一创发性过程既是本然地铸就的，同时也是自然地进行的，所以说它具有“广”、“大”之性征。对于天地的这一创发性过程，孔子也持有类似的看

① “本根”一词见于张岱年《中国哲学大纲》第一部分第一篇中，系指“宇宙中之最究竟者”（张岱年：《中国哲学大纲》，中国社会科学出版社 1982 年版，第 6 页）。本文此处所用的“本根”在意义上相当于后面讲到的关于“生”的本体论，这与张先生对“本根”的使用在义理上基本一致。

法："天何言哉？四时行焉，百物生焉，天何言哉？"（《论语·阳货》）天从来没有勉强自己，它只是无声无息地创生万物，"生生不已"地化育万物。相对于万物的"生生不已"而言，"天地之大德"则表现为一种本原的"生"，它化生万物，无所不及，故而成就其"大德"。

在"生"的本体论体系下，"生"作为最高的哲学范畴不只是天地之"大德"，更是万物之"本根"，于是天地和万物在逻辑上被"生"统一起来，具有一个共同的命数。这样，关于"天地之大德"，既可以在"大"的超越性上去理解，也可以在"广"的涵盖性上去认识。前者从思辨的角度出发，指示"生"具有"生生不已"、"不为"而成的基质，后者则从逻辑的层面入手，说明"生"在内涵上是一全称判断，故而它是无所不及、无所不在的。天地"生生不已"的本然性建基在"阴阳之道"上面，也就是说，阴阳本然的"转易"是"生"策动的原动力。熊十力在解释"一阖一辟之谓变"（《易·系辞上》）时，对这一本然的"转易"很有发明："一翕一辟之谓变。原夫恒转之动也，相续不已。动而不已者，元非浮游无据，故恒摄聚。"① 按照熊先生所见，阴阳本然的"转易"是由"翕辟"二者对立转化的关系所成致的。"翕辟"之间的对立不是绝对的，"翕"不能永远为"翕"，由于"摄聚"的作用，它就转化为"辟"；同理，"辟"也不能永远为"辟"，由于"摄聚"的作用，它就转化为"翕"。所以，"翕辟"不是截然割裂的，而呈现为"一翕一辟"、"相续不已"的过程，这一过程也就是"恒转之动"。"翕辟"的"恒转"成致了阴阳"转易"的"相续不已"，从而也就促成了天地"生生不已"的本然性：

> 《易》之为书也不可远，为道也屡迁。变动不居，周流六虚。上下无常，刚柔相易，不可为典要，唯变所适。（《易·系辞下》）

这段议论与前面提到的"生生之谓易"在义理上基本一致。就这段议论张岱年指出："易之为道是屡迁，迁而无已；一切都变动不居，更无静止；周流于六位而无定，或上或下而无常，刚柔相推而互易。总之，变之本性只是变，不可为之典要，即不可立定死板的公式，而推变之所至。

① 熊十力：《新唯识论》，中华书局1985年版，第68—69页。

一切在流转中，宇宙乃是一日新无疆的历程。”① 借用张先生的话，“生”之本性只是“生”，不可为之典要，一切在流转中，天地和万物（宇宙）乃是一“生生不已”的历程。如果“命”是一探讨必然性的哲学范畴，那么由“生”所敞开的关于“命”的论域，则更多地强调“生生不已”这一过程的必然性，这似乎也就构成了《易传》对于“命”的基本理解。

二　成之者性也：命向万物的顺承

把“命”理解为“生生不已”的必然过程是一种理性的态度。它揭穿了以往披在“命”这一哲学范畴上的神秘面纱，“命”走出了神秘的阴影，不仅成为可理解的对象，而且也成为形成万物内在基质的主要根据：

> 一阴一阳之谓道。继之者善也，成之者性也。（《易·系辞上》）

《易传》把阴阳“转易”的过程叫作“道”，认为这一“道”自身是完满的（“善”）。“成之者性也”说明“转易”之“道”作为一种普遍的根据，是无所不在、无时不在的，所以“转易”之“道”不仅超然于万物，同时还宰制着万物，成为它们不可逆转的命数。把这种不可逆转的命数向万物继续顺承，就会转化为它们“生生不已”的内在本性。这样，“生”与“性”在“命”的论域中具有了同源性和同质性，由此《易传》实现了“命”向万物本性的顺承：

> 乾道变化，各正性命。（《易·彖·乾》）
> 坤道其顺乎？承天而时行。（《易·文言·坤》）

就“命”本身论，它具有必然性，万物绝对不可能逆转这一事实。基于这一事实，《易传》在论“性”时尤其强调“柔”和“顺”的意义。也就是说，相对于“命”的“刚”和“健”，“性”不得不“柔”且“顺”。要指出的是，“柔”和“顺”并不意味着“性”本身就无所作为，而是指在“性”与“命”二者之间，“性”应当指向“命”，以“命”为

---

① 张岱年：《中国哲学大纲》，中国社会科学出版社1982年版，第95页。

旨归。《易传》在论“性”时所讲的“柔”和“顺”不是泛泛而谈，而是有具体指向：万物在性征上对“刚健”之命数的“柔顺”，具体表现在它们“生生不已”的历程中。这与楚简对“性命”的理解相类似：“性自命出，命自天降。”① 关于楚简的微言大义或可另作深究，但只要以“性自命出，命自天降”的基本构思，审视《易传》由“命”向“性”顺承的内在理路，不难发现，《易传》从超越万物的层面理解“命”是有积极意义的。既然“生”之本性源自于“命”（“性自命出”），而“命”又是指万物不可逆转的“天命”（“命自天降”），那么“生”也就成为“天命”赋予万物的一般本性。

王弼在解“复其见天地之心乎”（《易·彖·复》）时指出：“复者，反本之谓也。天地以本为心者也。凡动息则静，静非对动者也；语息则默，默非对语者也。然则天地虽大，富有万物，雷动风行，运化万变，寂然至无是其本矣。”② 王弼对“复”的理解是独到的，他所说的“本”就是“本根”的意思，天地作为“本根”是“运化万变”的，它们创生万物，是万物不可回避的命数。另外，作为既定的命数，“运化万变”是在没有任何主使的情况下自然进行的，所以用“寂然至无”来描述其特点是比较恰当的。在“命”向“性”顺承的进程中，“命”实现了对“生”和“性”的统摄，“运化万变”随之也就转化为天地和万物统一的德性：

> 元者，善之长也。（《易·文言·乾》）
>
> 和顺于道德而理于义，穷理尽性以至于命。（《易·说卦》）
>
> 天地睽而其事同也，男女睽而其志通也，万物睽而其事类也。睽之时其用大矣哉。（《易·彖·睽》）

天地“运化万变”的本性之所以能够转化为万物“生生不已”的德性，这是由乾元的特征所决定的。因为在《易传》看来，乾元的“刚健”性也就是万物在德性方面的总根源，用熊十力的话说，“万德万理之端皆乾元性海之所统摄”③。关于“穷理尽性以至于命”这一命题，据韩康伯

① 刘钊：《郭店楚简校释》，福建人民出版社 2003 年版，第 88 页。
② 楼宇烈：《王弼集校释》，中华书局 1980 年版，第 336—337 页。
③ 熊十力：《原儒》，中国人民大学出版社 2006 年版，第 183 页。

解释："命者，生之极；穷理则尽其极也。"[①] 韩注在义理上是可取的，与前文对"命"的理解基本相吻合。"命"在"性"之上，是万物之所以"常生"不息的根据，故而说"命"是"生之极"。所谓"生之极"是指"生"贯穿于天地人之间，成为他们共同的命数。对象世界虽然可区别为天地之异（"睽"），但它们都处在"常生"不息的历程中，所以说"其事同"（或"其事类"）；人虽然有男女之别（"睽"），但他们都以"自强不息"为共通的志向，因此也说"其志通"。基于天地人在经验常识中存在的差别和异在（"睽"），《易传》肯定了这种差别和异在的积极意义（"睽之时其用大矣哉"）。因为只有从异在性出发，才能做到"睽而知其类，异而知其通"[②]，继而发现它们共通的命数。

天地人在"命"上面的统一是通过"穷理"的功夫所达致的。《易传》认为，这种功夫对常人来说是不可能的，因为在通常情况下，他们是没有自觉的，只是很自然地做他们应当做的事情。所以说"百姓日用而不知，故君子之道鲜矣"（《易·系辞上》）。常人那种没有自觉的生存状态，不是《易传》所主张的。根据《易传》的观点，君子必须通过"穷理"的功夫做到对"命"的自觉和自知。只有这样才能完全领会"生"、"性"同质的生命意义，进而自觉地把"生生不已"的性征充分彰显在个体当下的生活中，最终实现"尽性"之鹄的：

> 夫《易》，圣人之所以极深而研几也。唯深也，故能通天下之志；唯几也，故能成天下之务。(《易·系辞上》)
>
> 精义入神，以致用也；利用安身，以崇德也。过此以往，未之或知也。穷神知化，德之盛也。(《易·系辞下》)

照这里所说，"极深研几"仅只是"穷理"的具体展开。"极深研几"是要穷究宰制天地人的终极命理，由于其终极性，所以通过它能够"通天下之志"，"成天下之务"。"穷神知化"预示着"极深研几"最终必须以德性为着落，即通过"极深研几"，可以领会天地人"运化万变"的内在德性。这样，领会"穷神知化"的"精义"便有助于觉知天地人

① 楼宇烈：《王弼集校释》，中华书局1980年版，第576页。

② 同上书，第597页。

统一的德性。《易传》所说的“成性存存，道义之门”（《易·系辞上》）正是由此而引发的。就人性讲，“成性”并不是另外有所建立，另外有所成就，而只是把天地人“常生”不息的命理顺承在积极向上的人性中，成为人本己的德性，然后再以“存存”为依托，把本己的德性扩充于外，这也是理解“穷理尽性”的关键所在。

三 顺天休命:昭示一种积极的在世意义

在整个“穷理尽性”的功夫中，“穷理”只是功夫的起步，通过这一步，可以把天地人“运化万变”的命理顺承在他们“生生不已”的本性中，这样也就实现了“生”和“性”的同构。从某种程度上讲，“生”与“性”的同构克服了道家对于“命”的消极理解。因为按道家中坚庄子的观点，“命”的确是“运化万变”的，而且整个有限的人生也被卷入“方生方死，方死方生”（《庄子·齐物论》）的命运大流之中，所以人生在世，只能自然无为地顺应命运之摆布①。《易传》也认为“命”是“运化万变”的，而且人不可能与“命”相违：

> 火在天上，大有。君子以遏恶扬善，顺天休命。（《易·象·大有》）
>
> 随风，巽。君子以申命行事。（《易·象·巽》）

这里的“顺天休命”讲得非常形象，“顺天”要求人自觉地接纳“天命”，“休命”提醒人应当“依命而休”，以“命”为自己的栖息地。这样“命”也就宰制了整个人的生活世界，在关涉人的一切事宜中，人必须“申命行事”，不能与“命”的必然性相违。

表面上看，《易传》对“命”的理解与庄子的理解没有多大区别，但实际上这两种理解是格格不入的。在《易传》看来，无论“顺天休命”，也无论“申命行事”，它们都昭示了一种积极向上的人生态度。从根本上

① 庄子对命运的态度是消极因循的：“适来，夫子时也；适去，夫子顺也。安时而处顺，哀乐不能入也，古者谓是帝之悬解。”（《庄子·养生主》）显然，面对命数的“运化万变”，庄子认为人生只能无为应对而已。

讲，这是由“生”与“性”的同构决定的：“生”的“刚健”不息促成了“性”的积极有为，继而成就了人生态度上的乐观向上：

天行健，君子以自强不息。(《易·象·乾》)

地势坤，君子以厚德载物。(《易·象·坤》)

水洊至，习坎。君子以常德行，习教事。(《易·象·习坎》)

明出地上，晋。君子以自昭明德。(《易·象·晋》)

《易传》对人生在世的理解是积极的，无论是“自强不息”还是“厚德载物”，它们都指涉一种积极向上的人生态度，所以在理解上不宜把“坤”之“柔顺”比附为道家式的自然无为。在“生”和“性”同构的论域里，“坤”之“柔顺”只能被理解为对乾之“刚健”的因循，具体反映在人生上就是要践行“自强不息”、“厚德载物”的德性。从理论渊源上看，这种积极向上的人生态度与“天地之大德曰生”的观点是相照应的，“常德”就是指“常生”不息的“大德”、“明德”。“以常德行，习教事”是主张把那种“大德”自觉地践行在现实的生活世界中，进而在本己的生活世界中“自昭明德”。

在《易传》中，“穷理”和“尽性”的功夫是不可分割的，完成“穷理”之后，则必然要转向“尽性”。也就是在践履的向度上，把天地人共通的德性映现在现实的经验生活中，实现由“穷理”向“尽性”的跨越。正是这一意义上，金景芳提出：“盖所贵于知命者，乃在明了宇宙变化之法则，以求得人生行为之法则，而此行为法则，非以顺应自然为已足，乃在‘裁成辅相’，以增进人类之幸福。”① 所以从功夫的视角讲，“穷理”固然非常重要，但是“尽性”则是这一功夫的最终指向：

夫大人者，与天地合其德，与日月合其明，与四时合其序，与鬼神合其吉凶。先天而天弗违，后天而奉天时。天且弗违，而况于人乎？而况于鬼神乎？(《易·文言·乾》)

唯天下至诚，为能尽其性；能尽其性，则能尽人之性；能尽人之性，则能尽物之性；能尽物之性，则可以赞天地之化育；可以赞天地

① 金景芳：《学易四种》，吉林文史出版社1987年版，第76页。

之化育，则可以与天地参矣。(《中庸》二十二章)

以上前一段话是“《易传》中与天地调协的思想之最明白的表述”①。诚然，“刚健”不息的命数先天地宰制着天地，而作为后天的人和物更不能例外，天地人都要摄入到“运化万变”的命运大流之中，接纳他们共通的、积极向上的内在德性。所以“与天地合其德，与日月合其明，与四时合其序，与鬼神合其吉凶”的主张都是由“生”、“性”同构于“命”的观点引发的。据此，《易传》对“尽性”有了与《中庸》相类似的理解：人生天地间，一方面在“尽人之性”，同时也在“尽物之性”。推而广之，“尽性”就是要把内在于天地人的共通德性践行在人们的经验生活中，实现“人道”向“天地之道”的通达。就这一问题，不妨可以借鉴方东美的一个观点：“人道者，参元也（‘参元’一辞借自《文心雕龙·原道第一》）。夫人居天地之中，兼天地之创造性和顺成性，自无深切体会此种精神，从而于整个宇宙生命创进不息、生生不已之持续过程中，厥尽参赞化育之天职。”②人只有在觉知到“生”之“大德”是他自身和天地万物共通的命数时，才能把那种似乎是外在于自身的天命内在化，继而觉知“生生不已”就是他本己的德性。唯有如此，生命才能够自觉地担当起人生的使命，与天地万物一道，坦然面对命数的必然趋向。

《易传》以“命”统摄“生”和“性”的理论构想，为中国文化指认出一条积极向上的生命路向。在理论建树方面，由“生”向“性”的理论跨越赋予人性说以动态的意蕴，这也就从根本上突破了以往陈说对于人性的静态化理解。“生”、“性”同源于“命”的理论构想，不但给人性以“生生不已”的内在特质，而且使这一“刚健笃实”（《易·彖·大畜》）的德性具有了超越性的一面。所以这一理论构想一方面坚固了儒家人性论的哲学基础；另一方面还印证了儒家的一个基本观点：面对有限生命的“运化万变”，不应当采取道家那种消极因循的态度，而是要把那种“生生不已”的命数内在化，进而把那种似乎是悲观的“运化”顺承在现实的人性中，使其成为人们积极向上地彰显在世意义的内在根据。所以对于人生在世的理解，《易传》的态度不仅是自觉的，而且也是积极的，从

① 张岱年：《中国哲学大纲》，中国社会科学出版社1982年版，第322页。
② 方东美：《中国现代学术经典·方东美卷》，河北教育出版社1996年版，第381页。

一定意义来说，这与儒家一贯所倡导的“忠”、“信”、“仁”、“义”是相契合的。《易传》在“性命”理论上的突破是具有建设意义的，它上承先秦原始儒家的“性命”之原本，下启宋以来新儒家拓展“性命”学说的新天地，奠定了“性命”这一哲学范畴在儒学发展历程中的原创地位。

参考文献

一　古籍

王弼，孔颖达:《周易正义》，北京大学出版社 1999 年版。
朱谦之:《老子校释》，中华书局 1984 年版。
程树德:《论语集释》，中华书局 1990 年版。
孙诒让:《墨子闲诂》，中华书局 1986 年版。
焦循:《孟子正义》，中华书局 1987 年版。
王先谦:《荀子集解》，中华书局 1988 年版。
陈鼓应:《庄子今注今译》，中华书局 1983 年版。
王明:《抱朴子内篇校释》，中华书局 1985 年版。
刘勰:《文心雕龙译注》，齐鲁书社 1995 年版。
韩愈:《韩昌黎文集校注》，上海古籍出版社 1986 年版。
李翱:《李翱集》，甘肃人民出版社 1992 年版。
周敦颐:《周敦颐集》，中华书局 2009 年版。
邵雍，《皇极经世书》，中州古籍出版社 2007 年版。
邵雍:《伊川击壤集》，学林出版社 2003 年版。
张载:《张载集》，中华书局 1978 年版。
程颢，程颐:《二程集》，中华书局 2004 年版。
陆九渊:《陆九渊集》，中华书局 1980 年版。
朱熹:《四书章句集注》，中华书局 1983 年版。
黎靖德:《朱子语类》，中华书局 1994 年版。
曹端:《曹端集》，中华书局 2003 年版。
王守仁:《王阳明全集》，上海古籍出版社 1992 年版。

黄宗羲:《黄宗羲全集》，浙江古籍出版社 2005 年版。

二 中文专著

陈钟凡:《两宋思想述评》，东方出版社 1996 年版。
吕思勉:《理学纲要》，东方出版社 1996 年版。
冯友兰:《三松堂全集》，河南人民出版社 2001 年版。
钱穆:《阳明学述要》，正中书局 1955 年版。
钱穆:《中国思想史》，台湾学生书局 1988 年版。
熊十力:《体用论》，中华书局 1994 年版。
张君劢:《新儒家思想史》，中国人民大学出版社 2006 年版。
方东美:《生生之德》，黎明文化事业股份有限公司 1979 年版。
侯外庐等:《宋明理学史》，人民出版社 1984 年版。
张岱年:《中国哲学大纲》，中国社会科学出版社 1982 年版。
冯契:《中国古代哲学的逻辑发展》，上海人民出版社 1983 年版。
陈荣捷:《王阳明与禅》，台湾学生书局 1984 年版。
牟宗三:《心体与性体》，上海古籍出版社 1999 年版。
牟宗三:《从陆象山到刘蕺山》，上海古籍出版社 2001 年版。
徐复观:《中国人性论史·先秦卷》，上海三联书店 2001 年版。
唐君毅:《中国哲学原论·原教篇》，中国社会科学出版社 2006 年版。
任继愈主编:《中国佛教史》第二卷，中国社会科学出版社 1985 年版。
朱伯崑:《易学哲学史》，华夏出版社 1995 年版。
劳思光:《新编中国哲学史》，广西师范大学出版社 2005 年版。
徐远和:《洛学源流》，齐鲁书社 1987 年版。
梁绍辉:《周敦颐评传》，南京大学出版社 1994 年版。
陈郁夫:《邵康节学记》，天华出版事业股份有限公司 1979 年版。
唐明邦:《邵雍评传》，南京大学出版社 1998 年版。
蔡仁厚:《宋明理学·北宋篇》，吉林出版集团有限责任公司 2009 年版。
张世英:《天人之际——中西哲学的困惑与选择》，人民出版社 1995 年版。
蒙培元:《理学范畴系统》，人民出版社 1989 年版。
陈俊民:《张载哲学思想及关学学派》，人民出版社 1986 年版。
成中英:《易学本体论》，北京大学出版社 2006 年版。

张立文：《宋明理学研究》，中国人民大学出版社 1985 年版。

张立文：《走向心学之路——陆象山思想的足迹》，中华书局 1992 年版。

陈来：《宋明理学》，上海：华东师范大学出版社 2004 年版。

陈来：《有无之境——王阳明哲学的精神》，人民出版社 1991 年版。

杨国荣：《善的历程——儒家价值体系的历史衍化及其现代转换》，上海人民出版社 1994 年版。

杨国荣：《心学之思——王阳明哲学的阐释》，生活·读书·新知三联书店 1997 年版。

杨国荣：《伦理与存在——道德哲学研究》，上海人民出版社 2002 年版。

杨国荣：《王学通论——从王阳明到熊十力》，华东师范大学出版社 2003 年版。

杨国荣：《成己与成物：意义世界的生成》，人民出版社 2010 年版。

徐洪兴：《思想的转型——理学发生过程研究》，上海人民出版社 1996 年版。

向世陵：《理气心性之间——宋明理学的分系与四系》，湖南大学出版社 2006 年版。

杜保瑞：《北宋儒学》，台湾商务印书馆股份有限公司 2005 年版。

吴震主编：《宋代新儒学的精神世界：以朱子学为中心》，华东师范大学出版社 2009 年版。

张学智：《明代哲学史》，北京大学出版社 2000 年版。

陈立胜：《王阳明“万物一体”论——从“身—体”的立场》，华东师范大学出版社 2008 年版。

杨柱才：《道学宗主——周敦颐哲学思想研究》，人民出版社 2004 年版。

黄秀玑：《张载》，东大图书股份有限公司 1987 年版。

朱建民：《张载思想研究》，文津出版社 1989 年版。

丁为祥：《虚气相即——张载哲学体系及其定位》，人民出版社 2000 年版。

温伟耀：《成圣之道——北宋二程修养工夫论之研究》，河南大学出版社 2004 年版。

何俊，范立舟：《南宋思想史》，上海古籍出版社 2008 年版。

彭永捷：《朱陆之辩——朱熹陆九渊哲学比较研究》，人民出版社 2002 年版。

杨立华：《气本与神化：张载哲学述论》，北京大学出版社2008年版。
张德麟：《程明道思想研究》，台湾学生书局1986年版。
李日章：《程颢·程颐》，东大图书股份有限公司1986年版。
张永儁：《二程学管见》，东大图书股份有限公司1988年版。
郭晓东：《识仁与定性——工夫论视域下的程明道哲学研究》，复旦大学出版社2006年版。
李晓春：《宋代性二元论研究》，中国社会科学出版社2006年版。
李煌明：《宋明理学中的“孔颜之乐”问题》，云南人民出版社2006年版。
朱承：《治心与治世：王阳明哲学的政治向度》，上海人民出版社2008年版。

三　译著与外文原著

亚里士多德：《尼可马科伦理学》，苗力田译，中国人民大学出版社2003年版。
康德：《纯粹理性批判》，邓晓芒译，人民出版社2004年版。
康德：《实践理性批判》，邓晓芒译，人民出版社2003年版。
黑格尔：《小逻辑》，贺麟译，商务印书馆1980年版。
海德格尔：《存在与时间》，陈嘉映、王庆节译，生活·读书·新知三联书店2006年版。
海德格尔：《演讲与论文集》，孙周兴译，生活·读书·新知三联书店2005年版。
柏格森：《形而上学导言》，刘放桐译，商务印书馆1963年版。
维特根斯坦：《哲学研究》，陈嘉映译，上海人民出版社2005年版。
摩尔：《伦理学原理》，长河译，上海人民出版社2005年版。
弗格森：《道德哲学原理》，孙飞宇、田耕译，上海人民出版社2005年。
尼采：《善恶之彼岸：未来的一个哲学序曲》，程志民译，华夏出版社1999年版。
雅斯贝斯：《生存哲学》，王玖兴译，上海译文出版社2005年版。
卡西尔：《人论》，甘阳译，上海译文出版社2003年版。
赖特：《知识之树》，陈波等译，生活·读书·新知三联书店2003年版。
布伯：《我与你》，陈维纲译，生活·读书·新知三联书店2002年版。

加达默尔:《真理与方法》，洪汉鼎译，上海译文出版社 2004 年版。
布洛克等主编:《枫丹娜现代思潮辞典》，中国社会科学院文献情报中心译，社会科学文献出版社 1988 年版。
赫舍尔:《人是谁》，隗仁莲、安希孟译，贵州人民出版社 1994 年版。
哈贝马斯:《交往行动理论》第一卷，洪佩郁等译，重庆出版社 1994 年版。
杉原丈夫:《时间逻辑》，瞿麦生译，河北人民出版社 1986 年版。
葛瑞汉:《中国的两位哲学家：二程兄弟的新儒学》，程德祥等译，大象出版社 2000 年版。
田浩:《宋代思想史论》，杨立华等译，社会科学文献出版社 2003 年版。
Zhang Dainian, *Key concepts in Chinese Philosophy*, *translated by Edmund Ryden*, Beijing: Foreign Language Press; New Heaven and London: Yale University Press, 2002.
Ludwig Wittgenstein, *Tractatus Logico - Philosophicus*, Translated by D. F. Pears and B. F. McGuiness, Oxon and New York: Routledge, 2001.
Karl Popper, *The Two Fundamental Problem of the Theory of Knowledge*, Translated by Andreas Pickel, Oxon and New York: Routledge, 2009.
Martin Buber, *The Way of Man*, London: Routledge & Kegan Paul, 2002.

四　期刊论文

李锦全:《论周敦颐对儒学哲理化的历史贡献》，载《中国哲学史》1999 年第 2 期。
杨国荣:《何为中国哲学：关于如何理解中国哲学的若干思考》，载《文史哲》2009 年第 1 期。
杨国荣:《中国哲学研究的四大问题》，载《哲学动态》2003 年第 3 期。
杨国荣:《张载与理学》，载《人文杂志》2008 年第 6 期。
郑万耕:《由周易热引出的话题》，载《民主》2009 年第 8 期。
吴飞驰:《“万物一体”新诠——基于共生哲学的新透视》，载《中国哲学史》2002 年第 2 期。
张其成:《邵雍：从物理之学到性命之学》，载《孔子研究》2001 年第 3 期。
杜保瑞:《邵雍儒学建构之义理探究》，载《华梵人文学报》2004 年第

3 期。
王新春:《仁与天理通而为一下的程颢易学》，载《周易研究》2006 年第 6 期。
姜锡东:《北宋五子的理学体系问题》，载《文史哲》2007 年第 5 期。
朱汉民:《圣贤气象与宋儒的价值关怀》，载《湖南大学学报》2009 年第 6 期。
方旭东：《他人的痛——对万物一体之仁说的沉思》，载《学术月刊》2005 年第 2 期。

索　引

后　记

本书是我的博士论文，时值付梓出版之际，首先感谢恩师杨国荣先生的悉心指导。记得2007年秋，已逾而立的我怀着对哲学的挚爱，负笈千里就读于先生门下。求学期间，先生给予我太多的启迪、关怀、教诲与鞭策。每每上课，总要和先生探讨问题，面对我的提问，先生总是含笑倾听，并给以最细致的解答。正是这种随和与包容，让我放下了所有的胆怯和顾虑去表达自己粗浅的见解。经过长期的交流，先生以他开阔的中西哲学视野和严谨细致的逻辑分析，引导我走出了对某一方家哲学的迷恋，继而归向于哲学论证的本分。在这个浮躁的社会中，先生仍然皓首于哲学的沉思，安乐于智慧的追寻。他对后生宽爱有加，对问题严格要求，这种恭而安、温而厉的为学、为人风范，使作为学生的我油然萌发虽不能至，然心向往之的情怀……

本书选题缘起于我研习儒家哲学的困惑。如所周知，宋明理学是先秦儒家的延伸，然而，宋明理学究竟在哪些方面接续了先秦儒家？其理论突破又体现在何处？多年来，这些问题虽然萦绕心头，挥之不去，但囿于学养欠缺，我一直不知该从何处入手。随着时日的累积，我对问题的思考亦渐趋深入，于是有了研究“北宋五子‘万物一体’论”的想法。带着一腔冲劲向先生请教选题事宜，结果先生提醒我：“做什么固然要心中有数，但是就研究本身而言，明确怎么做似乎更具建设性。”

是啊！中国现代学术之建立不过百余年，期间关于宋明理学的研究一浪高过一浪。不可否认，这些成果在“做什么”方面皆有所建树，但若要真正论起它们超越前人的地方，恐怕莫过于在“怎么做”方面对宋明理学的纵深拓展。加之，宋明理学自身的发展历史也只有几百年时间，如果仅仅驻足于“做什么”找选题，那么迟早有一天会陷入山穷水尽的困境。所以，即便是同一问题，在不同时代，对不同的人而言，依然有

“再做”的必要。当然，这种“再做”绝不等同于问题的简单重现，而是试图在问题理解上发现一种新的可能。20 世纪以来，中国现代学术的突飞猛进实仰仗于此。

本书的命名体现出“怎么做”与“做什么”的兼及。其中“北宋五子‘万物一体’论”是问题的核心，说明这本书到底在“做什么”，而“生生之道与圣人气象”则是对问题的双向展开，在某种程度上构成了全书的“怎么做”。问题思路的拟定还算一帆风顺，不过，具体到写作过程则遇上了麻烦：首先，“万物一体”在北宋五子那里究竟是一个什么样的哲学问题？这也是先生一再警示我的。其次，北宋五子年岁不同，性格有差，“万物一体”在他们之间如何展开？再次，相比于同领域的其他研究成果，这本书的建设性到底何在？……一系列问题，看似平实，但解决起来则繁乱而纠结，煞费苦心。

为了使问题更加确切，依先生之建议，我把“生生之道与圣人气象”在天道观与人道观的向度做了进一步展开。具体来说，在天道观上充分突显“生生之道”对于天地万物生生不已的基础意义，揭示本体论与过程论在北宋五子“万物一体”论中的交合；在人道观上继续深挖北宋五子“万物一体”论对儒家价值观的积极推进，彰显先圣先贤们成就他者与满足自我协和一致的生动气象。

关于“万物一体”论的具体展开，本书一开始就把周敦颐视为一力辟全局的哲学大家，这不单因为他是二程的老师，更是有见于其对“太极（天道）”—“人极（人道）”理论的开创。邵雍和张载各有偏倚，邵雍重在“数”的层面阐释“万物一体”对“一多关系”的多维蕴含，张载则试图在本体论和价值论上揭示“万物一体”对儒家“死生之说”的重建意义。有了前三子的思想做铺垫，二程顺理成章地成了“万物一体”论的集大成者，无论是思考问题的深度或广度，他们对前三子均有所超越。

最具争议的还是研究方法问题，这当然不限于本书，而是 20 世纪以来整个中国哲学界的难题。从最初的“中国的哲学”与“哲学在中国”之争到近年来的中国哲学合法性质疑，人们似乎厌倦了“以西释中”的成规，而代之以张扬哲学诠释的“中国性”。这其中自然有一定道理，但是，张扬“中国性”不等于方法上必须要拒斥西学的介入，中国现代学术的强大恰恰是建立在全面接纳西学基础上的。此外，需要声明，现代学术研究不能没有现代眼光，它是写给现代人看的，而不是背给古人听的。

给现代人讲问题，一个最基本的要求是清楚明了。也许，有些古代问题一旦说透了就会有被取消的可能，但是只要能把问题讲清楚，一定意义上的取消不仅是必要的，也是值得的。

本书研究的虽然是古代问题，但研究方法丝毫不局限于单一的历史陈述，同时也非常重视哲学诠释的开放性。如果说，尊重历史可以确保北宋五子“万物一体”论的真实呈现，那么，开放的研究视域无疑可以使问题在当下向纵深发展。就“万物一体”论的全面检讨而言，似乎可以认为，人道观上的“圣人气象”是一个积极面向，其中饱含关爱，亦有境界，不失为一副“活泼泼”的人格形象。相比之下，天道观上的“生生之道”则需要区别对待：一方面，在历史的场域中，它是北宋五子排佛辟老，进而挺立儒家价值理想的神兵利器；另一方面，它在某种程度上经不起今人的推敲，尽管在过去一段时期内它在一些方家的研究中备受推崇。所以，如果说理学家大多都讲“生生之道”，这一点的确不假，但是这个“道”似乎没有方家们宣扬的那样超拔。当我们在理论上为它“祛魅”后，发现它仅只是古人对自然法则所持的某种抽象偏好而已，即由天地万物具体的生生不已出发，以思辨的方式揭示了这些现象背后的过程统一性。

学术研究在一定程度上无异于云峰览胜，明知道途多险，但还须涉险而行。好在一路有贵人相伴，才不致失了方向，误坠幽谷。

感谢陈卫平、高瑞泉、刘仲宇、吴震、何俊、杨泽波、徐洪兴、崔宜明等先生及三位盲评专家在开题、评审、答辩环节中的宝贵意见。此外，还要深深感谢我的硕士导师王晓兴先生对我学术成长的长期栽培和关怀。同样的感谢也送给我供职单位的陈晓龙教授、李朝东教授、王宗礼教授和其他同事，感谢他们一如既往的支持与帮扶。

特别感谢王中江先生、张学智先生、杜保瑞先生和田文编审，本书能够顺利出版，离不开四位师长的无私付出。

本书曾获准“西北师范大学青年教师科研能力提升计划骨干项目”（SKQNGG10012）立项，出版得到学校学科点、学位点建设经费的倾力资助，在此一并致谢。

张美宏

2015 年 4 月 6 日